企业管理思想史系列

营销管理思想史

谌飞龙　王新刚　甄英鹏◎著

企业管理出版社
EMPH
ENTERPRISE MANAGEMENT PUBLISHING HOUSE

图书在版编目（CIP）数据

营销管理思想史 / 谌飞龙，王新刚，甄英鹏著. —北京：企业管理出版社，2023.2

ISBN 978-7-5164-2782-8

Ⅰ. ①营… Ⅱ. ①谌… ②王… ③甄… Ⅲ. ①营销管理—思想史 Ⅳ. ① F713.56

中国版本图书馆 CIP 数据核字（2022）第 248900 号

书　　名： 营销管理思想史
书　　号： ISBN 978-7-5164-2782-8
作　　者： 谌飞龙　王新刚　甄英鹏
责任编辑： 张　羿
出版发行： 企业管理出版社
经　　销： 新华书店
地　　址： 北京市海淀区紫竹院南路 17 号　**邮　　编：** 100048
网　　址： http://www.emph.cn　**电子信箱：** emph001 @163.com
电　　话： 编辑部（010）68701638　发行部（010）68701816
印　　刷： 北京环球画中画印刷有限公司
版　　次： 2023 年 2 月第 1 版
印　　次： 2023 年 2 月第 1 次印刷
开　　本： 710mm × 1000mm　1/16
印　　张： 22
字　　数： 265 千字
定　　价： 98.00 元

丛书序

中国企业近年来在钢铁、建材、石化、高铁、电子、航空、航天等领域通过锻长板、补短板、强弱项，大步迈向全球产业链和价值链的中高端，成果显著。2021 年，我国制造业增加值达到 31.4 万亿元，已经创造了连续 12 年制造业总量位列全球首位的佳绩。中国企业在联合国划分的工业 41 个大类、207 个中类和 666 个小类里辛勤耕耘，这在全世界是独有的。围绕中国企业取得的每一个成就、每一项进步，企业管理无不闪耀着骄人的光辉。当越来越多的中外学者和企业家倾心深入探求企业管理之道时，中外企业发展过程中管理大师每一步重要的理论开拓，管理思想的演变脉络，企业管理实践的成败得失，无不成为有待系统梳理展现的急迫之需。“企业管理思想史”丛书（以下简称“丛书”）的出版注定要成为中国企业管理领域的一件大事。

以知识部类划分，企业管理从属于管理类。管理是人类一项基本的实践活动，管理能力是人类生存和发展不可或缺的软实力，管理思想不仅是人类社会活动所积累的精神财富，也是人类文明的璀璨结晶。企业管理则是工业文明的产物，随着十八世纪末期机器化大生产的兴起与演进，企业管理逐步从随意化、个人化的形式向专业化、科学化的形式过渡。如果从四次工业革命的角度思考，每一次重大技术革命和产业变革都带来一次管理理论以及企业管理模式的飞跃。站在当今发展之巅回顾与展望，以往工业革命进程中企业管理的创新性实践及理论探索弥足珍贵，每一簇思想的火光至今仍可作为借鉴；而面向未来新的攀登，古典管理理论、近代管理理论、现代管理理论，构成了继续向前探索的坚实阶梯和基础。

黑格尔说，历史就是时代观念外化的结果。企业管理思想史与一般思想史动辄皇皇百万言，呈现无所不包的百科全书全景式巨著不同，“丛书”冠之以“思想史”是力图承接前行者的伟大传统，使后来者得以站在巨人肩上，形成宏大开阔的视野和把握脚踏实地的方法，通览企业管理自诞生到辉煌的思想历程。“丛书”通过研究和揭示管理思想的产生、发展、演变的历史过程及其一般规律，包括记载管理的观点、见解，将其理论化、系统化，并论证管理理论产生、发展、演变的历史，进而归集到企业领域。

经典思想史的编撰一般会沿着历史的演进和思想家体系的构建两条主线展开，“丛书”充分体现自身的特点，又增加了企业管理实践的主线。相较二十世纪思想史领域最著名的偏重于哲学范畴的“施特劳斯学派”和偏重于历史学范畴的“剑桥学派”而言，“丛书”更加关注历史对今天的启示。用历史的方法研究思想，不是一般意义的注释考据和推演思辨，而是更注重对现实企业管理的真实关切能否有所裨益和借鉴。

可以看到，自十九世纪末，管理学成为一门相对独立的学科以来，管理思想史的发展相对缓慢，直到二十世纪中后期才成为一个比较独立的研究领域。美国管理思想史学家小乔治（Claude S. George）撰写的《管理思想史》于 1972 年正式出版，全面介绍了管理思想（主要是西欧和美国的管理思想）发展的过程；美国管理思想史学家雷恩（Daniel A. Wren）所著《管理思想的演变》于 1979 年出版，比较详细地介绍了西方管理思想发展演变的历程。

中国工业化的探索自清末洋务运动以来就没有停止，但国家层面的工业化建设还是从中华人民共和国建立开始。建国后企业的现代化管理在一开始即按照苏联模式，纳入计划经济的体系。尽管中国式企业现代化管理的尝试不断出现，有的也取得一定成效，但总体上仍没有摆脱计划经济的窠臼。自 1978 年 12 月召开的中国共产党十一届三中全会开始，中国走上了改革开放的全新进程。中国企业逐步甩开了计划经济时代的企业管理做法，探索与世界接轨又符合中国特点的企业管理之路。改革开放以来，为适应我国企业改革发展和加强管理的需要，有关现代企业管理的研究和著作相继问世，标志着中国企业管理创新进入新的发展阶段。一批中国企业家矢志探索符合中国企业特点的企业管理创新之道，任正非、张瑞敏、宋志平等企业领军人物在带领企业争创世界一流的同时，形成了颇具特色的企业管理创新理论和专门论著。中国企业联合会已经连续 28 届审定了全国企业管理现代化创新成果逾 4000 项，展示了我国企业管理创新方面的进展和成果。一批企业家和中国学者也在管理学领域不遗余力地进行实践，并开展了管理思想史的研究。特别是我国学者周三多、杨先举、李明新、孙耀君、郭咸纲、唐任伍、赵志军、彭新武等先后撰写了管理思想史方面的多部专著，在管理思想史的研究上取得了一系列成果。但总的来看，现有管理思想史类著作多以研究西方管理思想为主，较少系统性地研究中国管理思想，也鲜有按管理学特别是企业管理分支学科进行深入研究的成果。“丛书”以此为切入点，以时间为经、以代表人物为纬，旁征博引、纵横推移，对中外企业管理思想各发展阶段的代表人物、见解观点、思想灵感、理论背景及其发展进程进行了系统阐释，以期读者能够从中把握中外企业管理思想的发展脉络和精髓，前瞻分析企业管理问题，更好地提出解决方案。

一、“丛书”的研究对象

“丛书”的研究对象既包括企业管理理论的思想继承、扬弃和创新，也包括企业管理实践，拓展性地研究以下问题。

一是，阐述企业管理思想的演化过程和发展规律。“丛书”不只是梳理企业管理理论的演化过程与发展规律，更多的是从唯物历史观出发，分析企业管理思想的产生背景、发展缘由、理论贡献与局限性等，并对比中外管理理论与思想，试图探索企业管理思想形成与发展的内在规律。

二是，关注社会生产方式的变革与企业管理思想演变的相互关系。厘清社会生产方式与企业管理思想之间存在“实践—理论—实践”的逻辑关系，提出与管理相关的命题，前瞻预见未来的发展与挑战。

三是，把脉不断发展的企业管理实践。从管理实践与管理思想的辩证关系入手，将中国传统文化中的管理思想与现代企业管理实践相融合，用理论不断指导实践，同时提供系统、全面的方案来应对企业管理实践中的复杂变化。

四是，把握中国企业管理实践与中外企业管理思想、管理理论的辩证关系。用辩证的思想将西方管理思想和我国传统的管理理念加以比拟融合，在实践中探索出一套符合我国国情且利于我国企业发展的管理理论。

二、“丛书”的研究内容和研究思路

“丛书”的研究以企业管理各主要分支学科为脉络，以前人管理思想史研究为基础，阐述各学科主要学派的代表人物、见解观点、产生背景及其发展进程，进而抵达管理思想研究前沿，提出企业管理中国化命题。“丛书”包括《管理思想史》《组织管理思想史》《知识管理思想史》《人力资源管理思想史》《营销管理思想史》《战略管理思想史》《财务管理思想史》《创业管理思想史》《商业模式思想史》《供应链管理思想史》《信息管理思想史》《公司治理思想史》《科技管理思想史》《商业伦理思想史》《企业管理思想史精读》《协同管理思想史》《质量管理思想史》《电子商务思想史》《组织行为学思想史》《公共管理思想史》《价值链管理思想史》《企业管理前沿理论》《运营管理思想史》《生产管理思想史》《旅游管理思想史》《跨国公司经营管理思想史》《项目管理思想史》《投资管理思想史》《创新管理思想史》《公司金融思想史》《物流管理思想史》《风险管理思想史》《成本管理思想史》《内部控制思想史》《企业文化思想史》《管理决策思想史》《系统管理思想史》《国际贸易思想史》《品牌管理思想史》《数字管理思想史》《服务管理思想史》《人力资本管理思想史》。

作为丛书，各分册共同的框架逻辑主要体现在以下四个方面。

一是，企业管理思想的形成与发展。以时间为主轴，以具体标志性事件为重要节点，系统地、完整地追溯和回顾企业管理各学科涉及的中外企业管理思想演变和自身成长的进化过程，探讨各学科如何随着企业管理实践的发展和技术的变革而演化发展。

二是，中外管理思想溯源。将企业管理各学科涉及的古今中外管理思想作为一个整体，包括早期管理思想、古典管理思想、现代管理理论和当代管理思想等，溯其源流、综其脉络、述其精华、探其内涵、究其本质，为后续深入剖析各学科流派提供理论基础和观点素材。

三是，主要学派述评。在介绍具体各学科管理思想学派及其分支学派的代表人物、见解观点、产生背景、发展进程的基础上，以生产力、生产关系和上层建筑的决定性作用和能动性作用为标准，评述在不同历史发展阶段和社会形态下，各学科管理思想学派及其分支学派的发展沿革、历史作用、局限性等，并对中外管理思想进行差异性比较。

四是，国内外研究前沿探讨。在生产力层面，数字技术创新及其应用创新使万物互联、信息共享、效率提升成为必然；在生产关系（经济基础）层面，数字化新业态、新模式、新机制层出不穷；在上层建筑层面，数字化新理论、新理念、新价值观不断涌现。数字经济的迅速崛起与国际竞争新态势迫切要求中国企业管理思想与时俱进、拥抱未来。“丛书”探讨国内外研究前沿理论和方法，源于实践、高于实践、引领实践，为中国企业提供前瞻性方案。

三、“丛书”的主要特色

“丛书”遵循辩证唯物史观的本质要求，以“古为今用，洋为中用，践行当下，引领未来”作为使命担当。

一是，突出时代呼唤、时代使命和时代要求，有助于有效填补中国企业管理思想研究的发展空白。“丛书”从专业和微观角度，按照企业管理各分支学科的发展演变分门别类地进行研究，构建具有中国特色的现代化管理思想体系。这一点可以说不仅填补了国内企业管理思想史的空白，在一定程度上也填补了国际企业管理思想史的空白。

二是，突出中国问题、中国元素和中国方案，有助于坚定增强走中国式企业管理道路的发展信心。“丛书”融汇了中国上下五千年管理思想史，对中国企业管理思想的研究上溯到先秦时期，弘扬中华优秀管理文化。“丛书”立足本土，总结凝练中国原创企业管理理论，建设性地提出现代化管理的中国方案，致力于提高中国管理研究在国际上的学术地位和影响力，为中国管理在世界舞台的崛起贡献力量。

三是，突出管理历史、管理研究和管理实践，有助于深入总结中国式企业管理的发展规律。“丛书”覆盖面广、核心内容扎实、重点突出，从中外古代文明的管理思想入手，着重探讨近代以来的企业管理思想，紧密结合相关理论产生的时代背景，紧扣其形成、发展的演进脉络，有利于读者更好地理解相关企业管理理论的缘起、应用与兴替。

四是，突出人文精神、人文道德、人文品格，有助于切实提升中国式企业管理的发展境界。“丛书”注重比较分析，强调企业管理智慧和道德融合统一，总结归纳企业管理实践的历史经验，为“商智”和“商德”的辩证统一关系正本清源，明确了商业主体应该遵守的商业行为原则和规范、应当树立的优良商业精神等商业道德问题，形成了商业群体最重要、最长远的约束机制，同时保证了商业群体的长盛不衰，为中国企业管理理论发展提供正信、正念和正能量。

五是，突出创新理念、创新模式、创新方法，有助于不断增强中国式企业管理的发展动能。“丛书”探讨企业管理创新，提倡学以致用，将中国特色企业管理与数字化创新相结合，在每一分支学科对应分册都有前瞻性研究成果，且重点论述了数字化技术发展对企业管理的促进作用，为中国企业提供新思路、新模式和新方法，助力中国企业用自己的方法解决自己的问题，使中国式管理拥有平视世界的底气和实力。

希望这套丛书能帮助中国企业家迈向世界企业管理的高水平殿堂，助力中国企业探索出具有中国特色的企业管理创新模式，为中国大专院校、科研单位开展企业管理的教学、科研和实践提供有价值的参考，成为向世界展示中国企业管理的窗口，促进中国企业健康可持续发展。

朱宏任

中国企业联合会、中国企业家协会党委书记、

常务副会长兼理事长

2022 年 3 月 26 日

推荐序一

管理思想作为人类对于管理实践过程规律和本质的思考，既是过去和现在的经济、社会、政治和文化的结晶，也是开拓未来的宝贵经验。“企业管理思想史”丛书以“学史明理、学史增信、学史崇德、学史力行”为目标和要求，探寻“上善若水、大制不割、和合共生”等中国传统哲学智慧精髓，探究“科学管理、人本管理”等西方经典管理理论与哲学思维，探讨“去中心化、自组织”等后现代管理前沿理论，探求“物联网技术、量子力学”等世界前沿科技的创新应用。同时，融入“中国元素”，努力创新，科学性、系统性、拓展性地探索中国企业管理面临的诸多普遍性和特殊性问题。

严格意义上讲，现代管理学发展历程不过百余年，但历史长河中的管理思想代表着不同时代、不同地域的管理特色。因此，“企业管理思想史”丛书秉承弘扬中西方优秀文化，以时间为主轴，以学科学派、代表人物、主要观点、研究前沿和发展趋势等为主要内容，突出中国元素，深入阐发、提炼和展示古今中外优秀传统文化的精神标识和具有当代价值、世界意义的文化精髓，廓清该学科理论的发展脉络和演化进程，批判与继承该学科相关研究的精华，具有较高的理论价值和社会效益。

第一，研究框架体系新颖，既梳理学科发展史，也明晰发展脉络。丛书以时间为经，以理论观点为纬，旁征博引、纵横推移，对中外管理思想各发展阶段的代表人物、见解观点、思想灵感、理论产生背景及其发展进程等进行系统阐释，梳理管理学及其主要分支学科的历史沿革和发展脉络。

第二，学派划分的独特性，溯源古今中外管理思想，萃取智慧结晶。将管理学及其主要分支学科涉及的古今中外早期管理思想、古典管理思想、现代管理思想和当代管理思想等作为一个整体（系统），溯其源流、综其脉络、述其精华、探其内涵、究其本质。

第三，研究的前瞻性，多视角地探索中外理论研究前沿，提出前瞻命题。丛书基于 TRIZ 理论（发明问题解决理论）、智慧管理理论、知识管理的视角，探讨未来企业管理的发展趋势，并从政府、学术界、业界、咨询界等多视角，提出中国管理未来的研究焦点和热点。

该丛书是一项庞大的系统工程，是历经多年潜心谋划，集众人心血和智慧之大成，不仅填补企业管理领域的研究空白，拓展相关学科研究的深度、广度和高度，也为管理学科学化、系统化、中国化的前沿研究奠定理论基础，必将成为学习企业管理理论的必备丛书。

该丛书之所以令人耳目一新，不仅源于独特的研究框架、严密的逻辑框架、完整的历史叙事和充实的背景描述，更主要的是裨益读者领悟“古为今用，洋为中用，践行当下，引领未来”之精髓。

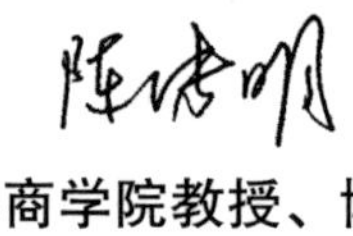

南京大学商学院教授、博士生导师

2022 年 3 月 16 日

推荐序二

“企业管理思想史”丛书以管理学分支学科为切入点，以丰富具有中国特色的现代企业管理思想体系为目标，系统研究古代、近代和现代的中外管理思想，比较中西方企业管理思想的差异，并分析造成这种差异的原因。在批判和继承中西方管理思想的基础上，尝试解决企业管理理论研究存在的突出问题：研究对象模糊、史料考证缺乏、忽视时代背景、各种管理思想间关系缺乏梳理等。同时，结合中国国情和实际问题开拓创新，为“中国管理”发展提供研究方向、思路和命题。

“企业管理思想史”丛书深入、全面地描绘了企业管理思想的历史画卷，系统梳理中西方管理思想的演化融合进程，不仅能让读者理解管理思想及其研究方法的起源、文化背景、发展过程，更有助于拓展读者思维边界，并为企业管理的实践提供良好的理论基础，具有较高的价值和社会效益。

第一，覆盖面广、核心内容扎实、重点突出，有助于“学史明理”。该丛书从中西方古代文明的管理思想入手，探讨工业革命前后的管理思想，包括科学管理、古典管理理论、行为科学、现代管理思想乃至于当代管理思想等；紧密结合相关理论产生的时代背景，紧扣形成、发展的演进脉络，有利于读者更好地理解相关企业管理理论的一脉相承、百家争鸣之妙。

第二，突出中国问题、中国元素和中国方案，有助于“学史增信”。该丛书各分册都设置“前沿命题和未来发展”章节，旨在提出企业管理理论研究前沿与中国化命题，为中国管理创新与变革提供新思路。

第三，注重比较分析，强调管理智慧和道德融合统一，有助于“学史崇德”。该丛书总结归纳企业管理实践创造和历史经验的启迪智慧，为“商智”和“商德”辩证统一正本清源，为中国管理理论发展提供正信、正念和正能量。

第四，探讨管理创新，提倡学以致用，有助于“学史力行”。企业管理思想史是企业管理实践最好的教科书，也是最好的清醒剂。不仅有助于读者把学习企业管理思想史同推动实际企业管理工作结合起来，也有利于读者将管理智慧同企业管理实际问题结合起来。

一部管理思想史，就是一部人类文明的发展史。以史为镜，可知兴替。管理思想史研究除了探索历史真相以正本清源，为现实管理实践提供历史借鉴外，更重要的是要通过历史映照未来，揭示管理思想的发展趋势。因此，学习该丛书，读者能够了解人类对管理的认知历程，管理者能够从中汲取历史经验与教训。“企业管理思想史”丛书是不可多得的管理智慧结晶，契合目前“中国元素”理论创新与变革的大趋势，为中国新管理理论突破与发展奠定坚实的基础，助力中华民族早日实现伟大复兴的中国梦。

中国企业管理研究会会长

中国社会科学院工业经济研究所研究员、博士生导师

2022 年 3 月 18 日

前言

市场营销学科发展至今已逾百年。在当前经济全球化的大趋势下，营销管理思想的进化与分化成为国内外管理研究者和践行者共同关注的热点。学问的开端，最好是这一学问的思想史，学术与学术思想能够相辅相成、互相作用、互相成就。为了更好地帮助读者从总体上把握世界主流营销管理思想的理论体系，提高理论应用能力，我们以营销管理理论发展为线索，结合营销管理实践变化的背景和学派发展异同，采取相对集中的方式，分别叙述了营销管理理论的各个主要流派及各阶段有代表性的管理大师的管理思想，厘清后继研究与思想发展的传承关系，以期给读者提供营销管理思想宝库的精华。

挖掘和研究《营销管理思想史》的过程中有一个很不错的乐趣点，就是可以在研究和重读中再次认识、发现那些由于各种原因消隐的学者以及观点，通过原始的史料、著作，往往可以发现更多，学到更多。而对待经典学说以及管理思想不同发展阶段的经典观点，有人喜欢站在巨人的肩膀上放眼全局，也有人喜欢守在巨人的脚下精耕细作，基于不同的人、不同的历史背景所产生的不同观点论调，我们希望能用大无畏的勇气、严谨的逻辑推敲以及扎实的学术能力来重新审视、输出，就像有一部时光机把我们带进一个穿越时空的旅途，回到当年跟学者们一起经历与蜕变，让思想感受深刻。

我们从全局的角度俯瞰营销管理思想史发展历程，编写了这本富有应用工具型特色的教材，因为思想史不仅仅是简单讨论思想或者历史，而是希望能深入讨论思想里面的历史背景、逻辑关系、成长发展及思想体系形成的知识基础。根据业界学者的研究总结，营销学可分为消费者行为学派、营销渠道学派、品牌营销学派、服务营销学派、战略营销学派、整合营销学派、数字营销学派等，营销管理思想就是在不断满足各方面需求的过程中被推动发展着。所以，我们也希望编写工作能够立足现在，回溯历史，放眼未来。

本书具有以下几个主要特点。

（1）发展观。涵盖东西方主要的营销管理思想，以学派发展结合时间为主线，既有东西方各自的历史纵向发展，又有两者的横向比较，还有理论演变过程及局限性分析，充分剖析时代背景下学派发展的局限性及优越性，更立体地看待其学术建树。

（2）实用观。探讨当前营销管理实践的热点难点问题，与时俱进，以点带面，理论结合实际，让理论不再枯燥，让营销不再盲目，让思想不再空乏。

（3）高效观。根据读者心理特点创新编写，遵循易读懂、能捋清、可分享的思路，将各大营销学派按照“代表人物及其学术思想→理论演变→分析工具→学派局限性→研究评述”顺序编排。其中，“分析工具”能够帮助读者提高理论实际应用能力，“研究评述”则以框架的形式概括各章内容，方便复习与记忆。

总之，本书的鲜明特色是把发展观、实用观、高效观有机融合，使读者学习愉快、思路开拓，达到培养应用型营销管理人才的目的。

本书由谌飞龙教授负责统筹工作，王新刚副教授、甄英鹏博士负责修改、润色。江西财经大学工商管理学院毛梦莹、王菲、张卫俊、蓝金鑫、廖彦如、张珊、王荣荣、谢萍、郑良昊、胡澳红、王淑娴、肖南石、赵泽仁、赵淑婧、蒋兆燕等同学参与了资料收集、撰写部分初稿、排版、校对等工作，同时，丛书组织者也给予了策划、出版方面的大力支持，在此一并致谢。

我们在写作过程中参考了大量文献，只有以此为基础和前提，本书才能得以完成，借此机会由衷地向所有文献作者表示深深的谢意。营销管理理论与营销管理实践大家辈出，一本《营销管理思想史》显得异常单薄，也许只能提供一个大纲概要或思路脉络，更多的内容还需要读者多方参阅相关著作，书中有不妥或疏漏之处，也敬请指正。

2022 年 9 月 15 日

目　录

第一章

营销管理思想史总论

▲

CHAPTER 1

“一家企业有两个基本职能——创新和营销”，被誉为“现代营销学之父”的菲利普·科特勒（Philip Kotler）如是说。自营销学从经济学中分离，发展至今已有100多年历史，期间营销学派一直在挖掘营销理论的真谛，希望能够以理论为实践引导，用系统来保障科学。事实上，营销学并不是独立发展起来的一个学科，而是在长期引用经济学、管理学、统计学、社会学、数学、心理学等其他专业领域的知识，与其他学科进行融合发展，站在“巨人的肩膀”上发展起来的一个学科，也衍生出许多不同的营销学派，因此营销学科的知识边界变得逐渐模糊。目前消费水平提升、营销基础设施升级的新营销环境对营销提出了新要求，营销学理论需要结合时下新变化、新动态进行自身革新，去其糟粕，取其精华，才能够获得更加长久和旺盛的生命力。

第一节　营销思想的观念发展

营销思想的观念发展可以分为五个阶段（见图 1-1），分别是：19 世纪末至 20 世纪初的生产观念阶段、19 世纪末至 20 世纪初的产品观念阶段、20 世纪 30—40 年代的推销观念阶段、20 世纪 50—60 年代的以消费者为中心的观念阶段、20 世纪 70 年代以来的以社会长远利益为中心的观念阶段。

图 1-1　营销管理思想发展阶段

一、生产观念阶段（19 世纪末至 20 世纪初）

19 世纪末至 20 世纪初，在生产力不发达、物资短缺的时代背景下，一方面由于产品成本过高而导致产品的市场价格高居不下，另一方面市场商品却供不应求。彼时企业重点关注的是“能生产什么”。生产导向型的企业认为，消费者倾向于购买价格低且方便的产品，因此提高生产效率、尽可能地降低生产成本并提高分销效率是企业获得市场份额的主要手段。效率要高、批量要大、成本低的同时产品的生命周期要足够长，这是当时大多数生产导向型企业所追求的方向。市场上消费者的需求并非企业关心的问题，它们更在意和注重的是市场上产品的有无和多少。生产观念大行其道，企业典型的表现是“我生产什么，我就卖什么”，导致了市场上的商品品种单一、缺乏特色。例如美国皮尔斯堡面粉公司，自 1869 年成立以来至 20 世纪 20 年代，考虑到人们的消费水平较低，在面粉本身质量得到保证的前提下，通过大批量的生产降低生产成本，进一步带来市场价格的优惠，销量同步增加，因而其提出的口号一直是“本公司旨在制造面粉”。此外还有美国汽车大王亨利·福特（Henry Ford），他曾公开表示“无论顾客需要什么颜色的汽车，我只生产黑色的”。由此可见，这一时代的企业主要是以生产为中心，强调“以产定销”，并未考虑动态变化的顾客需求。而当外部环境发生变化后，固守生产观念的企业大多走向了衰亡，部分企业为挽救公司的利润，开始着手于产品本身的改良，但仍未逃脱生产观念的束缚。

二、产品观念阶段（19 世纪末至 20 世纪初）

产品观念重视提高产品质量，认为质量、产量和销量是同步增长的，是一种“以产代销”的观念。该观念认为消费者喜爱高质量、多功能、有特色的产品，企业致力于生产高值产品并不断改进，高质量的产品自然会带来持续不断的客源，因而无须提供给消费者任何帮助，消费者本身就能了解各类竞争产品的质量和特征差异。我国俗语“酒香不怕巷子深”“皇帝的女儿不愁嫁”等就是这一观念的典型表现，尤其是在新研发的产品刚进入市场时，最容易导致企业

"市场营销近视"——企业把注意力过多地放在产品本身而非市场需求上。

三、推销观念阶段（20 世纪 30—40 年代）

推销观念是以销售为中心的营销管理思想，其认为，消费者存在惰性或者抗性心理，如果不对现有的产品进行推广、宣传、促销，消费者将不会主动去购买或者复购产品。第一次世界大战与第二次世界大战之间，经济危机席卷了整个资本主义世界，当时市场上产品相对过剩，企业面临销售危机。在这种背景下，企业开始重视推销，并成立专门的推销职能部门、组织推销队伍培训推销人员。企业意识到聚焦于生产和产品上的人力、物力、财力应该转移一部分到开展推销活动上，大力进行广告宣传，营造一种"高压推销"或"强力推销"的氛围，以吸引、刺激、感化顾客令其消费，将以往"等客上门"的被动思想转化为"送货上门"的主动进攻式思想。推销观念相比于生产观念来说是一种进步，但是推销的产品局限于已生产的产品，企业仍然是"生产什么就销售什么"，这只是一种销售环节上的改变，是一种形式的改变，消费者的需求仍未得到关注。

四、以消费者为中心的观念阶段（20 世纪 50—60 年代）

以消费者为中心的观念内涵是"消费者需要什么，我就生产什么"。第二次世界大战后，科学技术不断发展，企业的生产效率大幅提高，市场商品的供应量剧增，与此同时，高薪资、高福利、高消费的政策刺激，导致了消费者的消费水平、消费欲望和消费观念不断地发生变化。在这一背景下，企业逐渐意识到，有效利用市场调查，顺应消费者需求和观念的转变，从而制定出以需求为导向的营销计划与策略，生产出“被需要”“被购买”的产品，可为企业塑造优质的核心竞争优势。以消费者为中心的观念与推销观念有着本质的区别，推销观念的对象是已制产品、已有产品，“以产定销”，而以消费者为中心的观念的关键在于开发生产出消费者需要的产品，“以需定产”。

五、以社会长远利益为中心的观念阶段（20 世纪 70 年代以来）

20 世纪 70 年代，全球气候变暖、生态环境破坏、人口爆炸式增长、通货膨胀和忽略社会服务等问题日益严重，理智消费观念和生态准则观念等一系列的新观念也对市场营销领域产生了影响。企业经营不但要注重消费者的需求，而且也要考虑企业经营对于整个社会的影响和发展。当消费者的利益与企业的利润发生冲突时，市场营销观念认为，虽然消费者的利益也是需要考虑的重要一环，但是企业的利润目标远远重于消费者利益，企业的利润是第一位的，而且市场营销观念所考量的消费者利益，是建立在消费者利益是最终有利于企业的利润这一基础上的。但是由于社会问题日益严重，社会市场营销观念逐渐发展起来。社会市场营销观念认为，企业的根本目的和责任一共有两点，第一是实现消费者满意，第二是实现消费者和社会公众的长期福利。一个基于社会市场营销观念的合格的市场营销决策应当同时考虑到消费者的需求与愿望、消费者和社会的长远利益、企业的营销利益。

第二节　营销学派的发展和划分

营销思想观念的发展在很大程度上对营销学派的发展产生了影响。在营销思想观念发展过程中，衍生出了许多不同的营销学派（见图 1-2），如营销渠道学派、消费者行为学派等。这些学派虽为营销学派的分支，但是其产生和发展离不开时代的影响和营销思想观念的发展。

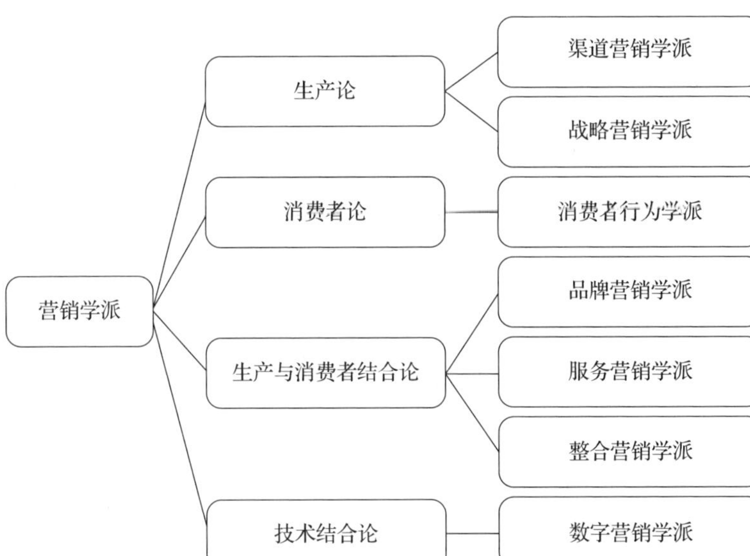

图 1-2　各营销学派的分类

在生产观念和产品观念阶段，产生了生产论的营销渠道学派和战略营销学派；在以消费者为中心的观念阶段，产生了消费者论的消费者行为学派；在以社会长远利益为中心的观念阶段，受到消费者论和其他学科发展的影响，产生了生产与消费者结合论的品牌营销学派、服务营销学派和整合营销学派；在以社会长远利益为中心的观念阶段后期，随着技术的进一步推动，产生了技术结合论的数字营销学派。

本章中讲述的营销学派是依据各个学派的时代背景以及初期的发展特点进行分类的。其实，随着各个营销学派的发展，受到环境影响，各流派到后期各自的界限已经不再明显，尤其是到了数字时代，各个学派都有了新的发展，学科交融的程度也越来越深。

一、生产论

（一）渠道营销学派

第二次工业革命不仅促进了美国的经济和政治发展，而且极大地推动了美国农业的发展。第二次工业革命中，钢铁和机械的发展也推进了农机制造的发展，因此，美国最早完成了农业机械化和现代化。农产品产量的提升使得农产品销售成为生产消费循环中至关重要的一环，当时农产品生产后直接交付到顾客手中的销售模式已经不能满足生产者的需求。维尔达（Wilda）在《农产品市场营销学》中首次讨论了农产品的渠道效率问题，认为专业化中间商对于农产品的营销和经济效益的提高具有十分显著的作用。自此，维尔达揭开了渠道营销的帷幕。

渠道营销学派的发展大致可以分为三个阶段，即渠道结构研究阶段、渠道行为研究阶段和渠道关系研究阶段，如图 1-3 所示。

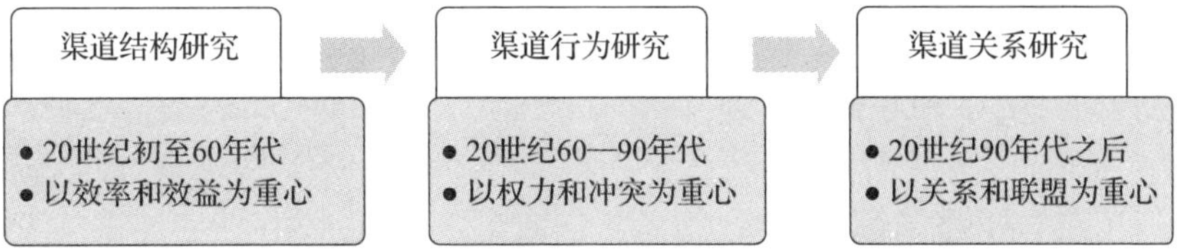

图 1-3 营销渠道学派的发展阶段

1. 渠道结构研究阶段

这一阶段起始于维尔达，当时的渠道营销的研究主要受到经济学盛行的影响，渠道的效率和效益成为渠道结构研究的重心。此时的渠道研究主要集中于中间商和营销机构等渠道机构对于经济效益的影响以及渠道设计等方面，但是渠道结构研究阶段的学者对于相关的行为变量研究较少。

2. 渠道行为研究阶段

博弈论和权力冲突理论为渠道营销学派的发展提供了理论基础，渠道营销学派的研究重心转向了权力与冲突。此时的渠道研究开始将关注点放在了“人”的身上，主要表现在渠道成员之间的冲突、不同权力来源对于领导和权力使用的影响、渠道组织之间的谈判等方面。

3. 渠道关系研究阶段

渠道营销学派受到关系营销理论发展的影响，又将关注点从“人”转向了“组织”。此时的研究重心转移到了关系和联盟，主要表现在对于渠道关系的细分研究增多，例如目的、实质、生命周期等，并将目光放在了合作者选择和渠道成员忠诚行为等方面。

总之，渠道营销学派是各营销学派中最早发展的学派。受第二次工业革命影响，社会生产能力大幅提升，市场上的产品数量大幅增加，营销观念由生产观念转变为产品观念，也促进了渠道营销学派的产生和发展，在后期又逐渐受到营销思想的发展影响和其他学科的影响，将研究重心逐渐由“效率和效益”转向“权力和冲突”，再转向“关系和联盟”。

（二）战略营销学派

战略营销学派的发展可以追溯到1938年，切斯特·巴纳德（Chester I. Barnard）首次将“战略”这一概念从军事中引入企业管理领域，由此拉开了战略营销发展的序幕。战略营销学派的发展主要经历了三个阶段：20世纪60年代之前的萌芽阶段、20世纪60—80年代的发展阶段，20世纪90年代之后的成熟阶段，如图1-4所示。

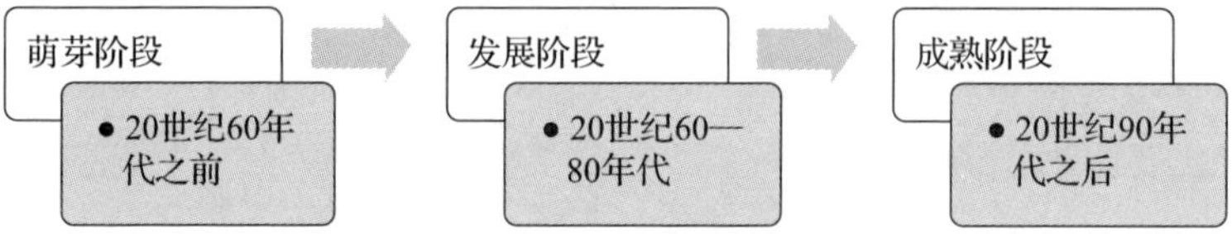

图1-4 战略营销学派的发展阶段

1. 萌芽阶段

在战略营销学派的萌芽阶段，出现了许多战略思想，例如《经理人员的职能》和《战略与结构》这两本书中就包含了许多后期战略营销学派的思想萌芽。但是，这一阶段并没有形成完整的战略营销理论体系。

2. 发展阶段

在这一时期，“企业战略”这一概念被正式提出并做出明确定义。此外，这一阶段战略营销的基本理论框架已经建成，战略营销学派进入现代营销战略研究阶段。这一阶段的学术成果丰富，SWOT矩阵这一分析工具的提出对于战略营销学派的实践具有极强的现实指导意义，学者们基于不同的角度和侧重点，形成了不同的战略营销理论学派。

3. 成熟阶段

随着理论的丰富和商业活动的繁荣，战略营销学派在这一阶段的研究重点转为企业竞争和战略联盟。迈克尔·波特（Michael Porter）提出的五力模型和竞争战略，使得竞争战略理论成为研究热点，而后战略联盟的提出又使得学界将目光放到了企业的联合上。

战略营销学派的理论发展，从其萌芽阶段到发展阶段再到成熟阶段，与其实践发展相辅相成，许多理论的提出起源于商业实践最终又指导着商业实践。尤其是一些分析工具，如 SWOT 矩阵、波特五力模型、波士顿矩阵等，在经历了半个世纪的实际应用后仍然十分经典。

二、消费者论

消费者行为学派起源于动机研究。20 世纪四五十年代，美国商业界为了促进产品销量，从而开始对消费者为什么会购买产品，以及如何购买产品等此类消费者动机问题进行研究。在后期随着动机研究这一实践活动的影响越来越大，使得学术界也开始重视起动机研究，研究主力从商业界转变到学术界，从而发展出消费者营销学派。消费者行为学派的发展主要经历了三个阶段：实证主义视角、非实证主义视角、数字化消费者新视角，如图 1-5 所示。

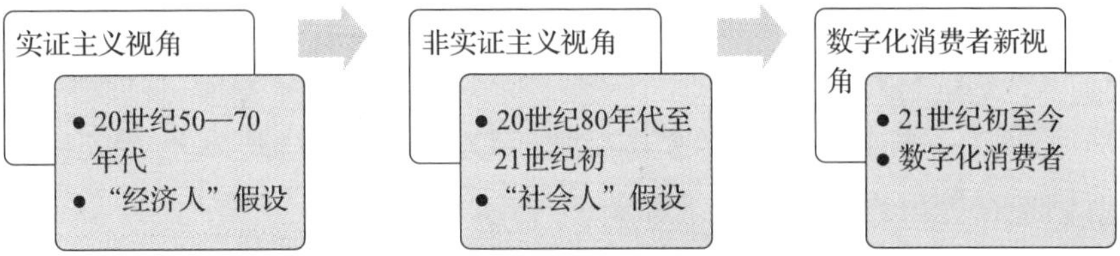

图 1-5　消费者行为学派的发展阶段

1. 实证主义视角

消费者行为学的发展受到经济学的影响，认为消费者的人性假设为“经济人”。当学术界以“经济人”假设视角探索消费者行为的各个方面时，发现侧重于宏观的经济学并不能解释消费者复杂的行为，因此便引入了心理学和社会学，形成了早期的消费者动机理论，并且非理性消费者行为研究成为当时的学术热点。

2. 非实证主义视角

经过实证主义对于消费者行为的探索，学术界发现消费者的人性假设并不仅仅为“经济人”，还存在着许多“经济人”假设不能解释的现象。学术界此时更倾向于认为消费者的人性假设为“社会人”，即消费者在进行购买行为时会受到文化、社会和情绪等因素的影响。在非实证主义阶段，主要存在两大视角，即诠释主义和后现代主义。前者认为购买行为是消费过程中个人体验过程感觉的全集，偏向于研究消费者的主观意向；后者认为消费所产生的形象与主观感受是变化的，偏向于研究环境变化对于消费者的影响。

3. 数字化消费者新视角

随着互联网的普及，消费者行为在某些方面发生了颠覆。消费者所处的信息环境完全不同，由不完全信息状态转变为几乎完全的信息状态；消费者行为主体发生转变，由于线上社群的变化，消费者行为主体由“个体”转向“群体”；消费者行为洞察方式也发生了转变，随着大数据和线上支付的应用，学术界可以通过消费者的相关搜索数据、支付数据、社交媒体数据等来进行消费者行为的分析。这一阶段，学术界对于数字化消费者行为的研究正在火热进行，学者们正在提出许多新的概念和新的理论。

受商界对于消费者动机研究的影响，学术界也加入了研究消费者的队伍，因此形成了消费者行为学。受到当时经济学盛行的影响，消费者行为学认为消费者是“经济人”，并以实证主义视角研究消费者行为；在引入了心理学和社会学之后，学术界又认为消费者是“社会人”，并以非实证主义视角研究消费者行为；随着技术的发展、互联网和移动终端的普及，消费者行为学的研究进入了数字化消费者的新视角。

三、生产与消费结合论

在营销学派的发展过程中，经历了生产论的渠道营销学派、消费者论的消费者行为学派两个阶段，随着营销思想观念的发展，无论是商界还是学界，都认为生产和消费需要结合在一起进行讨论，由此诞生了生产与消费相结合的营销学派：品牌营销学派、服务营销学派和战略营销学派。这三个学派都是兼顾生产方和消费方，或将二者联系起来。

（一）品牌营销学派

品牌最开始是用以识别区分产品和生产者，并且发展出了符号、包装等。在经济发展的过程中，第二次工业革命之后，市场上充斥着大量的商品，推销观念盛行。广告作为推销的一种手段，在商业实践的过程中，大大推进了品牌的发展和建设。广告人成为品牌理论建设的一大主力，品牌识别、品牌形象和品牌定位等著名理论都是在此时出现的。品牌营销的发展时间较长，可以追溯到20世纪50年代提出的品牌识别，但是直到品牌资产这一理论创立之后，品牌营销才成为一个真正的营销学派。品牌营销学派的发展经历了三个阶段：品牌资产阶段、品牌管理阶段、品牌关系阶段，如图1-6所示。

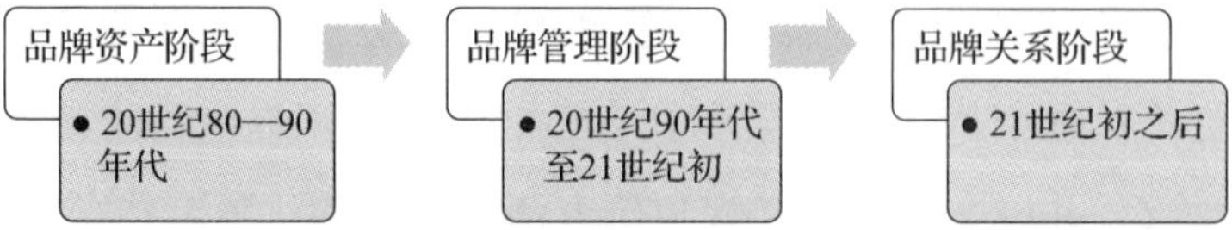

图 1-6　品牌营销学派的发展阶段

1. 品牌资产阶段

品牌资产是现代品牌理论的一个核心概念。品牌资产阶段的核心问题是：品牌资产是什么？对此，学术界给出了两个答案，即品牌资产五星模型和“基于顾客的品牌资产”（Customer-Based Brand Equity，CBBE）模型。前者是基于市场角度，后者则是基于顾客角度。品牌资产这一概念的确立，为整个品牌营销学派的发展奠定了基础。而凯文·莱恩·凯勒（Kevin Lane Keller）在其所著的《战略品牌管理》一书中，搭建起了完整的、系统性的、逻辑自洽的品牌营销理论框架。

2. 品牌管理阶段

这一阶段的学术研究方向主要为如何保证品牌在发展过程中保持良好健康的发展状态。在这一阶段，品牌营销理论的发展偏向实践性，从理论上回答了品牌发展在实际操作过程中遇到的问题。学术界提出了许多新的理论，如品牌延伸、品牌授权、品牌激活等。品牌延伸是针对开发新产品、新品类，品牌授权是针对品牌之间的良好合作，品牌激活则是针对品牌老化，延长品牌生命。

3. 品牌关系阶段

在互联网的普及和社交媒体的飞速发展下，关系营销逐渐发展，并且有力地影响到品牌营销。其中，品牌体验这一理论将品牌营销学派带入了体验营销中，品牌社群也是当代学术研究的热点内容。

品牌营销起源于广告，广告人为品牌营销打下了基础。在品牌资产阶段，品牌营销学派解决了最基础的问题，即品牌资产是什么，并且凯文·莱恩·凯勒和戴维·阿克（David A.Aaker）为品牌营销学派搭建起了大致框架。随着品牌实践的发展，为了解决现实问题，品牌营销学派进入品牌管理阶段。在科技的发展带动下，品牌营销学派又进入品牌关系阶段。品牌营销学派中的CBBE模型将品牌和顾客联系到一起，随着品牌营销学派的发展，学者们将注意力从品牌本身更多地转到品牌和顾客之间的关系上。

（二）服务营销学派

随着经济的发展，服务渐渐成为消费中越来越重要的一部分。服务营销就是从“服务营销是否区别于有形产品”的讨论中逐渐发展起来的。服务营销学派的发展大致可以分为起步阶段、成长阶段和徘徊阶段，如图1-7所示。

图1-7 服务营销学派的发展阶段

1. 起步阶段

在服务营销学派发展的起步阶段，最核心的问题是“服务营销是否区别于有形产品”。在此阶段，服务营销的研究推动主要是通过学位论文来实现的，并且这一阶段的实证研究较少，但是在这一阶段学者们肯定了服务与产品的不同，并且对服务特性等方面的研究取得一定的成果。

2. 成长阶段

在这一阶段，由于政府对于服务业管制的放松，使得大量的经营者涌入服务业，商界的需求和发展促进了服务营销的发展。此外，服务营销学派吸收了许多其他学科的理论和观点。服务质量模型的提出在服务营销学派发展中具有里程碑式的意义，并且成为往后研究的核心课题。在这一阶段，形成了服务营销研究的两大学派——北美学派和北欧学派。

3. 徘徊阶段

互联网技术的发展，颠覆了服务营销理论的一些基本假设和前提。服务营销学派在此阶段提出了许多范式，但是学术界并没有在服务范式这一方面达成共识。由于缺乏足够具有共识度的范式对服务营销学派的发展进行方向上的指导，因此服务营销学派的发展起步较晚，并且争议较多，并没有进入成熟阶段。

服务营销学派从“什么是服务”开始，逐渐形成了理论体系，正值研究成果爆发的阶段，却由于互联网技术的发展颠覆了基本假设，使其发展处于“群龙无首”的状态，没有出现统领的范式。但是，现阶段的服务营销学派各种范式的提出，使其出现一种“百家争鸣”的局面。相信在未来，服务营销学派会出现引领其发展的范式。

（三）整合营销学派

整合营销的发展是由于大众传媒的流行。在20世纪后期，电视、报纸、广播等大众传媒成为主流媒体，消费者接触到的信息和渠道逐渐丰富。但是，当时不同传播渠道的信息传播各不相同，难以在消费者心中树立起统一的品牌形象，这便促进了整合营销学派的发展。其发展可分为三个阶段：20世纪80—90年代的起始时期、20世纪90年代至21世纪初的发展时期、21世纪初至今的成熟时期，如图1-8所示。

图 1-8　整合营销学派的发展阶段

1. 起始时期

在这一时期，学术界对于整合营销的研究重点在于整合营销传播的定义问题，许多学者如唐·舒尔茨（Don E.Schultz）、特伦斯·辛普（Terence A.Shimp）等人，都在当时提出了自己关于整合营销传播的定义。

2. 发展时期

在这一时期，学术界已经对于整合营销达成一定的共识，并且整合营销的相关理论已经开始与其他理论结合，搭建框架，并且更加关注传播与顾客之间的关系，以及整合营销传播与品牌关系之间的关系等。这一阶段也出现了第一部整合营销传播的著作《整合营销》。

3. 成熟时期

在进入 21 世纪之后，整合营销已经完成了基本的框架搭建，学术界的研究重点在于如何有效地检测和评估整合营销的传播效果。在这一阶段，“客户回报投资率”是其中重要的学术成果之一。整合营销传播在商界也得到了普遍认可，整合营销传播的实践活动大量增加。

4C（Consumer，消费者；Cost，成本；Convenience，便利；Communication，沟通）理论和 5R（Relevance，关联；Receptivity，感受；Responsive，反应；Recognition，回报；Relationship，关系）理论是整合营销传播相关理论的基础，整合营销传播的理论发展离不开这两个相关理论的支撑。但是，整合营销理论发展到现在仍有一些问题，例如整合营销传播还处于理论前范式阶段，以及整合营销传播的价值仍有争议。

四、技术结合论

1994 年，世界上第一支互联网商业广告出现在网站页面上，从此数字广告开始大量出现，数字营销开始萌芽。数字营销的发展离不开一定的技术设备支持，并且与技术的发展息息相关。数字营销的发展时间虽然较短，但是数字营销学派的发展也可以划分为三个阶段：2000—2005 年的发端阶段、2005—2010 年的发展阶段、2010 年之后的成熟阶段，如图 1-9 所示。

图 1-9　数字营销学派的发展阶段

1. 发端阶段

2000 年是数字营销发展元年，主要是因为在 2000 年左右，学术界对于数字营销开始逐渐重视起来，之前关于数字营销的研究主要停留在概念层面，而对数字营销进行的学术研究在这一年开始大量增加。这一阶段，学术界对于数字营销的研究主要集中在网络的个性化表达、消费者搜索信息和决策工具、智能营销工具等方面，数字营销在实践层面的发展较少。

2. 发展阶段

在这一阶段，随着互联网的普及和互联网使用者的增加，使得社交媒体和线上社交平台成为主流，用户生成内容急剧增加。这一阶段，学术界对于数字营销的研究主要集中在在线口碑营销、线上参与者的联系、互联网优化消费者行为等方面，数字营销在实践方面也有所进步，搜索引擎优化和用户生成内容得到大量的应用。

3. 成熟阶段

2010 年之后，互联网的普及基本完成，社交网站开始大量出现，线上用户的影响力越来越大。线上消费者不仅可以通过社交平台发表自己对于某些产品的意见，影响其他消费者对于这些产品的观感，而且还可以对某些营销行为进行破坏或加强。在这一阶段，学术研究主要集中在数据分析工具的优化、线上线下营销融合、病毒式营销等方面，数字营销实践得到极大发展，许多企业都将数字营销作为其营销体系中的重要一环。

数字营销的发展时间相对较短，只有 20 多年，但是其发展极为迅速，学术成果也十分丰富。将数字营销发展的 20 多年分为发端、发展和成熟三个阶段，这仅仅是 20 年发展时间的划分，数字营销学派还有许多学术问题没有解决，还有很长的路要走。

本章小结

营销思想的发展是营销学派发展的基础。营销思想从19世纪末开始发展，至今已有200多年，营销思想的观念发展总共经历了五个阶段，即生产观念阶段、产品观念阶段、推销观念阶段、以消费者为中心的观念阶段、以长远利益为中心的观念阶段。这些观念的发展为营销理论和各个营销学派的发展提供了许多理论来源和土壤。

而整个营销学派的发展历史总共有100多年，期间涌现出了许多学派，本章只选取了7个具有代表性和影响力的主流学派，包括代表生产论的渠道营销学派和战略营销学派、代表消费者论的消费者行为学派、代表生产与消费者结合论的品牌营销学派、服务营销学派和整合营销学派、代表技术结合论的数字营销学派。

从各个营销学派的发展背景和发展历程来看，大部分学派发展到后期都会有学者或多或少地与其他学派的相关理论进行交叉研究。线上社群与其他营销学派的融合便是其中比较显著的一个例子。任何理论的发展都离不开现实的背景，因此大部分的营销学派在近十年的发展和研究中都与“线上”和“数字”紧密相关。

在百年营销的发展中，消费者的行为和习惯、购买渠道、思维方式发生了一定的变化，许多理论也都在不断地变化，但是对于整个营销理论来说，始终不变的是营销的本质，即传递信息。

虽然本章中只提及了7个营销学派的发展历程，但是在技术推动和需求拉动的情况下，现在仍有许多前沿的理论正在发展。经过时间的沉淀和学者们的努力，这些前沿理论或许在未来也将会成为一个单独的学派。

第二章

营销管理思想溯源

▲

CHAPTER 2

本章主要从营销管理思想的历史演进对营销管理思维逻辑进行阐述，具体细分为国外营销管理思想的演进历程以及我国营销管理思想的演进历程，最后对比分析了国内外营销思想历程的共性与差异。

第一节　营销管理思想发展

本节总体阐述了营销管理思想的发展历程，将其分为四个阶段，即孕育时期、形成与发展时期、成熟时期以及变革时期，最后对于未来营销思想的发展做出合理预测。

一、营销管理思想的孕育时期（1900 年前后）

从语言学角度，营销史奠基人巴特尔（Bartels）在其专著《*The History of Marketing Thought*》（《营销思想史》）一书中讨论了营销的出现及其含义。巴特尔认为新思想需要新概念的表达，只有“Markcting”（营销）一词的正式应用，才意味着营销思想的形成。因此他认为营销思想的产生应该与“营销”正式出现时间保持一致，即为 1900 年之后。更进一步，巴特尔在书中谈及“ Marketing”来自“ Market”（市场）的迭变，它是诸多商业活动因子的结合，涵盖了商业行为、技术、实践和交易等。

从历史背景来看，狄克逊（Dixon）从 18 世纪的古典经济学著作中发现了大量的营销思想，但这些营销思想都呈现为零星琐碎的概念或说法，并未形成系统科学的体系或论述。遵循巴特尔关于营销思想起源的鉴定标准，当时“营销”概念并未出现，但笔者认为这些零碎的思想可视为营销思想孕育的起源，所以，虽然目前营销学被划分至管理学科之下，但其最早应起源于经济学，发展至今已有

100 多年的历史。

19 世纪末，西方国家生产力发展迅速，消费需求旺盛，产品呈现供不应求态势，营销的实践已在进行之中，此外，西方营销学者们也开始关注农产品的渠道分销问题，商品流通的著作增多，营销学的起源研究也从商品的分销、交换、制造等经济学基础性研究活动这里拉开序幕。1885 年爱德华·阿特金森（Edward Atkinson）发表的《产品流通》一书中首次提出了营销的各类功能。该时期的营销学主要研究包括商品的交换（Copeland，1920）、起分销作用的营销机构（Weld，1916）以及营销的功能（Cherington，1920）三个方面，相对应的商品法（The Commodity Approach）、机构法（The Institutional Approach）和功能法（The Functional Approach）亦是当时三种最流行的研究方法。此外，1898 年美国第一任广告协会主席埃尔默·刘易斯（Elmer Lewis）提出购买行为法则，即 AIDA 法则。该法则迅速引起推销员和广告人的注意，并很快得以应用。这是有史以来首个带有理论性质的营销学方法论。尽管当时西方出现了较多商品流通的著作和一些类似于营销功能和方法的描述，对早期营销思想的孕育产生了一定的影响，但“营销”这一专业术语并未在各类著作中体现，营销学也并未成为一个广泛接受的研究领域。因此，笔者将这段时期归类于营销的萌芽期。

二、营销管理思想的形成与发展时期（1901—1950 年）

（一）营销管理思想的形成时期（1901—1920 年）

初创时期的营销思想运用领域较窄，着重对推销和广告的术语研究，并未出现市场营销的概念，也未得到企业的重视，一般存在于大学课堂实践中，该时期许多学校开设了市场营销学课程。工业发达的美国最先开展市场营销相关研究。美国广告协会更名为全美广告学与市场营销学教员协会，伊利诺伊等州的大学开设相关课程，为市场营销学研究提供了组织保证。

早期的营销学者都是经济学家，营销学从应用经济学演化而来的观念也成为学界共识。美国的营销思想在该时期集中产生于威斯康星大学和哈佛大学这两所经济学思想活跃的大学中。威斯康星大学重点研究农产品流通领域中组织机构和制度的分析，其营销研究呈现明显的制度经济学色彩，即从宏观视角更多地研究商品流通路径。1902年，哈佛大学的赫杰特齐（Hegertg）出版了第一本以营销命名的教科书并开设第一门市场营销课程“美国分销管理行业”。哈佛大学对案例教学研究的应用使其更多地从微观组织层面研究营销问题，如著名营销学教授科普兰（Copeland）对营销学做出定义，认为营销学是商品分销过程中商业管理原理的研究，从管理者的视角出发，将营销学问题定义为一系列营销策略问题，包括市场定位、渠道选择、品牌、广告、价格等，该观念正是后来的营销管理的雏形。

尽管该时期营销学出现了大量的营销教材，但此时营销学仍旧作为经济学研究的外延，追求专业化和规模经济，依赖于古典经济学理论和制度经济学。市场营销研究范围狭窄，以广告和营销门店为重点，重视推销术和广告术的营销策略，研究活动局限于大学课堂和教授的书房，未形成广泛的社会和企业影响，研究主体局限于商品的流通领域，不涉及商品到达消费者手中即进入消费领域以后的问题。

（二）营销管理思想的发展时期（1921—1950 年）

第二次世界大战以后，生产力的迅速恢复与经济持续增长使产品销售成为商业的普遍难题，大量的产品供大于求、市场中竞争愈发激烈的情况发生在以美国为首的西方国家中，因此人们的关注点从功能性质的营销研究开始转变为营销管理。20 世纪 20 年代后，学者们开始对早期的营销理论进行系统整合，营销原理方面的著作大量涌现。在理论的整合过程中，商品分析和机构分析更多地发挥了描述性的作用，功能分析通过提升理论成为多数研究者构建营销理论的主要路径。萨维特（Savitt）对该时期的著作进行整合分析后发现，营销学呈现两条不同的发展路线，其一是以宏观视角进行营销研究，重点关注价格歧视、广告对社会福利的影响、流通成本等社会问题，主要代表人有布雷耶（Breyer）、巴格（Barger）等；其二是偏重于研究营销管理，主要代表人包括康弗斯（Converse）、梅纳德（Maynard）等。

20 世纪 30 年代初的营销思想以市场信息为研究核心，代表人物有弗瑞德·克拉克（Fred E.Clark）等。该思想将市场信息的收集与阐释纳入营销概念，提出市场信息是对事实或近乎事实的收集与阐释，或可以理解为对事实的估计与推测，诸如想买或卖什么、愿意出多少钱买或卖等。

该时期营销学主要开展的是从宏观视角切入的营销研究，直至 20 世纪 50 年代后期，营销研究有了较大进展，以奥尔德逊（Wroe Alderson）为代表的营销学者开始构建营销学理论框架并建立营销管理理论，营销管理逐渐成为营销学研究的重点。营销管理研究的代表人物有奥尔德逊、霍华德（John A.Howard）和麦卡锡（Eugene J.McCarthy）。霍华德在这一时期撰写的《市场营销管理：分析与决策》便是运用管理学观点看待营销思想，为最先提出“营销管理”概念的论文，对后世具有开创性影响。

1923 年，AC 尼尔森公司成立，市场研究开始出现在营销领域，建立营销信息系统成为市场研究必不可少的研究活动，市场开始扮演起越来越重要的角色。随着印刷业的繁荣，“广告 + 推销”（广告公司负责消费者需求挖掘和广告制作、企业负责研发生产售卖）成为主流的营销模式。当时霍普金斯（Claude C.Hopkins）发明的营销方法被广泛应用，主要有“强行铺货法”“试销”“兑换券”“派样”等，并被保留沿用至今。1932 年，宝洁开始使用品牌管理制度，他们不得不与公司中的每一职能部门进行沟通，同时包括第三方的广告公司以及市场研究公司，在这种模式下，原来由第三方主导的相关职能开始并入企业，如广告创意、投放、事件营销、市场调研等，这之后企业开始出现市场部（营销部），第三方转变为执行者角色。正是在这个时期，一些知名大品牌开始诞生或快速成长，如阿迪达斯、GE、箭牌、骆驼、万宝路等。1937 年 AMA（美国市场营销协会）在纽约成立，使市场营销学跨出了大学的校门，成为一门实用性经济科学的里程碑。如今 AMA 已经发展成为世界上规模最大的市场营销协会之一，各个海外办公室的成立使营销思想得以在各国扩散。

通过对 1921—1950 年营销管理思想的梳理可知，营销学在该阶段的显著特征是林立学派间的纷争，营销学被分裂为制度经济学与新古典经济学两大派别，各学派之间的差异性远大于其共性，差异性的存在使得营销学在派别相互竞争的同时其边界也被极大地拓展，为后期社会化整合的营销管理范式诞生奠定基础。

三、营销管理思想的成熟时期（1951—1970 年）

该阶段营销学通过前期营销管理范式的精细化，逐步进入常规发展时期并走向成熟。在这段时期内大量关于营销思想史的书籍论文出版，“营销近视、营销管理、营销管理组合”等诞生，研究方法逐渐摆脱传统经济学，由规范分析转变为实证分析，研究范围也开始延伸至产品生产的前后期，营销学逐渐与管理学和行为科学等多学科交叉融合。

该时期美国军工经济开始将注意力转向在民众经济，社会商品大幅增长，社会生产力显著地提升，但居民消费水平却未相应提高，市场是供过于求的。美国市场营销学专家奥尔德逊与考克斯（Cox）在这个时期提出“广义的市场营销学，是促进生产者与消费者进行潜在商品或劳务交易的任何活动”的观点，这标志着营销开始步入全新的阶段。

其中，以4P（Product，产品；Price，价格；Place，渠道；Promotion，促销）为代表的营销组合概念的诞生成为该时期的显著标志，营销组合思想沿着“4P—7P—10P”这一进程拓展。1960年美国密歇根大学教授麦卡锡的《基础市场营销学》在尼尔·博顿（Neil Borden）的基础上充分吸收管理思想的精华，以管理为基础，将营销组合整合为“4P”，同时在此基础上建立了管理导向的营销思维体系。营销组合表现为突出对顾客的重视以及营销管理的决策方法，4P工具也成为当时挽救企业的不二法门。后有学者发现4P在服务领域应用的局限性，在原有的基础上新添了“3P”：人（People）、有形展示（Physical Evidence）及过程（Process），并构造出了服务营销的7P理论。随后，20世纪70年代，菲利普·科特勒在强调“大市场营销”（Mega Marketing）时，考虑到目标集团之外的公众主张，对4P理论提供补充，提出了新的两个“P”即公共关系（Public Relations）和政治（Politics）；由于营销战略计划过程得到重视，菲利普·科特勒从战略计划的视角出发又提出新的4P战略要素，即探查（Probing）、划分（Partitioning）、优先（Prioritizing）、定位（Positioning），目前，P字游戏已经被扩充至12P。

该阶段除了4P的营销概念，也涌现出其他的营销新概念，如产品生命周期、品牌形象、市场细分等。与此同时，20 世纪 50 年代初，罗瑟·里夫斯（Rosser Reeves）的 USP 独特销售主张理论（Unique Sailing Point）诞生。该理论认为广告营销应聚焦于一个有差异性的、具有穿透力的点，来启发消费者的购买诱因和兴趣动机。60 年代，威廉·莱泽（William Leiss）提出消费者的价值观念、人生态度与其所处的社会、阶层相比，能够更准确地解释消费者的消费方式的全新营销思考。自此，市场研究开始重视消费者态度，从态度和习惯上判断消费者的生活方式。几乎同时，麦卡锡提出著名的 4P 理论。1963 年，波士顿咨询公司成立，其发明的波士顿矩阵等工具，也在 1967 年菲利普·科特勒的巨著《营销管理》中被引用。几乎就在菲利普·科特勒出版《营销管理》的同时，大卫·奥格威（David Ogilvy）提出了“品牌形象论”，而其放弃了宣传继承于霍普金斯的“广告是推销术”这一主张。“实质利益 + 心理利益”是消费者购买产品的实质追求，广告和营销应重视设计和利用形象来满足其心理需求，因此品牌形象是消费者联想的集合，企业营销应该发展一个适宜的形象。1969 年，广告人杰克·特劳特（Jack Trout）在与其老板艾·里斯（Al Ries）的沟通中，提出用“定位”一词来总结他们的广告理论，并发表了《定位：同质化时代的竞争之道》一文。1972 年，《定位》一书出版，定位理论创立。近 30 年后，定位理论被美国营销协会评为“有史以来对美国营销影响最大的理念”。定位成了一个单纯但庞大的理论体系，以认知、聚焦、第一、品类、区隔、心智阶梯等为代表的定位相关词汇被广大营销爱好者耳熟能详。

营销学在这一阶段开始进行大一统，企业很明显地重视起营销，营销不只是“广告 + 推销 + 物流”的组合体，而是基于企业资源以及在探寻消费需求的基础上，满足市场需求下能够创造价值的企业系统活动。随着营销学的理论加速发展，营销概念不断涌现。根据市场变化，菲利普·科特勒不断地对《营销管理》进行补充修正，并及时了解和吸收新出现的营销理论，进行凝练提高，现在已经修订到了第 15 版。

四、营销管理思想的变革时期（1971 年至今）

传统市场营销学开始逐渐向现代市场营销学转变，传统市场营销学以生产主权论为主，而现代市场营销学以消费者主权论为主，市场营销理论逐渐变得精准，具有前瞻性和战略性等优点。市场理论不再围绕推销、广告等领域，而是关注于满足消费者需求，如何创造令消费者满意的产品成为企业的生产指导目标。在现代市场营销学的影响下，不少企业开始推崇顾客上帝论，注重对顾客的服务水平。

20 世纪 80 年代，顾客满意度观念广为流传。1983 年，白瑞（Berry）提出关系营销思想，认为其是“吸引、保持以及加强客户关系”，这一概念的提出让众多企业从简单的交易性营销转向关系营销，他们明白并注重在企业与客户和其他利益相关者之间应建立、保持并稳固一种长远的关系，进而达成信息及其他价值的相互交换。1996 年他又进一步把关系营销定义为“通过满足客户的想法和需求进而赢得客户的偏爱和忠诚”。与此同时，戴维·阿克则提出了构筑品牌资产的五大元素，即品牌知名度、感知质量、品牌联想、品牌忠诚度和其他独有资产。他先后出版品牌三部曲《管理品牌资产》《建立强势品牌》《品牌领导》，在营销学史中第一次全面系统明晰了品牌资产的意义和打造品牌的法则。罗伯特·西奥迪尼（Robert B.Cialdini）的《影响力》也在此时出版并风靡全球，西奥迪尼从人的行为模式分析，给出互惠、承诺和一致性、社会认同、喜好、权威和稀缺这 6 个影响人行为的最简单最直接有效的武器。21 世纪初，我国首次引进《影响力》，很长一段时间，该书在营销学、行为学畅销书榜都居高不下。

20 世纪 90 年代，营销学又一次进入爆发期，营销理念出现了新的变化。唐·舒尔茨的整合行销传播（Integrated Marketing Communication，IMC）理论在整个营销界达到了一定热度，其中所有接触点、信息流、传播一体化和互动成为该理论的高度概括，用一句话来说就是营销等于传播。一方面，整合营销传播把一切传播活动都涵盖于营销活动的范围之内，包括广告、促销、公关、直销、CI、包装、新闻媒体等，另一方面则使企业能将统一的传播信息传达到顾客方。美国营销专家罗伯特·劳特朋（Robert F.Lauterborn）教授针对 4P 理论提出相对应的以顾客为导向的 4C 理论，四个基本要素为消费者、成本、便利、沟通。随后凯文·莱恩·凯勒又把营销沟通和品牌管理进行了综合研究，其著作《战略品牌管理》被称为“品牌圣经”。此外，世界政治、经济格局大变动情况下国际经济贸易一体化竞争格外激烈，企业开始反思传统的营销活动，意识到营销不仅要考虑消费者的需要，更要考虑消费者与社会的长远利益，公司的组织目标不应是利润最大化或消费者的选择和满意度最大化，而应是兼顾消费者的满意与长期福利。全球营销理论（Global Marketing Management）理论应运而生，西奥多·莱维特（Theodore Levitt）呼吁跨国公司在全球范围内提供同一产品及沟通手段，他认为强调地方的实验室会导致生产、分销等方面规模经济受到一定损失，此观点给跨国公司带来一定的震撼，如何保持产品特色与经济利益上的平衡是各个跨国公司都要思考的问题。

2004 年，AMA 在营销教学研讨会上更新了市场营销的定义：市场营销是一种组织职能，是为组织自身及利益相关者受益而创造、沟通、传递客户价值，对客户关系进行管理的一系列过程。新定义将营销的重点放在客户上，肯定客户的价值，强调与客户的互动性，明确市场营销应以关注顾客价值为核心导向。

因为2008年的金融海啸，新古典经济学受到重创，非主流的经济学随之兴起，为宏观营销的发展带来了历史机遇。随着营销环境对营销管理提出的要求与日俱增，宏观营销的关注度随之升高，新兴营销历史学派已成为宏观营销学派强有力的战略联盟。

21世纪是市场经济持续性发展的高速腾飞阶段，是信息化的新时代，固执于“酒香不怕巷子深”的观念将面临被市场所抛弃的危机。21世纪的市场更具理性化，营销规则更加科学合理，消费者不再那么冲动，变得更加理智，对不具备竞争优势的企业而言，竞争将更加残酷，整合营销传播营销理念呼之欲出。其中心思想是以通过企业与顾客的沟通满足顾客所需价值为取向，进而确定企业要开展的统一促销策略，协调运用不同的传播手段，发挥各类传播工具的优势，使企业实现促销宣传的低成本化，以高强的冲击力掀起促销高潮。与此同时，第三次科技革命的进行更是空前变革了世界的整体环境，对世界的经济发展和理论研究都造成了难以估量的影响。新兴的营销理论如大数据营销、全球营销、网络营销等新词汇推陈出新，为市场营销的研究提供了更全面的角度和更多的可能性。企业的实践也因科技的进步而出现了更多的“打法”，信息技术发展促使网络营销快速发展，企业纷纷搭上技术快车，将营销理论与全球网络平台结合，创新性地开展软件支撑的全面顾客关系管理，市场营销理论得到全面革新。

五、营销管理思想未来发展趋势

在科学技术深刻变革的今天，营销理论的研究离不开对新兴技术的赋能和应用场景的贴合，企业的实践也离不开对技术的应用和进一步完善。互联网进入万物皆媒体时代，智能化+大数据驱动营销从“传播”转变为“传播+服务”，通过探针/LBS、聊天机器人、可穿戴设备、IOT、车联网等帮助品牌实现场景计算、体验管理和即刻响应，激发品牌新活力，拓宽品牌新路径。智能技术让营销从“精准到达”到“场景共鸣”，智能化的需求匹配与情感激活成为AI的关键。随着消费行为升级、5G时代、万物互联等新浪潮来袭，营销行业将会在不远的未来，迎接新的局面和挑战。

第一，营销进入5G的数字营销时代。5G让人与人、人与物、物与物之间紧密衔接，万物距离被拉近，5G技术将协助品牌构建一个以客户为中心的全方位信息生态系统。

第二，品牌用户数据的资产化。在数字经济的时代背景下，数据正成为一种“新财富”，帮助企业建立以数据为中心的战略决策转型。

第三，基于数字驱动的全息化组织重构。今天很多企业的数字化转型还在路上，从营销驱动到全链路全场景的体系化驱动，企业要增强对于市场的快速反应能力，就必须打造富有弹性的企业决策机制，从产品端、制造端、运营端、营销端的全面重组，最终实现以增长为目标的企业发展任务。

营销未来的发展趋势必然无法偏离数字化、智能化、场景化的大方向，未来营销将打破传统户外营销壁垒，全面赋能线下屏幕和终端，具有线上线下打通、多场景、多终端的特点，万物皆媒体的时代正在到来。

第二节　国外营销管理思想溯源

经济学研究的三个基本问题分别是生产什么、如何生产、为谁生产，市场营销学研究的三个基本问题则是为谁生产（先选择目标顾客）、生产什么（顾客需求）、如何生产（技术和研发）。经济学从市场视角看待问题，研究的是通过厂商（整体）和利益相关者（社会）行为分析，借助市场机制实现经济增长和提高经济生活质量。市场营销学则从市场竞争和运作视角看待问题，研究的是指导单个企业在市场竞争中如何获得更有利的地位和更高效的收益。市场营销学脱胎于经济学并借鉴了许多经济学的观念，营销思想的发展来源于经济学理论的发展，古典经济学、制度经济学、人力资本理论等都为营销策略提供了理论基础。如何看待“人”，是经济学和管理学的基本假设基础之一，它影响着企业的人才管理和组织变革。因而，本书依据营销学中对于人的认识的发展和转变来梳理国外营销管理思想，从营销思想的经济基础进行溯源，并审视现今营销思想的新逻辑，将国外营销思想的发展划分为三个阶段，即“理性人”“社会人”“数字人”。无论是市场营销的基本策略如4P、4C策略，还是其他如目标市场策略、体验营销策略等，都有其经济学理论基础和时代的缩影，营销思想的发展不仅没有颠覆各个阶段学界关于人的认识和看法，反而验证了关于人的假设。

一、"理性经济人"假设指导下的营销思想（19 世纪末至 1980 年）

经济学方面关于"理性人"的假设一度被视作营销学中必不可少的基础理论假设之一。经济学认为人的消费行为是建立在消费者均衡基础之上的，这里提到的均衡是指对商品边际效用相等以及最终与货币的边际效用相等的消费者均衡。生产者依据消费者均衡条件绘制出消费者的需求曲线并对生产行为进行指导。消费者的"理性人"假设为营销思想奠定了"交换"的理论基调，表现为任何消费行为的发生都是消费者与生产者的一个交换关系，消费者为实现效用的最大化，在完全信息的条件下，会以理性经济的方式来对自己的消费行为进行决策判断。

该时期的营销理论注重有形商品实体经济的交易行为，并且奉行短暂一次性的交易，大多是以生产者的角度讨论如何更高效地将产品卖出去，其实还未形成对市场营销成熟的理论认识。

（一）19 世纪末至 20 世纪 30 年代主导的生产观念

此时西方国家的生产力迅速增长，消费者需求高涨，市场处于供不应求的状态，企业没有独特设立的营销团队和部门，生产部门是企业的核心部门，营销仅作为帮助增加产量的辅佐角色。企业内强调标准化、专业分工、精细化管理、计划与执行分开、对工人进行培训和计件报酬，从而提高生产效率，降低生产成本。弗雷德里克·泰勒（Frederick W.Taylor）出版的《科学管理》一书在当时对企业生产影响巨大。其中，于 1908 年面世的福特 T 型车，被称为 20 世纪最有影响力的汽车，它从被创造出来到 1927 年停产，总共生产了 1500 万辆，该纪录保持了近 100 年。T 型车可谓是相当成功，在1917—1923年间它甚至没有做过任何广告。此时企业最关注的问题仍旧是生产——如何提高生产效率、降低生产成本？由于企业面临生产这一问题，关注的是效率和成本因素，因此营销一诞生，强调的便是如何提高从生产到消费对接的系统效率。1922年，弗瑞德·克拉克将营销定义为促使商品所有权转移和实体分销所做出的系列活动。该定义凸显了营销的本质是流通，而流通的核心是流通效率和交易成本。直到1960年，AMA关于营销的定义依旧是：市场营销是引导货物和劳务从生产者流向消费者或用户所进行的一切企业活动。

(二) 20世纪30—50年代主导的推销观念

1929年从纽约证券交易所开始席卷全球的大萧条，影响到整个欧美，并直接点燃了“二战”的炮火，20世纪30—50年代世界都在枪林弹雨中度过，到处都是战争的硝烟。为摆脱经济危机的影响，企业必须把库存的商品通过各种推销的方式售卖出去，当时的营销模式以推销为主导，推销观念认为市场已经变成了一个“买方市场”，消费者往往不会按照自己的需求和欲望来进行购物，而是要借助商家的推销活动来刺激消费欲望，进而形成购买行为。

(三) 20世纪50—80年代主导的产品观念

“二战”之后，生产逐渐恢复，商业重新开始复苏并再次繁荣。战争对粮食和军火的需求刺激了西方世界的大规模生产，扩大了世界的市场，不仅如此，“二战”还客观地推动了科技进步，人民的收入得到了极大的提升，生产力得到了极大的发展。在西方，由于不同的商品品牌之间的竞争日趋激烈，呈现出一个供大于求的买方市场，使得西方国家进入了一个黄金时期。经济复苏与活跃促进了营销理论与学术的发展，使营销进入百家争鸣的时代，营销由生产型向产品型转变。此时，商品的供应日渐充足，为满足消费者的多样化需求，生产者致力于生产高质量商品并不断改进力求提供精益求精的产品。同类产品在该阶段拥有更多丰富的样式和更优异的品质，消费者在该阶段对同类商品有着更多的选择。该时期营销的重点是帮助企业解决产品面临的问题，生产什么产品、宣传什么功能。

尼尔·博顿（Neil Borden）在1950年采用市场营销组合这一概念，尝试对其构成因素进行清晰化。他认为，与经济学家（只关心价格）、销售人员（仅关注销售）、广告人员（只关心媒体版面）相比，营销人员将会走得更远。

同年乔尔·迪安（Joel Dean）采用了产品生命周期这个概念，后来西奥多·莱维特在其著名的《利用产品生命周期》一文中对此概念予以了高度认可。自那以后，产品成为市场营销领域的一个基本问题，也是一个颇具争议的话题。同年美国诞生了第一个广告理论——USP理论。它强调每个广告都应该提出一个独特的销售主张，告诉消费者本产品与对手有何区别、为什么要买它。

20世纪60年代，商品变得同质化，产品与产品之间的区别越来越小。此时有些学者意识到必须首先研究消费者需求，知道消费者想要什么。企业必须对市场进行细分，针对一个特定的细分人群满足其需求。

大卫·奥格威认为，由于产品的同质性，导致了消费者在做出决定时更多地依靠感性，而不是理性，因此，在广告中要塑造出一种独特的品牌形象，为产品赋予情感，为用户创造心理的满足。

杰克·特劳特和艾·里斯表示，产品竞争越来越激烈，品类不断分化，品牌必须在消费者心目中占据一个与众不同的位置，要么第一，要么唯一。

通用电器的约翰·麦基特里克（John B.Mckitterick）于1957年创立了“市场营销概念”哲学，这是营销历史上首次提出企业的生产经营活动要改变以往的“以产品为出发点，以销售为手段，以增加销售来获取利润为目标”的传统经营观，转向“以消费者为出发点，以营销组合为手段，以满足顾客需要来获取利润为目标”的市场营销观。

1960年，西奥多·莱维特的《营销短视症》一文在《哈佛商业评论》上发表。在该文中他表示，公司衰退的原因在于他们所重视的是“产品”，而不是顾客。

1967年菲利普·科特勒出版《营销管理》，他在文中提及营销就是管理消费者的需求。营销战略系统可以归纳为“STP+4P”。STP是一种策略，即：市场细分（Segment）、目标人群（Target）、产品定位（Position）。4P是一种战术，由麦卡锡所提出。

尽管在该时期有少量学者意识到产品为导向的营销观将不再适合即将到来的消费者至上的时代，营销理论不断革新，但实践工作者大多将4P思维奉为圭臬。Product（产品）、Price（价格）、Place（渠道）、Promotion（促销），这四个英文单词组成的营销组合思维完全符合大生产时代的市场需求。企业生产的产品需要销售，企业需要思考其所生产的产品拥有的特色与功能，符合哪些特定客户群体的需求，这个思考过程被称为“产品定位”。当产品定位清晰后，其他3个P（价格、渠道、促销）也就自然一一推演出来了。首先是该定位下的产品售卖的价格，即为价格策略。其次是这样的产品可铺陈于哪些渠道销售。该时代下“渠道为王”的思想影响甚远，拥有优质渠道的企业，当将商品放到渠道以后，渠道自带客源流量，充分赋能产品销量的提升。除了进入最好的渠道以外，还需要关注的是促销活动，以此吸引消费者的关注，以击败同类的竞品。4P理念强调以产品为导向，而不是以顾客为中心，以满足市场需求的目标。4P 理论是最早将复杂的营销活动简单化、抽象化、系统化的营销基本理论，建立起了营销学的基本架构，推动了营销理论的发展和推广。4P 理论被广泛地运用于市场营销中，直到今天，它仍是市场研究的一个基础模型。

从上述分析可知，在经济发展的早期阶段，特别是在市场化、工业化程度较低，市场供给严重短缺，居民收入水平低下时，市场主体在很大程度上受到价格限制，生产者和消费者的选择权也受到了限制。在这样的情况下，“理性人”的假定具有更大的应用范围。各种广告、品牌、营销理论粉墨登场，层出不穷。究其本质，这些理论都是在“理性人”假设的基础上进行发展和演变，营销思想特征表现为：如果这样做那消费者将得到什么，即消费者为追求自身利益最大化，在成本—收益或趋利避害的原则指导下产生经济行为。

二、“社会人”假设指导下的营销思想（1981—2010 年）

“社会人”也能作为人际关系理论的一个基本出发点。这一假定表明，人们从事工作追求的不仅仅是经济受益，更重要的是工作中的各种社会关系。物质利益对调动人们的生产积极性只有次要意义，人作为“社会人”，更加注重人际关系的和谐，在工作中获得安全感、归属感等。“社会人”理论否认了“理性经济人”假说，认为人们在寻求社会心理上的安全感、归属感和被尊敬，相比经济动机，人的社会动机更为重要。“理性经济人”假设试图以功利主义原理来实现个体的经济利益，而“社会人”理论则着重于个体对集体的依赖性并借助集体来满足个人的团体主义价值观。因此，“社会人”理论对“理性经济人”假设中的个人主义价值进行了否认，并将个体动机的满足纳入团体，提出了个人只有通过群体才能得以满足。

“社会人”的观念不再着眼于单一、低层次的人的需求，而是转向了更高层次的、多方面的需求，从而为市场营销的思路提供了新的方向。根据“社会人”理论，营销思想需要转变为启迪和感化人的内在因素，摒弃对管理对象的外部控制。也就是说，从以具象的“物”为中心的营销向以“人”为中心的管理进行转变。市场营销管理工作的重心不在于满足个人的财务激励，而在于构建良好的群体关系，培育员工良好的激励机制，使其朝着利于组织目标实现的方向发展。由此可以看出，“社会人”假设是对“经济人”假设的进一步深化和发展。

(一) 20 世纪 80 年代至 21 世纪初主导的用户思维

20 世纪 80 年代以后，世界经济发展表现出经济全球化的重要特征和发展趋势。尤其是苏联解体和冷战结束以后，经济发展成为一个全球性的话题，世界的关系更加密切。于是社会责任营销这一概念被提了出来，该概念认为企业在进行经营决策时，不仅要考虑商业目标、顾客的需要，还需考虑到公众和社会的长远利益，担负起社会公民的责任。西奥多·莱维特在 1983 年提出了“全球营销”的理念，他指出，如果过分强调不同地区市场的差异之处，将会增加企业成本，从而造成规模效益的下降。

1985 年，巴巴拉·本德·杰克逊（Barbara B.Jackson）提出了关系营销理论。他认为，营销活动是企业与消费者、供应商、分销商、竞争对手、政府机构和社会大众进行一系列互动的过程，营销的核心便是创建、培养、巩固企业与上述组织或个体间的关系。换言之，企业目标不在于创造出购买行为，而在于建立关系。只有与用户建立黏性关系时，企业才能不断地从中获利。1992年，唐·舒尔茨提出了整合营销传播（IMC）理论，尝试让营销回归简单。IMC理论的核心思想是把企业与营销有关的所有传播信息整合在一起，做到一元化。IMC理论一方面将广告、促销、公关、直销、CI、包装、PR等统一包含在营销范畴中，而另一方面则要求企业能够向消费者传达统一的信息，“Speak with one voice”（用同一声音说话）是其精要。

20世纪90年代初期，一个崭新的电子商务时代到来，消费更加表现出个性化、感性化特征，为应对竞争，企业必须准确辨析出消费者的需求所在，与其进行双向信息交流而获得更清晰的内容。此时也是一个竞争更激烈的时代。该时期企业同类型产品数量呈爆炸性增长，1990年4C理论应运而生，该理论强调企业需转变“卖企业所能制造的产品”观念为“卖消费者想要购买的产品”。4C是Customer（客户）、Cost（成本）、Convenience（便利）、Communication（沟通）这四个词的缩写，这四个词一对一地取代了4P理念。首先是客户思维取代了产品思维。产品思维假设产品是已知且不可变的，而客户思维主张产品是可变且可能是未知的，企业需要先了解客户的需求再去生产相对应的产品。此外，当市场上出现不同需求的细分市场时，一个产品无法满足所有客户的要求，所以客户思维衍生出市场细分概念，企业需要关注特定属性的“客户群体”。其次是成本策略取代了价格策略。当更多消费者愿意为高品质的产品和服务买单时，他们正在摆脱“价格决定一切”的消费模式。消费市场正变得更成熟，竞争也更趋激烈。此时市场价格并非由企业制定，而是需要了解消费者满足其需要与欲求所需付出的成本，考虑客户群体的价格、功能、设计上的需求，在不同的成本结构下，考虑产品可以实现哪些功能。再次是便利观念取代了渠道观念。当消费者掌握了主动权时，渠道的作用被大大削弱，企业需要主动考虑消费者的便利性，产品为消费者所能提供的方便销售的过程在于如何使消费者快速便捷地买到该产品，由此产生送货上门、电话订货、电视购物等新的销售行为。最后是沟通策略取代了促销策略。消费者不只是单纯的受众，本身也是新的传播者。促销推广是单向的，是由企业生成信息或促销方案向客户传递，而4C的沟通概念则是强调双向的沟通，不仅仅是企业单方面地推出信息，也需要听取客户的意见，让双方能够更理解对方，有更良性的沟通，以谋求与消费者建立长久不散的关系。4C理论的思想基础是以消费者为中心，强调企业的营销活动应围绕消费者来进行。4C理论从企业经营者的研究全面转向对消费者的关注，实现了“由内而外”到“由外而内”的历史性转变，是对传统4P理论的升级补充。

1999年，Gartner Group公司提出客户关系管理（Customer Relationship Management，CRM）学说，在差不多同时期，顾客资产管理（Customer Asset Management，CAM）学说也被提出。

从关系营销到CRM、CAM的理论发展可知，营销正关注对人的回归，创造用户价值，建立用户关系。

(二) 21世纪初至2010年主导的价值观念

从21世纪开始，世界进入互联网时代，2000年前后，电子商务、网络广告形式踊跃翻新，搜索引擎的宣传功能增强。BBS、博客、RSS、即时通信工具（QQ、MSN）和早期网游的出现，拓宽了可承载营销内容的媒介渠道。互联网作为一个“现实扭曲力”超强的黑洞型工具，为用户提供了一个全新的交流平台。媒体平台将以往的市场营销链中的大多数环节，包括产品展示、广告媒介、渠道销售、顾客关系管理、服务等都包罗其中，这大大缩短了品牌价值的传播途径，不再需要像上个时代，通过“广告”走一个迂回的反射弧。互联网减少了产品触达用户的中间环节，极大地降低了触达的费用和时间。如今，消费者对品牌、产品是否具有真正的价值具备更高、更快、更强的识别和传播的能力，是否具有独特价值，已经变得比过去更为重要。

2001 年，唐·舒尔茨提出了关系（Relationship）、反应（Relationship）、关联（Relevance）和回报（Reward）的 4R 新理论，成为该时期的营销研究主要代表成果之一。4R 新理论认为，为了避免客户流失，获得长期、稳定的市场，企业和消费者应该在动态的市场中保持长期的互动关系；在客户需求快速变化的情况下，企业要善于聆听客户的心声，及时发现和挖掘客户的需求和不满，同时包括可能出现的演变，要建立快速反应机制来应对这种类似的市场变化；企业要与客户建立长久且稳固的伙伴关系，从单纯的销售转向对客户的责任和承诺，以保持客户的重复购买和忠诚度；企业应该以市场回报为目标，把市场回报作为其进一步发展和维持与市场联系的动机。在市场日益成熟、竞争日益加剧的情况下，4R 新理论以企业与消费者之间的互动与共赢为目标，倡导既要积极地顺应顾客的需要，又要主动地创造需求，通过关联、关系、反应等形式与客户建立起一种特殊的关系，从而使公司与消费者产生竞争优势。4R 的营销理论已经不再局限于满足市场需要、追求客户满意度，而是将建立客户忠诚度作为其终极目的，并对 4P、4C 理论加以补充和完善。

2004 年，AMA 又一次更新营销的定义：“市场营销是一项有组织的活动，它包括创造价值，通过沟通将价值输送给顾客，以及维系管理公司与顾客间的关系，从而使公司及其相关者受益的一系列过程。”从该定义可以看出用户价值是营销的新基准。同年，普拉哈拉德（Prahalad）和拉马斯瓦米（Ramaswamy）首次提出“价值共创”

的概念，表示价值必须是由企业、消费者、其他利益相关者多方共同参与创造的。“共同”是指整合双方资源，企业为用户提供平台和情感体验的机会，而用户对于企业来说，不仅仅是产品的使用者和消费的体验者，更是建构社会价值体系的成员。营销就是创造价值、传递价值的概念由此诞生。同一时间段，瓦戈（Vargo）和拉斯切（Lusch）从另一个角度提出了著名的“服务主导逻辑”，以“服务是一切经济交换的根本基础”和“消费者是价值的共同创造者”这两个观点为核心，最终形成了关于服务主导逻辑的10个假设。从服务主导逻辑的视角出发，共同创造出的价值只是顾客在消费过程中实现的“使用价值”，而不是“交换价值”。

2006年，菲利普·科特勒提出了全方位营销（Holistic Marketing）的概念，营销的范围包括了内部营销、整合营销、关系营销和社会责任营销，整合范围逐渐拓宽，从内部逐渐走向外部，从有形走向无形，营销管理向价值、系统和共享的方向演进。

菲利普·科特勒在《营销革命3.0》中谈到，“该时期营销者不再把顾客仅视为消费的人，而是把他们看作具有独立思想、心灵和精神的完整的人类个体。如今消费者正越来越关注那些具有使命感、愿景规划和价值观的企业，希望这些企业能够满足自己对社会、经济和环境等问题的深刻内心需求。”这表明，消费者在该阶段越来越重视品牌向他们交付的价值，并且这种价值已不限于过去的功能价值，更包括了是否有独特的情感价值和精神价值。该时期企业能否取得独特的价值发现，营销更加注重的是市场营销本身的价值观方面的树立，重新思考了企业存在的意义，社会责任更为凸显。企业为目标用户创造出他们真正认可的价值、价值组合（功能、体验、情感），并选择最有效率的方式来传递和延伸其价值，成为初期互联网时代营销的最好概括。

三、“数字人”背景指导下的营销思想（2011年至今）

（一）移动互联网时代主导的移动营销观念（2011—2018年）

从2011年开始到2018年，营销进入了移动互联网时代。高速移动网络带来的新媒体营销变革，微信生态闭环的初步建立，以及直播、短视频和知识付费方式的兴起，使得流量入口迅速变多、变强。这一阶段，企业开始依托移动互联网营销端口发力，二维码扫描、App餐厅预约排队、社交媒体刷屏等，企业着力围绕手机终端提升体验，用技术手段为消费体验赋能，并且有效蓄留有价值的客群流量。

该时期社交媒体不断丰富，Facebook、Instagram等社交媒体彻底改变了人们之间的联系方式，人与人的双向互动关系建立了互联网上的社会化网络，于是营销传播也顺势进入以社会化媒体为主导的社会化网络营销传播阶段。企业主要依靠博客营销、网络视频广告、网络游戏广告、网络社区营销、搜索引擎营销等营销传播形式实现线上线下多渠道互动。另外，技术的发展使得营销效果量化成为可能。点击率CTR精准衡量广告效果，实时竞价系统RTB在正确的时间向正确的人展示正确的广告，每千人展现成本（CPM）、投资回报率（ROI）、转化率（CVR）等量化指标被提升到了前所未有的高度，广告衡量效率和传播效能在技术的进步下迅速提升。

2010年，查克·布莱默（Chuck Brymer）提出互联网营销的本质是点亮社群。2011年，克莱·舍基（Clay Shirky）提出社群是拥有共同价值观的人聚集在一起构建的社会单位，具有共同的目标、高效率的协同工具和一致行动是形成社群的基础条件。社群商业模式所蕴含的巨大商机和价值创造潜力被极大地挖掘和释放。社群生态圈这种商业模式的价值创造机理开始成为学术研究的重要热点。

2011年，利用自媒体渠道传递和共享有价值的信息的内容营销受到追捧，内容即广告、广告即内容成为营销新手段。安·汉德利（Ann Handley）认为，内容营销是以不同的形式来创造和传播具有教育性和吸引力的内容，以吸引和保持客户，是一种视内容为交流工具的营销方法。其中，社会化媒体是内容营销的主要阵地，对话、故事、顾客互动参与成为内容营销最普遍的内容形式。与此同时，意见领袖群体崛起，KOL（Key Opinion Leader，即关键意见领袖）是指在特定领域有相当话语权和权威性并被广泛认可的一类群体，其发布的内容专业性和权威性强、人设明显，通常带有明显的营销特征。范·艾克（Van-Eck）的研究发现，意见领袖不仅处于社会网络的中心位置，而且拥有充分的产品知识和创新性行为动机，通过意见领袖传播是行之有效的营销策略之一。

2013年，全渠道研究正式拉开序幕，线上线下媒介的跨渠道协同作用也成为研究重点。该年菲利普·科特勒提出营销4.0的概念，认为未来将是一个整合运用媒体的时代。针对跨渠道系统，研究表明多媒介中相同信息的多次接触会提高消费者的广告记忆、增强消费者的广告信息处理能力。2014年，Dinner通过大多数研究表明综合使用线上线下的多种媒介带来的广告效力大于单个媒介的效果。

2016年，顾客体验视角被重视，价值共创被正式提出，Tzu-Yi Kao提出了社交媒体环境下的价值共创过程，归纳为“互动—参与—建议—行为—实现”（IEPAR）模型。2015年，瓦戈等提出平台背景下促进价值共创活动是平台所有者的主要任务之一。由此，2017年Mina Tajvidi等将品牌价值共创予以定义，表述为通过消费者共同创造价值，依据社会商业的新设计特点，参与到某些品牌的互动和体验。

2019年，UGC（User Generated Content，即用户生成内容）媒体平台发展迅猛，UGC媒体平台成为人们获取信息、娱乐消费的重要渠道，用户在社交媒体、电商平台、问答社区上发表的文字、图片、短视频等形式的内容都属于用户生成内容。截至2019年末，YouTube拥有超过50亿段食品，消费者每天在YouTube上观看视频的总时长超过10亿小时。社交媒体营销已经被公认为是“种草”的重要平台，也一直被作为广告主与消费者沟通的主要渠道。同时，具有“种草”和转化带货能力的KOL/KOC（Key Opinion Consumer，即关键意见消费者）营销、短视频等形式也受到了广告主的青睐。Chen S-C（2019）等认为，社交媒体中的意见领袖的广告内容是通过影响消费者的社会认同和感知价值间接影响满意度，进而影响持续、参与和购买意愿。

（二）大数据时代主导的数据营销观念（2019年至今）

从2019年开始，随着网络化的深入，信息不再是稀缺资源，消费者的消息变得异常灵通，人际传播的效果远远大于广撒网式的广告投放。“数据”开始能够真正为行业赋能。更多有效数据的留存、AI技术的兴起、人工智能的落地和5G带来的新一波物联网增长红利，也为数字营销注入新的活力，带来更多的发展空间和机遇，推动着数字营销不断向智能化变迁。智慧化数字营销的时代来临，“人”成为数据营销的中心。

社会化营销和私域流量是2020年最值得关注的数字营销形式，无论是在PC端还是移动端，社交平台都超过了搜索引擎，成为广告主的投放重点。KOC群体应运而生，相较于更依靠公域流量的KOL而言，KOC依靠更多的私域流量，以真实用户的身份、生活化个性化的内容，进而获取用户的深度信任。

基于“程序化购买+”的计算广告成为营销传播界的热门话题。“程序化购买+”源于程序化购买，程序化购买是指通过数据的积累以及分析技术，实现基于精准定位的受众购买。“程序化购买+”以“连接”为本质，通过数据打通与融合，连接企业和消费者，连接不同的屏幕、设备，连接大数据。运用领先的技术，通过大数据将线上和线下的所有媒介资源打通，将多方数据形成闭环，使资源更全面地加以整合。营销传播活动的整个过程，从消费者洞察、营销传播创意、广告投放到效果反馈，都越来越自动化、程序化、智能化。

此外，大数据技术的一大特点是“一切皆可量化”，语言文字、声音影像、生活消费习惯、地理位置等都能以数据的形式记录和收集，人的沟通和关系、经历和情感，都能被数据化。铁摩辛柯和豪瑟（Timpshenko & Hauser，2019）利用机器学习的方法从UGC里去识别用户的需求。跨屏、跨应用、跨物体的多维数据的互联整合，将使数字营销传播实现从精准传播到全景匹配的效果飞跃。

如今，整个数字营销市场正在以社交媒体为中心，带动各方往转化、私域移动。企业首先通过传统的大众营销来进行品牌的价值主张宣传（聚焦品牌形象而非销售线索），然后再通过更精准的数字化营销工具来进一步触达目标顾客并进行场景营销，已成为广为认可的营销范式。随着人工智能和5G等前沿技术的不断成熟，数字营销将迸发出新的活力，迎来更广阔的发展空间和机遇。

第三节 中国营销管理思想溯源

中国营销肇始于改革开放，起步于工业化，兴盛于技术进步和制造业现代化，经历了从初步引进后的认知形成时期，再到理性反思和探索时期，呈现出由点到面、逐步扩大应用范围和领域的特点。在国外营销管理思想的影响下，中国营销管理思想的发展可分为三个时期：萌芽时期（1921—1977 年）、启蒙导入时期（1978—1984 年）、快速发展时期（1984 年至今）。

一、营销管理思想萌芽时期（1921—1977 年）

市场营销学于 20 世纪 30 年代被引入中国，由于当时我国处在革命战争的年代，社会和经济形势比较不稳定，学科的生存条件不够稳固，因此中国本土化的市场营销学仅能算作西方的舶来品。1934 年，丁馨伯将美国经济学家梅纳德（Harold H.Maynard）等人合作出版的《*Principles of Marketing*》进行编译，并发行了首部市场营销教科书《市场学原理》，自此开启了营销学科中国化建设和演进的大门。

建国初期，中国主要实行计划经济体制，企业的生产、供销活动完全依赖行政指令，较少与市场直接联系，人民的生活物资、商品的获取主要靠商品票证，对营销学科理论指导的诉求较弱，加之受到苏联意识形态影响，几乎所有中国大陆学校的市场营销课程都被迫停开。市场营销学作为市场经济体制下的产物，计划经济体制主导的市场环境并没有为其营造良好的学科发展空间，市场营销学被真正作为一门学科和学术研究对象，学科建设几经曲折，该时期市场营销学仍处于起步阶段。

二、营销管理思想启蒙导入时期（1978—1984 年）

1978 年，十一届三中全会把党和国家的工作重心转向经济建设，实行对内搞活、对外开放的经济政策，这是中国改革开放的开始。这一阶段的重要使命之一便是探索社会主义条件下的经济体制，市场营销学也从该时期被再次引入中国。在这段时期，我国不断学习和吸收国外市场营销思想，翻译了大量营销学相关的著作、杂志以及国外学者的授课内容，不仅如此，还选派学者和专家到国外访问、考察、学习，并邀请国外专家、学者到国内开展讲学工作，为以后的国内市场营销学的发展奠定基础。但是，那时我国的市场营销理论主要集中在一些高等院校、科研院所，参与这一领域的人员很少，而且对西方营销理论的认识也不够透彻，因此，我国的企业对这一领域的研究仍处于空白状态。

1984 年 10 月，党的十二届三中全会通过《中共中央关于经济体制改革的决定》，强调“要在计划经济体制的基础上，充分发挥市场调节的辅助作用，大力发展社会主义商品生产和商品交换”。于是，商品流通体制改革开始正式进入“计划调节”和“市场调节”并重的阶段，打开了市场发育和起步发展的制度空间。企业不仅开始由以往统购包销改为自己跑市场、为产品寻求销路，也开始模仿和学习西方先进的管理方式，在市场营销实践中不断尝试。此时，我国开始大力着手围绕农村经济的改革，并且通过联产承包责任制彻底解放了农村劳动力，一大批农民第一次走上了经商道路。该时期由于城市的各种限制，文化水平低、资金短缺的农民们只好回农村创业，在物资极度短缺的时代，创业者们并不需要过多的营销套路，只要想办法更大量地生产，就能赚到钱。在这种时代背景下，短缺经济下的制造业开始复苏，乡镇企业异军突起，诞生了“华西村”“傻子瓜子”等乡村创业奇迹。当时“傻子瓜子”的营销套路很简单：大量生产，瓜子不仅味道香、个儿大、分量足，卖的时候还会多抓一把给客户，让客户觉得占了便宜。这是短缺经济下的主要营销方式。

1984 年 1 月，全国高等综合大学、财经院校市场学教学研究会正式成立。此后几年内，国内出现了形形色色的营销研究组织。同年，我国进行城市体制改革，一些体制内工作不如意或者城市的边缘人士走上了城市创业的道路。他们的起点低，加之当时的政策环境、投资环境差，生存极为艰难，但相比农民具有一定的文化基础。这个时期的创业者们已经有了明显的竞争者，因而形成了质量意识，并建立了自己的规章制度，可以称之为发生在生产线上的“管理革命”。

该时期我国的营销理论仅限于大学课堂和学术交流，生产观念占据主导地位，企业界对于营销还处于模糊不清的感性认识阶段。

三、营销管理思想快速发展时期（1985 年至今）

1985 年以来，随着经济体制改革的推进，我国陆续开放了 14 个沿海城市，经济改革的重点由城市转向农村，国企改革不断深化，非国有经济蓬勃发展，市场竞争逐渐多元化。营销教学研究团队、营销教学、营销研究、营销应用等方面都得到了很大的拓展，过去仅限于学术界和教育界人士参与的国内营销学会，现在也开始吸纳商界人士参与。研究重点从单一的教学研究转向与企业的营销实践相结合。1987 年 8 月，全国高等综合大学、财经院校市场学教学研究会改名为“中国高等院校市场学研究会”。

此时，国内科技水平虽然远远落后，但是劳动力成本低，因此吸引了一大批国外品牌以技术入股的形式在中国办厂，比如丰田、松下等，外资品牌将其先进的管理理念和方式带到了我国，加速了我国营销管理思想的发展步伐。这时，国内也诞生了一批与城市居民日常消费（吃、穿、用）密切相关的企业，例如海尔、联想、万科、健力宝等。与短缺时代“只要大量生产就能盈利”完全不同，在竞争变得激烈的情况下，企业家们逐渐有了品牌意识，并且开始学会大量运用广告来进行营销。由于当时的消费者文化水平普遍不高，容易盲目从众，使得当时的广告营销走向一个高峰。

20 世纪 80 年代中期，“超级市场”被引入中国。1991 年在上海创办的超级市场标志着我国商贸行业进入新的发展时期。之后一年，在允许外资零售企业进入中国零售领域后，我国形成了百货、超级市场、便利店等多种业态并存的格局。随后几年，国家经济的整体发展自然也带动了商业模式的快速发展。在 20 世纪 90 年代外资零售巨头将会员制度引入中国，但当时消费者的消费习惯还没有开始接受这种模式，因此发展得并不理想。但会员制度在此后“本土化”的过程中，成为企业营销的重要手段之一。

1992 年，一批知识分子、公务员开启了下海浪潮，对比过去的创业者，这一代创业者拥有更高的知识和技能，使得中国的企业有了一次质的飞跃。经过上一个阶段激烈的内外部竞争，中国企业综合实力增强，“硬实力”大幅度提升，企业积累了一些营销管理经验，积淀了厚积薄发的“软实力”。1996 年，中国商场内的国内品牌数量超越国外品牌。该时期我国企业虽摆脱了生产导向的观念，但也只是向推销观念靠拢，对市场需求不重视，对企业资源整合的认识不到位，缺乏品牌运作和维护意识。

20 世纪 90 年代中后期，随着经济改革的进一步深入，商品经济进一步发展，消费者需求呈现多样化、个性化特征，国际经济一体化发展和国外资本的大举进入使得我国企业面临的竞争更加激烈，在内外夹击下，国外引进的营销理论无法完全适应中国企业的经营实践，理论界开始重新审视市场营销的含义，试图探索适合我国国情的营销理论。1995 年 6 月，中国人民大学、加拿大麦吉尔大学和美国康克迪亚大学于北京联合举办的第五届市场营销和社会发展国际会议召开。中国高等院校市场学研究会和其他一些学术组织也是本次大会的协办单位。国内共有 25 名学者的文章被收入《第五届市场营销与社会发展国际会议论文集》(英文版)，其中 6 位中国学者的论文获得了国际优秀论文奖。自此，中国的市场营销学者开始全方位、大团队地走向国际舞台，与国际学术界和企业界的合作更加紧密。1996 年 3 月，全国“两会”在文件中以“市场营销”取代了以往的“经营”“销售”等用语，市场营销首次见诸政府文件，被列入政府机构职能，拓展到了政治经济学领域。

20 世纪 90 年代以来，营销理论界积极开展与企业界的合作，走向企业，为企业提供咨询、策划与培训服务，与企业紧密联系，当时几乎各省、市、自治区都有营销学者受聘为企业的营销顾问。该时期我国学者展开了对品牌主题的课题研究，品牌管理也成为我国营销学界最为关注的理论重心。该学派的主要代表人物包括卢泰宏、范秀成、赵平、江明华、于春玲、王新新、何佳讯、陆娟、王兴元、周志民等一大批学者。

从 1999 年开始，中国一大批知识分子和海归精英掀起了互联网革命的狂潮。经过几代人的奋斗，此时的中国制造业已经在国际上享有战略地位，这给互联网提供了良好的生存发育土壤。随着互联网在企业中的广泛使用，电子商务快速发展带来机遇，越来越多的企业开始注重网络营销。1997 年 2 月，ChinaByte 开通免费新闻邮件服务，到当年 12 月，新闻邮件订户数接近 3 万；1999 年，B2B 网站阿里巴巴、B2C 网站 8848 等成立。电子商务也开始从神话向现实下落，到 2000 年上半年互联网泡沫破灭，又刺激了网络营销的应用。

中国互联网在 2000 年的泡沫破裂后，已经步入了一个稳定的发展时期，网络营销服务市场已初步形成。随着企业对网络营销的认知水平和需求水平的不断变化，网络广告被持续地革新，市场营销的工具和方法层出不穷，网上销售环境日趋成熟。2001—2008 年是从 web1.0 迈向 web2.0 的过程，中国网民经历了内容匮乏阶段、内容充足阶段，直到现在的内容过剩阶段。2003 年淘宝网创立，中国也因此进入了电子商务时代，此后，许多电商品牌开始崛起。互联网推动了商业的发展，而一些中小型企业也开始意识到互联网的重要性，做起了互联网营销。搜索引擎营销、电子邮件营销、即时通信营销、博客营销等成为网络营销的重要手段。该时期中国营销的主线从搜索到社交化网络逐渐过渡：百度上市，网游市场风起云涌，淘宝网上线，阿里巴巴推出支付宝，中国进入博客元年。中国互联网开始在即时通信、电子商务、搜索引擎等底层技术服务上，与整个世界互联网的发展脉络相通。

2005 年，张春法提出网络营销从根本上确立了消费者的主导地位，带来了企业运作方式的深刻变革，并构建了包括客户关系管理、供应链管理以及业务流程管理三个方面的当代网络营销模式。2006 年，查金祥利用实证分析法研究了电子商务顾客价值与顾客忠诚度之间的关系，至此网络营销研究开始受到广泛关注。2007 年，口碑营销的研究开始受到我国学者的关注，在线评论作为在线口碑的一种正深刻改变着消费者的经济行为模式，口碑营销的形成机理、影响范围等主题类的论文频频见刊。金立印在该年展开实验研究分析网络口碑信息对消费者决策购买的影响，为之后我国关于意见领袖营销理论的研究起到良好的铺垫。一直到 2010 年，该时期的中国营销呈现出拥抱全球化与探索本土化的态势，不断在网络背景下针对网络环境重构市场营销的新理论，探索网络营销的理论基础和基本构造，如 2008 年贾灿研究星巴克的中国营销策略、2009 年叶顺敏分析可口可乐与王老吉的营销策略对比等。

2010 年后，互联网进入移动时代，智能手机的横空出世，2G 网络向 3G 网络的发展，移动端将 PC 端曾经触及不到的那批用户迅速盘活，中国互联网用户呈井喷之势迅速增长，移动社交成为主流，进而优化为移动互联网时代的营销。搜索、社交、电商这三块本身是极具流量虹吸效应的，在移动互联网时代更是进一步将规模效应放大。腾讯通过 QQ、微信这两款产品，在中国社交界成为传奇，而阿里则是靠着淘宝和天猫成为中国电商界领头羊。

随着 Twitter 在国外成为许多企业的营销工具显现出巨大的经济价值时，我国的微博也相继崛起，并拥有较多的人群入驻，微博作为媒体开始成为品牌影响力传播的重要平台。2010 年，基于微博的社会化媒体营销研究掀起一股浪潮，学者们纷纷从传播机制、传播特征、互动机制等主题开展对微博营销的研究。

2012 年，微信作为腾讯推出的通信软件，背靠腾讯十余年积累的 10 亿 QQ 用户资源和丰富的平台，迅速积聚人气，其作为人际关系紧密化的阶段性工具迅速成为营销的重要工具。周蕾（2012）指出，微信不仅集合了微博具有的互动性、信息传递性和投放精准性特征，而且开创性地拥有多极化、多元化、人性化和实效性特征。

2013年，全渠道零售一词频繁出现在媒体和研讨会上，我国多渠道零售革命风暴来袭。实体门店与在线门店的多渠道零售模式成为全球零售业发展的趋势。李飞（2013）分析了全渠道零售的含义、成因及对策，并给出社交网络时代多渠道整合策略的决策；汪旭辉和张其林（2013）则对多渠道线上线下协同效应和稀释效应进行了分析。

2014年，内容营销开始备受关注。在以微博、微信等多种类型平台改变信息传播方式的背景下，全民发声、人人都是代言者的自媒体时代来临。学者们针对自媒体营销模式分析了自媒体拥有的精准营销、个性化传播、口碑传播等特性。如李曦（2014）分析了旅游目的地的新媒体整合营销传播策略，王茹（2014）结合小米手机的案例背景分析了自媒体营销策略的优劣势。

2015年之后的中国互联网营销，以内容、社区、电商为代表的营销模式发展得更为成熟。经济增速放缓，数量意义的人口红利渐渐消失，进入存量博弈时代。消费者以追求个性化、追求自我价值实现的“80后”“90后”为主导，诞生圈层经济，取而代之的，是小众圈层形成的粉丝经济，再由粉丝经济驱动大众经济，从而告别盲目从众的营销时代。另外，中产阶级粉墨登场，成为中国消费的主力军。新时代中产阶级是理性消费的代言人，这也就意味着，中国将告别以“物美价廉”为主导的营销时代，而走向“好产品值得拥有好价格”的赢家通吃时代。以产品性能、品牌质量等为优势的精尖企业将诞生。

2015年，社群经济受到广泛关注。互联网社群指代以兴趣和相同价值观集结起来的固定群组，呈现出聚合度高、交流效率高、一致行动的特点。微信、小米、罗辑思维和正和岛成为尝试社群经济的排头兵。李春光（2015）提出，社群经济的本质是高概念与高感性的人格体验；陈三玲（2015）以罗辑思维为切入点，分析了互联网知识社群的营销策略特征；胡泳和宋宇齐（2015）对比了社群经济和粉丝经济的差异和共性。

2016年，移动短视频时代来袭，美拍等短视频社交软件形成网络传播的新风潮。短视频越来越契合用户追求的短、精、趣偏好，短视频的特点、传播特征、营销模式和传播效果也成为当下的研究热点。如腾云（2016）以美拍为例分析移动短视频的传播可行性，严小芳（2016）分析了短视频的传播特性和媒体机遇。随后，2018年，抖音、快手为代表的短视频深刻影响和改变了人们的生活。尽管在图文阅读时代，人人都可以成为自媒体，但是对于大多数人来讲写文章依然是一件艰难的事情，而短视频时代来临后，只需要拿起手机拍摄即可生成创作内容，参与门槛的降低生成海量内容，让更多人参与到了短视频内容提供的行列当中，流量开始逐步聚集在短视频平台上。朱杰与崔永鹏（2018）对短视频兴起的外部环境、内部逻辑与创新发展的挑战进行了分析。此时，MCN成为短视频行业的资本新风口，MCN作为一个链接内容创作者与平台方的中间机构，在依托于各大主流社交媒体平台飞速发展的同时，也为内容的生产分发贡献着自己的强大力量。据此，邓子薇（2018）分析了移动互联网时代下短视频行业从UGC向PGC、PUGC、MCN模式的演变。

2019年开始，定位于年轻人分享生活方式、探索生活灵感的社交电商平台小红书用户规模突破3亿，月活跃用户达1亿，成为品牌触达消费者、促成交易转化的重要平台。小红书主要通过创新内容和用户之间的交互模式，在“话题”功能中加强用户的参与感，开创了社区、广告、电商三者联动的话题“种草”路径，在消费者决策旅程的各个重要环节——认知、兴趣、忠诚、购买，以不同的内容矩阵沉淀口碑。由此，以小红书为代表的“种草”营销时代来临，网红、KOL、KOC 的力量成为品牌传播的重要部分。通过社区吸引一部分用户进行生活分享和产品信息传播，积累商品口碑，再去吸引粉丝用户最终实现购买行为，这个过程简称为“种草”。杜康伊和赵洪珊（2019）对小红书“种草”式营销的现状及存在问题进行分析并提出相应对策。

2020 年，新冠肺炎疫情席卷全球，营销环境发生全新变化：一方面，随着营销预算紧缩，品牌主对广告价值和精细化投放的要求进一步加强；另一方面，消费者对广告的需求呈现出疲软状态，流量红利逐步消失，增量空间变小，增长越来越难。“品”“效”“销”三合一成为广告主营销的理想状态。在这一特殊情况之下，各行各业亟须通过数字化转型进行自救，各大品牌积极拥抱数字化，升级营销效能，云经济、5G 商业化等为品牌营销带来更多可能。2020 年同样也是全民直播元年，直播已经成为品牌增长的新引擎与品牌营销的新阵地。刘平胜和石永东（2020）分析了直播带货营销模式对消费者购买决策的影响机制；刘忠宇等（2020）基于扎根理论讨论了网红直播带货下的消费者购买意愿。这个时候，“Z 世代”年轻人逐渐经济独立，开始主导消费市场，虚拟偶像已经成为该年品牌营销发力的风口。喻国明和杨名宜（2020）认为虚拟偶像是一种自带关系属性的新型传播媒介。另外，随着女性意识的逐步觉醒，“她经济”“女性平权”“女性营销”这些命题也成为品牌深度的思考话题。

2021 年后，直播带货的热度未曾减弱，各个直播平台加大了扶持力度，越来越多的甲乙丙三方在直播带货上的关注度、参与度都在提升，比如品牌方、明星、KOL、代理公司等都加入进来，促使整个直播带货头、腰、尾部规模迅速壮大。品牌方开始建立自播阵地，企业的销售部门和品牌团队对直播带货大多有系统性的打法。

除此之外，元宇宙营销也由此展开。元宇宙营销最直接的场景应用和流量入口就是数字藏品和内容营销的尝试，在元宇宙中做品牌虚拟化是成为元宇宙营销普遍认可的方式。林宇航和朱丽萍（2022）结合元宇宙盛行的背景及其概念，从场景营销的多元化、生动化、身心融合化和场景交互化四个方面分析了元宇宙的传播策略。

第四节 研究评述

纵观国外市场营销思想的发展历程，其经历了由“以生产为中心”到“以消费者为中心”、由“以产定销”到“以销定产”的转变，消费者从过往被作为价值捕捉、实现销售收入的对象，到后期与企业共创价值，逐渐变成企业最重要的资产。在这个过程中，国内外营销的实践与理论相互融合、促进，伴随着经济周期特征营销理念随之革新与重塑。从营销思想进化的路径来看，营销所发挥的战略功能越来越明显，逐渐成为企业发展中最重要和核心的一环。但无论是在传统时代还是数字化时代，营销的本质都在于创造卓越的客户价值，需求管理、差异化、建立持续交易的基础依然是可持续营销的核心。

国外营销理论的发展大多从技术、实践中总结经验发展演化而来，国外营销理论发展史可被总结为实践孕育理论，反之理论又服务于实践，两者相辅相成。国外对于营销学的发展研究表现为两种路径：一种是宏观视角的商品流通过程的研究，另一种是微观视角的营销管理研究。而我国的营销发展史在宏观层面上是根据国家战略指引，从微观层面上是跟随跨国公司在产品生产和产品创新节奏上保持正确的方向，宏微观视角的正确把控为我国营销理论的吸收、模仿和内化、创新奠定了基础。因此，从某种意义上来说，中国营销是国家和企业通力配合的结果，是国家政策、地方政府和企业共同努力的结果，是政府从宏观上决策、引导，企业在微观上学习、模仿和创新的结果。

本章小结

在任何企业中，市场营销都是促进企业发展的关键途径。只有不断进行营销理念创新，完善经济计划，加强营销管理，才能够保证企业的竞争力，增加企业的效益。本章从营销思想的历史演进对营销思想发展的思维逻辑进行研究，有助于营销学者全面了解营销发展脉络和相应营销理论产生的背景。综合梳理国内外营销管理思想的发展变化，可以发现，营销越来越趋于个性化、精准化，营销工具越来越趋于数字化、智能化，营销思想则越来越趋于社会化、国际化。当今时代，人货场已然发生深刻的变化：人的重构体现在消费者的价值愈加突出，消费人群也表现出新的特征，新生代、新中产、新小镇青年不断涌现；货的重构表现为产品升级带动品牌升级，新锐品牌以差异化、细分化和区分化在成熟品类中崛起，成熟品牌则在品类中重塑形象换新；场的重构表现为媒体传播形式从中心化到碎片化，品牌营销的重点从硬广媒体转向社交媒体，从品牌告知转向品牌认识。可以看出，数字营销是一场由数据驱动的技术手段的革命，深挖数据价值将成为破局的关键。在信息碎片化和数字化的时代，营销管理思想也将继续找寻真理、总结经验，以不变应万变。

第三章

消费者行为学派

▲

CHAPTER 3

本章首先从西方和中国的消费者行为学派代表人物着手，对其主要思想和观点进行阐述；其次从理论认知、理论创立、理论深化、理论重构四个阶段梳理中西方消费者行为的理论演变；接着介绍了 AID/AIDA 模型、AIDMA 模型、AISAS 模型、SICAS 模型等消费者行为分析工具；最后指出了消费者行为学派的局限性。

第一节 代表人物及其学术思想

本节主要阐述早期西方消费者行为研究代表人物及其学术思想，如恩格尔（James F.Engel）、霍华德、谢斯（Jagdish N.Sheth）等，以及中国消费者行为学派代表人物及其学术思想，如卢泰宏、符国群、陆雄文等。

一、早期西方消费者行为研究代表人物

（一）恩格尔

恩格尔被誉为消费者行为学科的第一人，为整合消费者行为学和其他学科做出了重要贡献。1968 年，恩格尔组织召开了以消费者行为为主题的学术会议，当时有许多学科学者参与其中，同年他出版了消费者行为学科的开创性教材《消费者行为学》，该教材综合了心理学、社会学和人类学及动机相关研究，构建出了 20 世纪 60 年代消费者行为学以多学科交叉融合为特征的框架。

（二）霍华德和谢斯

霍华德是现代营销学的先驱学者之一，来自美国哥伦比亚大学。由于消费者决策为当时研究的热点话题，霍华德与他的助理谢斯围绕“消费者如何做出购买决策”的论点创建了购买者行为理论，开

创了从营销学角度研究消费者行为的先河。同时，他们合作出版的《购买者行为理论》一书因“使营销学更加受到尊重”的贡献成为经典著作。霍华德个人也在消费者行为学领域出版了多本开拓性的著作。

20世纪60年代初，谢斯从印度来到美国匹兹堡大学攻读MBA和营销学博士学位，成为霍华德教授的研究助理。谢斯主攻消费者行为、关系营销、B2B、竞争战略和全球营销等学术领域。与霍华德合作出版《购买者行为理论》一书后，谢斯将消费者行为研究作为毕生的主要研究领域，并且成为消费者行为论著最多的核心学者之一。2010年出版的《谢斯全集》，共8卷本，汇总了其学术贡献，主要围绕“购买行为—购买决策”的逻辑，从个体、家庭、跨文化的消费者行为概念模型和消费者偏好、信息行为、品牌行为等方面进行了实证研究。

二、中国消费者行为学派代表人物

中国营销学者在吸收西方营销理论时，始终遵循“洋为中用，不断创新”的原则。卢泰宏等营销学者集中在对西方消费者的消费行为进行横向分析，郭国庆等营销学者则着重于中国消费者消费行为的纵向分析，而付国群等营销学者则侧重于对中国消费者与西方消费者两者的消费行为进行横向比较分析，其他营销学者则着重于小范围消费者行为的研究。

（一）卢泰宏

卢泰宏，中山大学营销学教授、博士生导师，“菲利普·科特勒国际营销理论贡献奖”中国首位获奖者。研究领域为中国营销与消费者行为、品牌管理、营销传播与广告。其主要的学术研究内容与观点如下。

1. 中国区域消费的差异性特征

卢泰宏在《中国区域消费差异的二维研究》中提出“中国区域消费存在差异性特征”的观点。这种异质性表现为市场的多元多样性：一国多个市场，一国多层市场。在影响消费行为的众多因素中，消费文化是最核心的，而在消费文化中，最为核心的是消费文化价值。研究发现，消费文化价值中最为核心的两个基本维度是：是否接受外来文化、是否敢于花钱。前者导致区域消费形态的变化，后者主导区域消费的基本风格，通过对这两个维度的聚类分析，可以将中国消费者分为四种消费形态，即保守型、前卫型、理财型、乐天型。

该研究在营销管理方面的指导意义主要表现为以下几个方面。

（1）依据四种消费形态——保守型、前卫型、理财型、乐天型，明确细分企业的目标消费者。

（2）企业进行新产品推广时，由于前卫型消费者市场能以最快的速度采纳新产品，同时尝试新产品的意愿更强，也敢于花钱，所以应将前卫型消费者市场作为突破口，为新产品攻占市场打下基础。

（3）在营销传播方面，针对差异需求的消费者，广告宣传的重点应有所差异，广告宣传方式也应随宣传重点而做相应调整，如表 3-1 所示。

表 3-1 消费者类型和广告宣传重点的对应关系

消费者类型	广告宣传重点
保守型	除了强调产品的无险性，也要强调产品的性价比，以事实说明产品所能给予消费者的价值
前卫型	突出产品的新颖性、独创性，给消费者以全新体验

续表

消费者类型	广告宣传重点
理财型	在突出产品“新”的基础上，采用理性化的诉求，强调产品的性价比，产品能够带给消费者哪些具体价值
乐天型	强调产品得到权威部门或专家认同，并被广大消费者所采纳（这类消费者风险意识和从众性心理比较强）

2. 冲动性购买行为具有连续性

卢泰宏在《冲动性购买行为后果影响的实证研究》一文中探讨了冲动性购买的后果所带来的影响。研究将影响冲动性购买行为的全部因素整合进一个该行为形成的整合模型中，如图 3-1 所示。该模型中，消费者的购买冲动是由外部市场的刺激、消费者内在的冲动特征和购买情境条件所决定的，这样形成的购买冲动性实质上仅是行动的倾向，消费者的最终购买决策还受到更多其他的限制因素影响，如经济能力、时间压力、购买是否合理等，消费者会对这些因素加以评估，并以此评估结果为依据来判断冲动性购买行为是否合理。当判断表现出积极面时，即与购买冲动性倾向一致时，消费者会更易做出冲动性购买决定，反之，消费者则可能拒绝此次冲动性购买行为的发生。如果是不存在任何限制因素的极端情况，消费者的冲动性倾向会立即实现为最终冲动性购买。此外，本研究还发现：男性与女性对于自身购买冲动的评估差异较大，女性更倾向于认为自身是冲动性购买者；不同冲动性水平的消费者关注点也具有差异，高冲动性消费者更注重冲动性购买为其带来的乐趣，而低冲动性消费者更注重冲动性购买所花费的成本。

该研究在营销管理方面的指导意义主要表现为：消费者的冲动性购买并非单独的单次购买行为，不同次购买行为之间彼此联系且相互影响。因此，研究消费者的冲动性购买行为，既要从购买环节

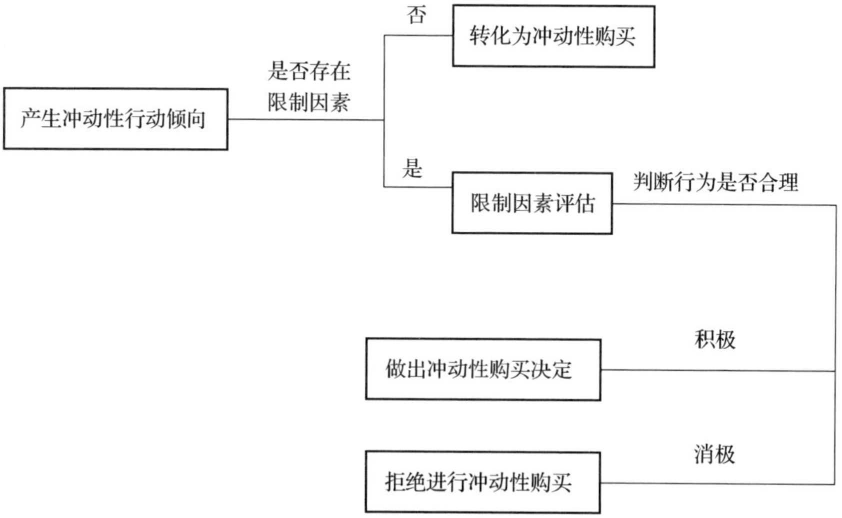

图 3-1　消费者冲动性购买模型

的角度出发，还应将目光投向消费者的购后产品的评价与处理，并考察购后评价对消费者下一次冲动性购买产生的可能影响，从而以一个完整的、闭合的消费流程来综合考虑冲动性购买决策。

3. 中国奢华品消费动机与消费者自我解构的维度相对应

在《基于自我解构的中国奢华品消费动机的实证研究》中，卢泰宏研究团队基于自我解构的研究视角提出了中国消费者自我解构的维度。自我解构是 H.R.Markus 和 S.Kitayama 提出的一个重要的心理学概念，它对消费者行为的影响主要表现在如下几个方面：对于消费者认知的影响；对于广告的态度；对于自我约束机制及其结果的影响。卢泰宏在研究中首次应用实证分析法，探索了中国消费者自我解构对消费动机的影响。研究表明，中国消费者的自我解构存在独立自我、关联自我、关系自我三个维度（见表 3-2），其中个我取向和他人取向、关系取向密切相关，中国消费者的奢华品消费动机存在社会性取向的动机和个我性取向的动机，前者与关联自我、关系自我正相关，后者与独立自我正相关，奢华品消费动机与消费者自我解构的维度相对应。中国人特有的自我解构观，导致了中国消费者和西方消费者奢华品消费动机的不同。

表 3-2　中国消费者自我解构的维度

维度	特性
独立自我	强调表现自我，与他人保持独立，将表现自己的独特内在特质作为重要的生活目标
关联自我	强调关注他人，将与所属群体保持和谐关系作为重要的生活目标
关系自我	强调与他人的关系，将与自己有关的重要他人（如父母、配偶、子女、朋友等）和与他人的关系纳入自我概念的系统中，并把“建立并发展与他人的良好关系”作为思考问题和行动的基本准则

该结论在营销管理方面的指导意义如下。

中国消费者独特的华人文化以儒家文化为中心，而在儒家文化的熏陶下，中国人的自我解构主要是关联自我与关系自我。对于奢侈品的消费动机，其主要表现在以下几个方面：一是与西方消费者追求享乐性消费价值相比，中国消费者更重视商品的炫耀价值；二是中国消费者更看重所有物的公众意义，而不像西方消费者那样强调所有物的个人含义；三是中国消费者往往以产品或品牌的象征意义来表现其在社会中的阶级与身份；四是中国消费者在选购奢华品时，表现出更多的从众动机，而不是像西方消费者那样关注领先特性；五是中国消费者很多时候都是通过赠送奢华品来构建他们的社会关系。

4. 象征消费的存在

象征消费指的是消费具有符号象征性，即产品不仅具有物理或物质的功能性价值，而且具备象征消费价值，象征和价值取向共同构成了某个时期或某个群体的文化特色。象征消费有两层含义：一层是“消费的象征”，即消费表达和传递了某种意义和信息，包括消费者的地位、身份、个性、品位、情趣和认同；第二层是“象征的消费”，即人们消费的不仅是商品本身，而且更偏向于关注消费这些商品所象征或代表的某种文化社会意义，包括档次、身份、地位、心情、美感、氛围、气派、情调或气氛。

象征消费的相关研究在营销管理方面的指导意义包括：品牌对消费者具有三重价值，分别是功能价值、象征价值和体验价值，其中，象征价值回答和识别“我是谁”这一重要的品牌象征问题，因此企业应注重品牌象征性价值的创造与赋能。

（二）符国群

符国群，现任北京大学光华管理学院市场营销系教授、博士生导师、中国高校市场营销学会会长。研究主题包括市场营销、品牌管理和消费者行为学，现有多部出版著作，如《消费者行为学》《商标管理》《商标资产管理》《商标管理教程》等。在《*Journal of Marketing Management*》《*Journal of Product and Brand Management*》《中国管理科学》等国内外学术刊物上发表学术论文60余篇。主持国家社会科学基金、国家自然科学基金和国际合作研究项目10余项，负责多项企业委托项目。

符国群主要从西方消费者行为和中国消费者行为角度研究品牌延伸问题。他将消费者行为与品牌两个营销领域结合，提出许多有价值的学术观点。在涉及消费者行为的基础上，其比较有代表性的研究观点如下。

1. 从消费者角度研究品牌

符国群表示，品牌并非单纯的符号和标记，而是消费者对产品的整体印象、看法和联想的综合，品牌的形成一方面与公司的经营活动，特别是企业的市场营销活动有关，另一方面与消费者如何组织、加工和处理信息，也就是消费者如何利用原有的知识和经验来解释新信息相关。由此可以得出，对品牌问题的研究要从消费者的视角出发，从顾客与品牌的各个接触点出发，探讨他们之间的互动行为，以及对品牌的看法和认知的形成过程。基于此，品牌现象的研究应该与消费者各方面如生活、需求、目标、决策、知识，以及与此相关联的影响因素进行互通。

2. 提出适用于中国消费者的品牌延伸评价模型

符国群的博士论文《发展中国家消费者对品牌延伸的评价——来自中国的证据》研究得出，中国消费者对品牌延伸的评估和各个维度的敏感性有显著差异。符国群根据中国特有的文化与市场环境，建立了品牌延伸评估的新模型。该模型引入品牌形象相关、市场竞争状况、产品延伸特性等新的变量，发现新的变量对消费者评价延伸产品都产生了显著影响。这一发现对于研究发展中国家消费者如何评价品牌延伸、我国与西方消费者品牌评价的异同点，具有重要的理论和实际意义。

（三）陆雄文

陆雄文，复旦大学管理学院教授、博士生导师，致力于消费者行为理论的中国化研究，主持过“消费者满意度及其测量”“不成熟市场消费者行为”“城市消费者行为”等课题。2008年，陆雄文教授获批国家自然科学基金重点项目资助，研究《中国城市消费者行为研究——身份识别、社会认同视角的探索》。以下为其在消费者行为领域的一些重要的学术研究。

1. 网民对虚拟身份自我认同程度的影响因素

陆雄文在《虚拟社区与成员心理联结机制的实证研究：基于认

同与纽带视角》文章中，提出基于“解释社群集体行为的社会认同理论”和“解释社群形成的纽带理论”的虚拟社区与成员的心理联结模型。研究发现，网民参与虚拟社区活动包括自我认同与社会认同两种心理。同时，借助纽带理论从个体和群体层面解释了虚拟社区凝聚而成的原因，并对情感纽带类型如何影响网民参与社区活动的意图做出相应的分析。这给社区经营者在如何强化虚拟社区中网民“身份”展示机制的设计提供了指引方向，给管理实践提供了如下指导。

（1）在政策设计上强化网民对于社区的承诺感和参与行为。

除了塑造社群共识、培养社群身份外，社区经营者还必须积极鼓励网民自身对虚拟身份的认同感。在线社区要充分利用技术媒介特征来支持网民的身份构建以及通过身份呈现所进行的社会互动，给予网民充分的自我表现工具，如声誉、级别、评级系统、签名、个人网址等。此外，虚拟社区管理者还可以通过互动活动和水平的政策控制来影响网民心理认同的行程，通过社区站点的各种技术特性，如互动环境共规性、沟通实时性、互动内容、各种互动工具应用等来强化群体身份，从而促进社区成员自我身份的唤醒，并带来虚拟群体的认可。为了保障互动的有效性，社区需定期开展评估和监测，监测互动的形式和水平以及互动的效果（如对社区成员的认同感）。

（2）提高社区成员人际依恋。

考虑到社区的线下联系只有在社区内产生人际依恋时才会产生，因而社区成员的线下联系对于社区的凝聚力至关重要，由此提高互动的同时促进社区内的社会认同不失为一种可靠的方式。技术层面，设计工作者可以开发设计促进人际依恋水平的功能模块；管理层面，运营者可以设置专门负责的人际管理人员，定期在社区内有目的性地引导成员之间的相互沟通和分享，如粉丝社群、定期举行各种线下聚会和推广活动，让人际交往成为社区内的一种正常现象。

2. 消费者在线交易信任影响因素

陆雄文在相关研究中通过调查发现隐私和付款安全对于网络购物者的信任水平具有显著的作用，网站的服务质量反而对于消费者的信任影响程度较小，网络社区的经营程度对于网站信任水平的影响不显著。该结论为在线交易的营销管理提供了借鉴。

（1）在隐私和安全方面，由于网络诈骗案层出不穷，B2C 网络购物者对于网站所具备的付款安全机制设计相当重视，网络购物者不愿意承担因网站付款安全机制设计不佳所带来的财务上的损失。在此背景下，网站可以通过具有公信度的机构认证及隐私权政策的说明，向消费者传达网站非常重视消费者隐私的倾向。

（2）在网站的服务质量方面，网站可从以下几个方面着重提高服务质量，如产品分期零利率、七日免费试用、加强后勤物流系统等，在提升顾客满意度与忠诚度的同时，留住原有顾客，吸引潜在消费者。

除以上学者以外，我国其他学者也对消费者行为学开展了大量的研究，如表 3-3 所示。

表 3-3　中国消费者行为学派代表人物及其作品

空间维度	代表人物	代表作品
西方消费者行为	卢泰宏	《消费者行为》
中国消费者行为	郭国庆	《营销理论发展史》
西方消费行为与中国消费行为	符国群	《品牌延伸研究：回顾与展望》
中国城乡居民消费行为	杭斌	《经济转型期中国城乡居民消费行为的实证研究》
中国城市消费者行为	黄京华	《多种形态的中国城市消费者》

续表

空间维度	代表人物	代表作品
中国特殊城市消费者行为	尹卫红	《宜居北京消费者行为调查研究》
经济发达地区消费者行为	陈华	《珠江三角洲地区居民体育消费行为阶层分化研究》
港澳台消费者行为	胡正文	《台湾中产阶级的消费心理与消费行为研究》
社区居民与农村农民消费行为	陈卫平	《中国社区支持农业消费者感知价值的实证研究》
中国农民消费行为	郜秀军	《中国农村消费市场和农户消费行为的现状分析》
虚拟社区网民消费行为	程秀芳	《虚拟社区网络口碑对消费者决策行为影响研究》

第二节　消费者行为理论演变

消费者行为学是经历了20世纪50年代的西方组织动力学派、消费者主义学派、购买者行为学派、宏观营销学派等才逐渐发展演变而来的。20世纪六七十年代，西方学者越来越重视消费者行为研究，不断取得研究成果。20世纪80年代，国内引进了消费者行为学，并在中国营销学者中引起了广泛的关注。中国市场营销学界在过去30多年的发展过程中，在消费者行为的研究方面所得出的学术成果有了较大进展，数量质量都很可观。

一、理论认知阶段

消费者行为研究在美国早年商界为获取商业利益对消费者行为进行调查的基础上演变而来。20 世纪五六十年代，学者们提出了消费者行为的相关概念：家庭生命周期、生活方式、个性、心理图像和社会阶层或等级。这些概念对于消费者的分类标签起着不容忽视的作用，被直接作为市场细分的工具。消费者动机研究的潮流随之兴起，相关理论主要有内驱力理论、期望理论以及双因素理论。

（一）内驱力理论

内驱力是指人由于生理而产生的一种紧张状态，能够刺激或驱使人的行动来满足自己的需求，从而消除紧张，使身体恢复原来的平衡状态。20 世纪 20 年代，心理学家们相信，行为的动机是由个人内在条件（如饥饿、干渴等）而引起的。内驱力理论指出，生理需要引起紧张达到驱力状态，有机体则需做出行动来满足需要，做到降低驱力。“需求→驱力→行为”是由机体的平衡机制所决定的。美国生理学者坎农（Walter B.Cannon）认为，有机体必须维持内部的平衡，当失衡时，它也会被驱动力强制回到平衡状态。美国心理学家赫尔（Clark L.Hull）后来指出，尽管生理需要会对身体的整体行为产生影响，但是，刺激同样能产生驱力，这种驱力是刺激通过强化而导致的。

行为科学家希尔加德（Ernest R.Hilgard）等人相信，消费者目前的消费决策和他们过去的行为结果和利益有着紧密的关系。比如，在过去的购买行为中，如果取得了满意的效果，那么，消费者就会出现反复做出相同的消费决策倾向；如果过去的购物行为产生了非常糟糕的结果，那么人们就会想尽办法避免此类消费决策。所以，消费者的购买动机可以是其对过去购买行为的满意度的一种函数表达，用公式表示为：$SEr = SHr \times D \times V \times K$。其中，SEr= 消费者购买行为；SHr = 习惯强度（消费者对过去购买行为满意感的大小）；D = 内驱力；V = 刺激强度（广告宣传等）；K = 诱因。

上述公式表明，人们的消费行为是习惯强度、内驱力、刺激强度以及诱因累计的乘数结果。在消费决策时，如果上述的各指数都很高，根据公式可以推断出，人们购买这种产品的可能性就很大。

（二）期望理论

期望理论又称作“效价 - 手段 - 期望理论”，由著名心理学家和行为科学家维克托·弗鲁姆（Victor H.Vroom）于 1964 年在《工作与激励》中提出。该理论紧密联系管理心理学与行为科学。弗鲁姆提出，人们对行动结果的价值评估和预计达成该结果可能性的评估决定着消费者采取某项行动的动力或刺激力。换言之，激励力的大小取决于该行动所能达成的目标并能导致某种结果的全部预期价值乘以该消费者认为达成该目标并得到某种结果的期望概率。其中，效价表现为人们对于所要购买产品价值大小的估计，期望值即为人们对于获得某种产品概率大小的估计。用公式表现为：$M = \sum V \times E$（激励力 = 期望值 × 效价）。

（三）双因素理论

日本学者小岛外弘提出了 MH 理论。这里的 M 动机作用因素包括商品的感性情调、设计等满足消费者需求的魅力条件，而 H 卫生因素是指商品的质量、功能、价格等满足消费者需求的必要条件。MH 理论认为，仅仅满足消费者的必要条件并不能使消费者获得真正满足，只有当该商品的魅力条件也得到满足时，消费者才会对商品感到真正满意。

二、理论创立阶段

20世纪六七十年代，主要采用定量的研究方法探索消费者行为各个方面的研究在各大学术刊物上发表。其中，“消费心理”主题方面的研究居首位（1960—1964年间，消费心理相关文献从96份增加到172份）（Fullerton，2013）。1968年，大学教材《消费者行为学》在美国出版；1969年，购买者行为理论被提出；1974年，营销学核心期刊《消费者研究学刊》(JCR）创刊，激发了学者们对于消费者行为研究的热情。

三、理论深化阶段

人的行为到底是如何产生的，这个问题一直以来都是心理学（特别是认知心理学和社会心理学)、人类学、政治学、经济学、管理学、营销学等不同学科的研究热点话题，学者们试图从不同的角度找到答案。

1980—2000年，消费者行为理论诞生。1890年，心理学家威廉·詹姆斯（William James）提出“自我概念”（Self-concept）后，消费者研究得到社会学和心理学领域的广泛关注。1982年，施吉(Sirgy）的《*Self-concept in consumer behavior*》(《消费者行为中的自我》）在JCR上发表，该文创新性地提出将“自我”概念作为理解和解释消费者行为的核心，并改变从个体一般心理特征和外部因素的研究视角，转向消费者自身内部因素这一更深入的视角。基于自我的研究催生了消费者行为研究的新高潮。

1985—1991 年，受限意向行为理论（Theory of Planned Behavior，TPB）诞生，为行为理论提供了新的解释框架（Azen，1985；Lawson，2010）。20 世纪 90 年代的主要研究进展之一是 TPB 理论的发展和应用，并对消费者行为的解释模型进行完善。此外，消费者文化理论（Costumer Culture Theory，CCT）也受到关注，该理论从文化的角度对消费者行为进行了解释（Arnould 和 Thompson，2005）。

在经过长期的消费者理性行为研究后，非理性行为研究成为新的关注点（郑毓煌，2013；汪丁丁，2015）。丹·艾瑞里（Dan Ariely）在《怪诞行为学》这本书中以许多情景中的实验为基础，指出人的非理性的“怪诞”行为是大量存在的。2015 年世界银行发布的报告中，通过对过去几十年大量实证行为的研究，同样证明人并不总是理性的，行为经济学由此兴起。

四、理论重构阶段

20 世纪末开始，互联网、移动互联网时代来临。互联网和移动终端的普及与应用，使学界对于消费者行为的理解以及理解的方法发生了根本性的变化。国际学术界使用“Digital”即“数字化”来概括和统领整个社会的这一历史性重大变化趋势。

1995 年，尼古拉·尼葛洛庞帝（Nicholas Negroponte）的著作《数字化生存》（*Being Digital*）出版。尼葛洛庞帝提出：“计算不再只和计算机有关，它将决定我们的生存。数字化生存是指人类在虚拟的、数字化的活动空间里从事信息传播、交流等活动。”尼葛洛庞帝预言，计算机和互联网将使人类进入数字化生存时代。尼葛洛庞帝的思想极富远见，加上他本人的影响力，使这本书成为一个新时代来临的奠基之作。尼葛洛庞帝在文中表述的“Digital”一词不同于传统的思想概念，成为后来研究的热词。显然，数字化被赋予了新时代的内涵。

相较于传统的消费者行为学，数字化时代呼吁重构消费者行为学（所罗门，2014）。“数字化消费者行为”“数字化世代”“消费者虚拟社群”“消费者大数据分析”等全新的理论概念相继出现。

2009年，著名的消费者行为学研究学者迈克尔·所罗门（Michael R.Solomon）在《消费者行为学》（第8版）一书的前言中提出了“数字化消费者行为”的概念，他认为数字化消费者行为带来了“新世界”，消费者的偏好和习惯在20世纪90年代末发生了重大改变，消费者的生活方式不停地移动，社会的关注点和偏好也在不断地发展变化。在企业实践领域，人们积极地探索数字化消费者行为，力图捕捉新的商业机会。例如，麦肯锡、尼尔森、埃森哲等国际一流的咨询公司将数字化消费者行为的调查研究课题视为重点，并且在近几年连续发布了多份调查分析报告（埃森哲，2013、2014；波士顿咨询，2014；麦肯锡，2015）。

（一）数字化时代出现的变化

数字化变革是全面且深刻的。从某种意义上来说，数字化消费者行为是一种革命性的新概念。1969年霍华德和谢斯在购买者行为理论中提出消费者购买处于信息不完全、不充分的环境，而互联网和数字媒体为消费者信息收集提供了便利的渠道。以往难解的“消费者行为黑箱”现今利用大数据跟踪分析、预判、导出，总结为“消费者画像”。消费者也因信息充分而拥有了更多的主动权和话语权，以及迥然不同的思考和行为模式。消费者行为学走向大数据时代信息充分条件下的数字化消费者行为学，也包括智能技术支撑的智能化消费者行为学的方向。

数字化消费者行为的颠覆主要来自两个方面：首先是消费者，本书将数字化时代前后的消费者分为“传统人”和“数字人”；其次是理解、研究、洞察、影响消费者的路径、方法和工具手段发生了极大的变化。在两者的综合影响下，营销理论发生了翻天覆地的改变。

不单是互联网时代出生的“数字原住民”，目前各种年龄层次的人都移民到了“数字世界”，消费者行为呈现数字化特征。数字化消费者行为与此前的消费者行为之间有较大差异，两者迥然不同，可以归纳为以下几个方面。

1. 信息环境完全不同

数字化媒体和社交媒体对传统媒体的大范围取代，使得消费者获取信息的路径、信息传播的方式和效果、信息利用的充分性和有效性、个体影响力与传统媒体时代大为不同，消费者有了更大的话语权和权力。消费者信息接收的基础结构从金字塔形变成去中心的立体网球形，消费者信息状态的感知从不对称的不完全信息状态进入透明的几乎完全信息状态。

2. 虚拟消费者社群崛起

数字化时代催生了虚拟消费者社群，互动、分享、众筹、共创的力量成为社群运营的原动力。消费者行为学开始高度关注虚拟消费者社群，通过在线社群平台积累的顾客资产成为数字化营销的重心，由此使得数字化时代对消费者行为的关注重心从“个体行为”转向“(网上）群体行为”(例如社交网络和朋友圈的行为)。群体行为不是个体行为的简单相加，它和个体行为的行为特征并不相同，理解了个体行为不等于掌握了群体行为。在数字化情境中，群体行为表现出如下新的特征：网络本身没有强制性的中心控制，各点之间高度互联；点对点的相互影响通过网络形成非线性的因果关系；“乌合之众”效应。

3. 数字化口碑出现

数字化媒体的出现使“口碑”概念重新走到营销管理和消费者行为学的舞台中央。它的名字从“WOM”改为“e-WOM”，意为电子口碑、网络口碑或数字化口碑。数字化口碑非常可能在短期内对品牌忠诚度形成巨大影响，其商业价值不可低估。目前数字化口碑的研究已经成为一个新的理论热点（Kotler 和 Keller，2015；Solomon，2005），研究的主题包括口碑与粉丝、口碑的效果测量研究等。

4. 数字化购买行为和决策模式明显不同

2009 年，戴维·考特（David Court）在《麦肯锡季刊》上提出“消费者决策进程”（Consumer Decision Journey，CDJ）模型，次年埃德曼（Edelman）在《哈佛商业评论》发表的文章引入和强化了这个模型，并对数字化时代的消费者与品牌的联系做了新的描述。研究表明，消费者的数字化决策进程不再是逐步缩小品牌选择范围而是表现为环状循环往复的过程，由“购买环”（Purchase Loop）和“品牌忠诚环”（Only Loop）两个小环内切组成，包括考虑（Consider）、评估（Evaluate）、购买（Buy）、体验（Experience）、互粉（Advocate）和互信（Bond）六个关键阶段。数字化消费者决策路径和时间与传统模式大为不同，这对传统的终端购买行为带来重要改变，消费者的网上购买行为和移动购买行为对传统商业渠道、实体零售店形成了挑战。

（二）大数据消费者行为分析

2010 年前后，基于移动互联网的技术基础设施有了突破性进展，为掌握消费者行为提供了强大的新工具。大数据和智能终端技术的广泛应用，可以智能化地记录、识别、分析消费者行为，实现与消费者的实时互动。大数据技术从以下四个方面对研究消费者的行为方法产生了影响。

（1）上网记录，了解完整的行为踪迹。利用 Cookie 软件可以得到上网者在电脑网页浏览的完整足迹，利用新的 Atlas 软件可以进一步实现移动跨屏情境中的“足迹跟踪”。

（2）搜索数据，映射出关注和需求。通过分析消费者主动的搜索行为所生成的搜索数据，可以洞悉消费者关注的需求和希望解决的问题。

（3）社交媒体的数据，判断个性和类型。基于社交媒体的数据分析判断消费者的个性、偏好、生活方式、兴趣和受影响人群等。

（4）网上支付，显示实际的购买行为。网上购买和网上支付已经占相当大的比重，通过网上支付数据，消费者实际的购买行为、购买偏好状况一目了然。

依据大数据平台和数据分析，通过整合消费者各种碎片化的信息，进行标签和模型化，可以产生对特定消费者个体的、全景的、实时的精准描述，由此得到实时和个性的“消费者画像”。

在此基础上，精准、实时、高效的营销沟通新软件的诞生，催生了“一对一”的精准广告、基于位置的高效促销等全新的数字化广告模式和数字化营销沟通模式，数字化营销迅速上升到战略高度（曹虎等，2017），营销呈现出前所未有的崭新一页。

（三）中国消费者行为研究时间维度

1920 年，中国引入了消费者行为的相关研究（李东进，2001），经过实践的检验和吸收，中国消费者行为实证研究从 1990 年才开始真正发展。

1981 年，吴世经发表了论文《市场研究的方法与销售经营的战略》，这之后我国消费者行为理论传播的研究陆续开启。1986 年，林德金编著的《消费心理与购买行为分析》一书，成为中国营销学史上首部消费者行为学领域的著作。1990 年，全球著名市场研究公司（如尼尔森公司）、著名的广告公司（如奥美公司）也开始在中国针对消费者行为实战层面开展研究。

在中国市场经济不断发展和中外学术交流日益频繁的今天，经济学、管理学、心理学、社会学、人口学、人类学等多个领域都对消费行为给予了较大的关注，其中心理学、社会学、经济学等主张运用实证的方法，对我国消费者心理行为的研究起到了很大的作用。

1. 公司实战研究

各研究机构开展的实战研究内容，如表 3-4 所示。

表 3-4 中国消费者行为实证一览

序号	机构	时间	研究内容	研究对象
1	AC 尼尔森公司	1990 年起	购买习惯、零售普查、媒体习惯、客户专项调查	中国城市和农村消费者
2	AC 尼尔森公司	2003 年 1 月公布	《中国网民“新五类”》将中国网民分成 5 类：“少年探奇族”“积极才俊族”“应用实力族”“酷玩青年族”“安逸观光族”	
3	盖洛普咨询公司	1994 年、1995 年、1997 年、1999 年	消费者态度和生活方式趋势调查，每隔两年每次耗费约 20 万美元对中国消费者的大规模调查	全国各省、直辖市、自治区

续表

序号	机构	时间	研究内容	研究对象
4	奥美广告公司	2000年	亚太消费者饮食消费调查	亚太（包括北京、上海、广州、成都、沈阳、大连、武汉）
5	奥美广告公司	1998年	亚洲母亲“沸腾女人心”调查（母亲：女性角色；女性心灵；女性形象）	亚洲12个主要市场，中国内地是北京、上海、广州、成都、沈阳、大连、武汉
6	奥美广告公司	1997年	亚洲未来一代消费者研究：精灵世代GENIE	亚太（包括北京、上海、广州、成都、沈阳、大连、武汉）
7	精信广告公司	1996年、1997年、1998年、1999年、2000年	城市居民消费，从1996年开始每年大范围的中国消费调查并建立数据库China Base	北京、上海、广州、沈阳、杭州、重庆、武汉
8	博报堂（日本）广告公司	1995年	中国潜在生活者研究	北京、上海、广州等城市大学生
9	电通广告公司	1998年	中国三世代消费群体研究	
10	上海灵狮广告公司	2004年1月	中国消费者行为研究	面访全国5600个消费者
11	央视调查机构	1996—2004年	中国消费者研究年度报告	18个城市1万多个家庭
12	新生代市场监测机构英国市场研究局、《中国青年报》社会调查中心	1999年11—12月	2000中国城市青少年消费形态报告；中国青少年（12～19岁）市场与媒体研究	北京、上海、广州、成都、天津、济南、西安、南京、武汉、重庆、昆明、深圳、福州、沈阳和哈尔滨（样本数：1.8万个）
13	华南国际市场研究公司	1999年	成年女性基本消费行为	北京、上海、广州、沈阳、成都（样本数：2000个）

续表

序号	机构	时间	研究内容	研究对象
14	北京 IMI	1995 年起（每年一次）	城市居民消费行为及生活方式	北京、上海、广州、武汉、重庆、西安
15	零点调查公司	1998 年	中国城市消费者心目中的广货形象	北京、上海、广州、武汉、沈阳、成都（样本数：735 个）
16	零点调查公司	2000 年	都市青年女性（18～35 岁）消费基本形态	北京、上海、广州（样本数：939 个）
17	零点调查公司	2002 年	中国：新男性与新时代	北京、上海、广州等 10 个城市（样本数：4232 个）
18	零点调查公司	2002 年	中高收入群体生活形态、价值观及消费文化研究报告	北京、上海、广州、成都、武汉、南京、西安、郑州、大连、沈阳（样本数：3781 个）
19	零点调查公司	2003 年	中国蓝领群体生活方式及消费特征研究	北京、上海、广州、武汉、成都、沈阳和西安 7 个城市以及浙江绍兴诸暨、福建福州长乐、辽宁锦州北宁、河北石家庄辛集、湖南岳阳临湘、四川成都彭州、陕西咸阳兴平 7 个小城镇（样本数：3023 个）
20	零点调查公司	2003 年	中国超市消费新趋势及顾客购物行为研究报告	深圳、武汉、西安、上海、北京、郑州、哈尔滨、南京、成都、太原、广州、青岛（样本数 1285 个）
21	原点市场研究公司	1997 年	普通居民消费行为	北京、上海、广州、深圳

续表

序号	机构	时间	研究内容	研究对象
22	广州达门信息产业有限公司	1995年	城市居民家庭生活调查	北京、上海、广州、深圳
23	中国社会调查事务所（SSIC）	2001年	成年女性消费方式	北京、天津、上海、广州、哈尔滨（样本数：1900个）

资料来源：根据各公司及机构的公开资料及会议材料统计。

2. 国内（内地）学界对中国消费者行为的研究

随着大量外国消费者行为学教科书涌入中国，国内学者也开始重视起消费者行为的实证分析，使我国消费行为研究步入了一个新的发展时期。消费者行为研究中，尽管描述性研究的文献占大头，但受到越来越多的国家及省部级基金的资助后，相关及因果关系的研究有显著的增加。消费者行为实证研究的范围拓展到品牌权益（如范秀成）、顾客满意度（如赵平）、服务营销（如范秀成）、营销渠道（如庄贵军）等领域。管理学博士/硕士论文关于消费者行为实证研究的选题也随之增加。

描述性研究主要是针对具体的消费者群体的行为进行的。研究内容包括旅游消费行为描述研究（崔炀，1995）、农民消费行为描述研究（中国社会科学院农村发展研究所课题组，1999）、女性消费心理描述研究（杨晓燕，2000）、中国青年消费行为描述研究（黄志坚，2001）、大学生消费行为描述研究（胡娟，2003）、体育产品消费行为描述研究（张连民，2003）。

从2000年起，营销学者就开始了对中国消费者行为的实证研究，运用西方的研究模式，尝试着构建本土化的分析模式，不过是借鉴国外模型对国内消费者开展的“切片式”研究，没有在理论上取得新的突破。自 1997 年以来，中山大学卢泰宏教授一直在招收首批“中国营销与消费者行为”方向的博士研究生，提倡以国际本土化创新的方法来开展中国的消费者行为研究，并由此展开中国消费者行为的专业研究。由中国营销研究中心（CMC）完成的博士课题研究和其他学者的研究报告如表 3-5 所示。其中，已有 3 篇以学术论文形式发表的博士论文，目前正在进行的研究包括中国区域性消费差异及特征测度、中国消费群世代细分研究、中国“E 世代”消费形态研究和中国消费者品牌行为等主题。

由于避开了切片式的研究途径，这些研究对营销理论上的创新以及营销决策的运用都创造了独到的价值，成功地实现了选题的本土化。在应用之前，对国际方法和测量工具进行了本土化的校正和验证，使其具有很强的本土适应性，从而确保了测量的可信度。

表 3-5　中国消费者行为研究一览表

研究者 / 群体		时间（年）	研究内容	备注
中山大学中国营销研究中心 CMC	卢泰宏等	2002	中国消费者行为的区域性特征方法研究	广东省自然科学基金项目
		2004	《区域差异的消费行为研究：路径与方法》	论文 /《中山大学学报》（社科版）2004 年 2 期
		2004	《透视中国消费者行为》	著作 / 中国社会科学出版社
	吴绍宏	2000	《中国年轻一代消费模式实证研究》	博士论文 / 著作
	罗纪宁	2001	《消费者气质—行为模式实证研究》	博士论文
	王海忠	2002	《中国消费者民族中心主义实证研究》	博士论文 / 著作

续表

研究者 / 群体		时间（年）	研究内容	备注
中山大学中国营销研究中心 CMC	杨晓燕	2002	《女性消费心理 5F 模型》	博士论文 / 著作
	刘世雄	2004	《中国消费价值观维度及量表的研究》	博士论文
北京大学光华管理学院	符国群	1999	《发展中国家消费者对品牌延伸的评价：来自中国的证据》	博士论文
		2001	消费者满意的决定因素与测量方法研究	国家自然科学基金项目 / 教育部博士点基金项目
	张红霞、麦克尼尔	2000	《Chinese children's consumer behavior：A review》	论文 /International Journal of Advertising/ 2000（1）
		2003	《儿童市场营销》	著作 / 华夏出版社
南开大学国际商学院	范秀成	2002	顾客关系资产决定因素、测评方法与管理研究	国家自然科学基金项目
	李东进	1999	我国消费者搜寻信息行为研究	教育部留学回国人员科研启动项目
		2002	《消费者搜寻信息努力及其成果与满意的实证研究》	论文 /《管理世界》2002 年 11 期
西安交通大学管理学院	庄贵军等	2001	《购物中心的顾客行为：调查、比较与验证》	论文 /《管理世界》2001 年 11 期
		2002	《购物中心大额购买者与小额购买者的行为比较》	论文 /《商业经济与管理》2002 年 4 期
清华大学经济管理学院	赵平等	2002	《中国耐用消费品行业顾客抱怨行为研究》	论文 /《清华大学学报》（哲社版）2002 年 2 期
复旦大学管理学院	陆雄文	1999	中国不成熟市场消费者行为研究	国家自然科学基金项目
	鲁直	2001	中国证券投资者追风行为的实证与对策研究	国家自然科学基金项目

续表

研究者 / 群体		时间（年）	研究内容	备注
首都经济贸易大学企业管理系	张梦霞	2003	中国消费者购买决策行为的价值观动因分析：数量模型和策略建议	国家自然科学基金项目
其他	程士安等	2003	《消费者洞察——走近当代大学生》	著作 / 中国轻工业出版社
		2004	《未成年消费群》	著作 / 中国轻工业出版社
	程华	2003	《网上消费者行为的理论与实证研究》	著作 / 山西经济出版社
	景晓莉	2003	《中国出境旅游者消费行为模式研究》	著作 / 旅游教育出版社
	田隽	2003	《中国主流消费市场研究报告》	著作 / 企业管理出版社
	孙凤	2002	《消费者行为数量研究》	著作 / 上海三联书店上海人民出版社

资料来源：根据公开及内部资料统计。

中国消费者行为研究发展可大致分为以下五个阶段。

1978—1983 年为第一阶段，称为启蒙阶段，国内营销学者仅发表了少量消费者行为的论文。

1984—1994 年为第二阶段，称为广为传播阶段，中国营销学者对大量的西方消费者行为著作进行翻译，并创作了大量消费者行为的论文。

1995—2000 年为第三阶段，称为深入拓展阶段，相关主题的图书、期刊论文不断增加，博士毕业论文、会议论文相继出现，学术交流活动也十分活跃。

2001—2011 年为第四阶段，称为自我创新阶段，学术创新成果显著增加，学术活动呈爆发式增长。

2012 年至今为第五阶段，称为向西方水平看齐阶段，学术成果和学术交流活动速度缓慢，中国消费者行为研究持续探索新的研究领域，提出新方法和新理论。

2014 年 4 月 2 日，将“消费者行为”作为主题，对我国藏书量前 9 位的图书馆进行检索，得出国内学者以中文编著的图书目录合计 964 条，去掉重复部分得到有效样本 390 个，其中中国学者专著 106 部。以“消费者行为”为关键词，在中国知网进行检索，出现结果 525 条。可以看出，中国消费者行为研究发展迅速，研究队伍不断壮大，逐步形成具有中国特色的消费者行为理论体系。

第三节 消费者行为分析工具

在前面消费者行为理论的基础上，有学者开发出了更为简洁的消费者行为分析工具，以更加方便应用于实践。而且，这些分析工具随着时空的变化也被不断地丰富和完善。主要包括 AID/AIDA 模型、AIDMA 模型、AISAS 模型、SICAS 模型。

一、AID/AIDA 模型

AID 模型由埃尔默·刘易斯在 1898 年提出，揭示了传统推销过程中互相关联的三个环节。该模型的主要特征是突出广告引致消费者心理层面变化，但未表达广告的市场交易效果。

1900 年左右，埃尔默·刘易斯在原有模型的基础上中加入了

“促成行动（Action)”环节，完成了后来广为认知的AIDA模型（见图3-2)。AIDA模型表示消费者行为链路首先是在营销活动的影响下产生注意，由此引发兴趣并刺激购买欲望，最后使之做出购买行为。该模型于1925年左右才得到普遍认可。

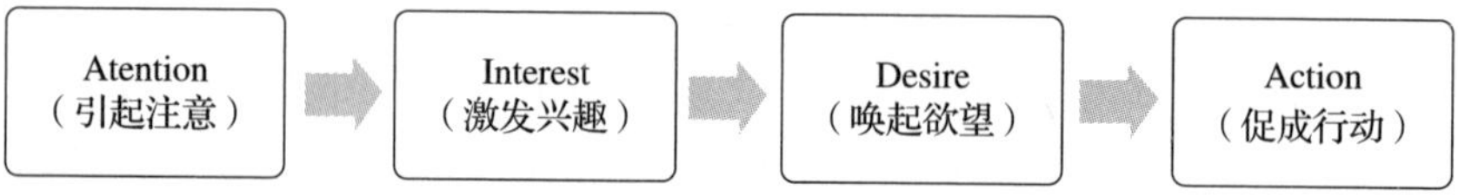

图3-2 AIDA模型

该模型对推销人员的要求如下。

（1）引起注意（Attention)：设计好宣导的开场白引起顾客注意。

（2）激发兴趣（Interest)：采用多种方式继续诱导顾客，激发顾客兴趣。

（3）唤起欲望（Desire)：刺激顾客购买欲望。让顾客坚信他想购买这种商品是因为他需要，而他需要的商品恰好是此时向他推荐购买的商品。

（4）促成行动（Action)：促成顾客购买行为。在上述三个环节推销员的引导下，该环节推销员的角色弱化，推销员只需不失时机地帮助顾客确认购买动机的正确性、购买决定的明智感，顾客自己做出购买行为的决定更容易产生。

AIDA模式的魅力在于推销员的智慧和才华可在“引起注意、激发兴趣和唤起欲望”三个环节充分展示。

二、AIDMA模型

1925年爱德华·斯特朗（Edward K.Strong）对AIDA模型进行修正，创新性地将“留下记忆（Memory)”这一环节纳入AIDA模型，重新命名成 AIDMA 模型。AIDMA 模型表示记忆为行动基础，受众对广告记忆的差别将直接导致之后行为的差别。该模型强调广告信息的广而告知功能，以广播等大众传播媒介为中心向用户单向传递广告信息，将消费者从接触信息到最后达成购买划分为 5 个阶段，如图 3-3 所示。

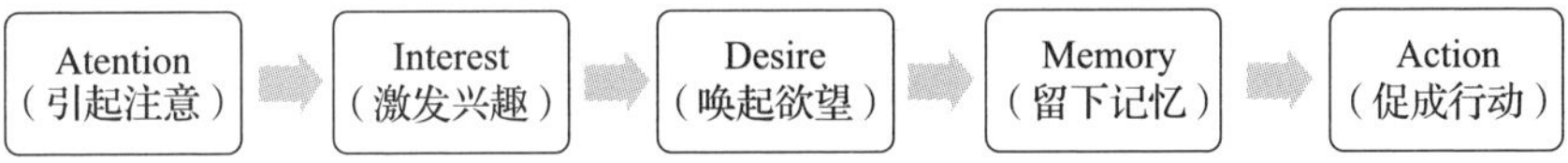

图 3-3　AIDMA 模型

值得注意的是，AIDMA 的用户行为并非即时转化的，且缺乏购买后的用户反馈信息。

三、AISAS 模型

2005 年，针对互联网与无线应用时代下消费者生活形态的变化，日本电通集团提出了全新的消费者行为分析模型——AISAS 模型（见图 3-4）。该模型前两个阶段与 AIDMA 一致，后三个阶段有所不同，分别为搜索（Search）、促成行动（Action）、分享（Share）。AISAS 模型是顺应网络时代下消费者由被动接受信息转为主动搜索与分享信息的趋势，创造性地提出了拥有网络特质的两大环节——搜索与分享。

在全新的营销法则中，AISAS 模式指出了互联网时代下向用户进行单向的理念灌输的传统营销模式已不适用，搜索和分享充分体现了互联网对于人们生活方式和消费行为的影响与改变。

图 3-4　AISAS 模型

四、SICAS 模型

基于 2.0 + 移动互联全数字的时代背景，中国互联网络信息中心 CNNIC 提出 SICAS 模型，划分出了新的五个阶段，包括感知（Sense）、兴趣和互动（Interest & Interactive）、连接和交流（Connect & Communication）、促成行动（Action）、分享（Share）等，如图 3-5 所示。

图 3-5　SICAS 模型

该模型更加注重网络大数据时代里非线性、多点双向的用户行为，在中国的数字化营销中得到了广泛运用。

第四节　消费者行为学派的局限性

虽然中西方学者对消费者行为研究多年，也取得了非常丰富的成果，但由于该学科与理工农医类的自然科学不同，所以依然存在一定的局限。

一、个体不确定因素的局限

消费者行为决策存在许多不确定因素的影响且普遍难以量化测

量。个体因素包括稳定因素和随机因素两个方面，两者均会对个体在消费行为决策上产生一定的影响。

稳定因素主要指年龄、性别、民族、收入、职业等这些个体特征。稳定因素不仅影响人们决策的结果，还会对决策过程产生影响。例如，在消费者决策链路的信息收集阶段，年龄和收入会影响该消费者的信息来源、数量和类型以及征集信息所花费的时间。

随机因素是指影响消费者决策的随机性环境条件，其中包括消费者的心理特征，如感觉、动机、态度、个性等。消费者购买决策时常发生在未预料或冲动性的场景，某种条件的出现也可能增加或缩短人们的决策过程。比如，一个正在考虑购买笔记本电脑的消费者可能会因为价格与质量难以抉择，由此减慢决策过程的进度或者直接导致放弃购买；再如，相较于工资不上涨，工资上涨的消费者购买决策的速度要快得多。总之，随机因素对消费者行为的影响往往是综合因素的共同作用。

二、中国消费者行为研究的局限

经济体制改革带来的经济快速增长，使中国社会发展进入现代化进程。市场环境的快速变化带来市场结构的多元，消费者行为呈现差异化的特征。中国消费者的特点是消费群体数量巨大（卢泰宏，2004），产生了地理区域差异、市场环境差异、消费水平层次差异、消费行为与心理差异，导致了消费者行为研究中宏观分析与微观分析研究视角的分化。多年来中国消费者行为的研究表现出以下几个特点。

（一）缺乏本土化的消费研究

国外对动机研究、购买决策、购后评价研究等消费者基本行为建立了研究模型或分析框架，但我国结合中国特殊的文化环境开展中国消费者独特行为的研究匮乏。例如，中国人情交往中的送礼文化、面子文化均会对消费行为产生重要影响，但礼品消费行为、面子影响消费行为、人际传播影响购买决策行为的研究尚没有受到重视。中西方存在价值观和信仰上的差异，二者的思维方式不同，生活习惯也不同，在进行消费者行为研究时，国内学者必须结合中国传统文化、社会现状、中国人的思维方式和生活习惯，将研究本土化。

（二）缺乏新兴主题的消费研究

目前，我国营销学者在中国营销转型的实践中开展了营销通路创新等重要创新活动研究，但营销创新活动如何影响消费者行为的研究文献较少。例如，大卖场终端的发展如何对城市消费者购物行为产生影响，并因此带来休闲行为、居住地选择（购房）行为、汽车消费等的不同行为差异等主题，都缺乏关注。

（三）缺乏理论的突破性创新

目前消费者行为的研究前沿主要来自美国，各国开展消费者行为研究也主要是沿用美国学者的框架与方法，但美国消费者行为的研究测量与方法的建立来自美国消费者，导致非美国地区的消费者行为研究的研究方法存在文化适用性问题（Nancy，2003）。尽管消费者行为研究陆续在多个学科陆续展开，但整体综合的理论体系还未形成，没有现存的成熟研究体系可用于某个国家或地区的研究。

第五节　研究评述

消费者行为是一个复杂而又具有折中主义的研究领域，营销学者们的研究在学科、目标及方法各方面存在差异。有的是基于文化人类学的理论和方法的解析取向，对消费及其意义做深入了解；有的是基于认知消费学、社会心理学、行为心理学及社会学的理论与方法的传统取向，致力于发展理论与方法来解释消费者决策与行为；也有的是基于经济学与统计学理论与方法的营销科学取向，通常涉及构建与测试数学模型，来预测营销战略对消费者选择与行为的影响。

在发展时期，消费者行为领域的研究重点是影响因素和行为过程。

消费行为的影响因素研究主要是围绕内因和外因两大层面展开。内因是指与消费者自身相关的直接影响因素，主要包括心理、性格、年龄、职业、收入、家庭生命周期和生活方式等；外因是指消费者个体以外的间接影响因素，主要包括产品、市场环境、营销策略、社会和文化等。其中，符国群等人从产品的价格、品牌和原产地进行了深入剖析。

依据研究内容，消费者行为过程的研究主要可分为决策、信息处理、购买与选择和购后行为研究四大类。

（1）关于消费者决策行为研究，研究者主要进行了不同情景、不同消费群体和不同消费对象决策行为的影响因素、考虑集、模型、特点和过程等研究。其中，考虑集理论是本阶段消费者行为研究理论的重要突破，代表性研究学者有王晓玉和晁钢令。

（2）关于信息处理行为的研究是成长期消费者行为研究中的一个新兴热点领域，议题主要涉及信息搜寻努力影响因素、过程、模型等，主要研究者为李东进。

（3）关于消费者购买与选择行为的研究，又可分为传统型议题和特色议题两类。传统型议题主要围绕以下几个领域展开：消费行为的心理、文化和品牌营销策略等影响因素，行为模型、行为成本、重购行为和转换行为，以及普遍的冲动性购买行为等，代表性研究者有宋思根、张梦霞等。而特色议题主要指具有鲜明时代特征和国情特色的研究选题，如绿色消费、原产地偏好、理性购买和冲动性购买等，代表性研究者有符国群、吴坚等。

（4）关于消费者购后行为的研究，主要议题为消费者满意忠诚和不满意后悔抱怨心理行为过程和影响因素。其中，后悔与抱怨是购后行为研究的一个焦点议题，代表性研究者有周庭锐等。

文化作为宏观社会环境的重要组成部分，对消费者具有普遍性的影响。营销学者针对文化这一方面可以采用内容分析、民族研究、价值观对比等角度进行分析。中西方存在价值观和信仰上的差异，二者的思维方式不同，生活习惯也不同。国内学者必须立足国内背景，结合中国传统文化、社会现状、中国人的思维方式和生活习惯，来进行消费者行为研究。

自20世纪80年代以来，营销学呈现“人本化趋势”的发展态势，表现出个性化、互动性和体验性的特征。营销学的核心关键词由原先的交易转向关系，核心概念也从“以商品为中心”演变到“以服务为中心”。20世纪90年代，以数据库和数据挖掘技术为基础的网络营销、直销营销、关系营销等主题成为21世纪的营销主流，营销学的创新研究开始呈现“技术导向性”特点。

从文化因素与技术因素出发，也有学者提出中国消费者行为研究的新取向——系统取向。由于消费者行为受多个因素影响，这些因素之间又相互影响，构成了一个相对复杂的体系，因此研究者需要运用不同学科的知识，采用不同研究方法，从不同角度进行研究，才能揭开中国消费市场的规律，明晰中国消费者行为，制定出有成效的营销策略。

消费者行为领域还有许多待突破的研究课题。我国消费者研究起步较晚，关于消费者研究的理论和方法主要来源于其他成熟学科体系，而且在实践过程还是作为它们的分支领域甚至边缘领域存在，所以我国消费者研究整体的发展不太均衡。中国消费者行为研究需要借鉴西方的思想和方法，结合国内背景，不断创新。这就需要做到以下两点：一是理论联系实际，提炼出中国营销实践中的价值信息，为中国营销创新提供优质的环境条件；二是规范理论的运用和开展本土化创新，通过对中国营销实践的系统整理和完善，对西方营销理论或理论的假设前提做出修正或补充，从而构建出适合中国国情的理论架构体系。

本章小结

早期西方消费者行为研究代表人物有恩格尔、霍华德、谢斯等。恩格尔被称为学科第一人，他以消费者行为学为基点进行了多学科整合。霍华德与他的助理谢斯围绕“消费者如何做出购买决策”的论点提出了购买者行为理论。中国消费者行为学派代表人物主要有卢泰宏、符国群、陆雄文等。卢泰宏的主要学术研究内容与观点有：中国区域消费存在差异性特征、冲动性购买行为具有连续性、中国老年人存在基于血缘关系的利他性消费行为、中国奢华品消费动机与消费者自我解构的维度相对应、象征消费的存在。符国群比较具代表性的研究观点有研究品牌问题应立足消费者角度，并基于西方国家品牌延伸理论与实证研究成果，提出了符合中国消费者特点的品牌延伸评价模型。陆雄文则对网民对虚拟身份自我认同程度的影响因素以及消费者在线交易信任的影响因素开展了相关研究。

消费者行为理论的演变主要分为理论认知阶段、理论创立阶段、理论深化阶段、理论重构阶段。在理论认知阶段，消费者行为研究主要围绕消费者购买动机展开，相关理论主要有内驱力理论、期望理论以及双因素理论。在理论创立阶段，大学教材《消费者行为学》在美国问世，营销学核心期刊《消费者研究学刊)》创刊，极大地激发了学者们对于消费者行为的研究热情。在理论深化阶段，围绕“人的行为到底是如何产生的”这个问题，一些代表性的行为解释理论被总结出来，如自我概念、受限意向行为理论和非理性行为研究等。在理论重构阶段，相对于传统的消费者行为学，数字化时代呼吁重构消费者行为学，一批全新的理论概念出现在该领域中，如“数字化消费者行为”“数字化世代”“消费者虚拟社群”“消费者大数据分析”等。

消费者行为分析工具主要有：AID/AIDA 模型、AIDMA 模型、AISAS 模型、SICAS 模型。

目前，中国消费者行为研究仍存在局限，缺乏本土化的消费研究、缺乏新兴主题的消费研究、缺乏理论的突破性创新。未来我国消费者行为的研究需借鉴西方的思想和方法，结合中国消费环境特征与中国消费者行为特点，不断创新，为本土企业的营销管理提供参考。

第四章

营销渠道学派

▲

CHAPTER 4

第一节　代表人物及其学术思想

营销渠道研究起源于欧美国家，由此衍生出了许多经典的营销理论与分析方法，这些先进理论对营销学的发展有着举足轻重的作用。以下从国内外营销渠道学派代表性学者着手，对其主要思想和观点进行阐述。

一、国外代表人物及学术思想

营销渠道学派认为把更多的研究注意力放在渠道通路（商品从生产者嫁接转移到消费者手中的职能通路）上才会对营销学科研究有所帮助。欧美国家关于营销渠道领域的研究主要分布在营销渠道结构、营销渠道行为、营销渠道关系三个方面。

（一）营销渠道结构研究——韦尔德

作为欧美学术界公认的营销渠道研究的主要奠基人，韦尔德（Weld）利用经济学理论对营销渠道的产生、结构演变、设计等问题进行了分析，关注在渠道结构中如何提高渠道的效率和效益。韦尔德于1913年在明尼苏达大学经济系工作一年后，转去了农学院，用大量时间研究产品在离开农场后的市场营销过程，并将多年的农产品调查实践和思考洞察写进《农产品市场营销》（1916）一书，率先阐释了流通渠道结构这一中间环节的存在理由，他在书中谈到，“职能专业化产生经济效率，因而专业化中间商所从事的营销是合情合理的”。

（二）营销渠道行为理论——斯特恩

1969 年，斯特恩（Stern）撰写了《分销渠道：行为维度》一书，在书中介绍了渠道组织成员的关系、渠道冲突的直接原因以及解决渠道冲突的 4 个手段。1971 年，斯特恩又提出了冲突管理机制的概念和 4 种解决渠道冲突的机制。后来斯特恩与艾尔 - 安塞利（EI-Ansary）在 1989 年出版的著作中，进一步提出了解决渠道冲突的主要手段。2001 年，斯特恩等提出了带有网络渠道的双重分销的渠道结构模型，对于营销渠道的研究产生深远影响。

（三）营销渠道关系研究——斯特恩

20 世纪 90 年代后，随着关系营销理论的出现与兴起，一些欧美营销管理学专家对营销渠道的理解与管理方法进行了逐步深化。斯特恩（2001）等认为渠道联盟的实质是“承诺与信任”，为了维持自身持续的竞争优势以及超额利润，上游与下游的厂商会在渠道中建立并强化自己的联盟，同时，斯特恩还主张厂商应选取具备互补性的其他厂商作为结盟的目标和对象，渠道成员可以随时相互交流并参与另一方的市场活动，在此基础上互相了解各自的弱点和优点，双向沟通是彼此建立忠诚的一个关键因素。

在借鉴国外学者理论研究的基础上，中国学者结合国内的营销实践，一方面检验了西方理论在本土市场的适用性，另一方面也发现了诸多水土不服的问题，在此基础上提出了具有中国情境的研究结论和观点。

二、国内代表人物及学术思想

我国多年的计划经济体制导致分销渠道中的统购统销模式长久以来受到实践学者们的青睐。市场经济体制改革后，企业逐渐领悟到渠道的重要性。近年来，国内学者对包括渠道冲突、渠道关系等方向的营销渠道内容进行了仔细的探讨与深化，相关研究著述不断涌现。

庄贵军（2000）主要研究管理渠道的权力、冲突、合作，且聚焦于西方背景之下，其认为渠道合作根源于渠道成员间的相互依赖性，而相互依赖性是成员功能专业化的结果，渠道冲突是“功能性相互依赖”的反面，即在提供合作必要性的同时播下了冲突的种子。导致渠道冲突的原因有很多，其中包括资源稀缺、目标不一致、角色不互补、认识上的差异、沟通不足、期望值差异、决策领域无共识、权利受限等。

庄贵军（2012）基于理查德·马卡多克（Richard Makadok）和拉斯·科夫（Russ Coff）的（权力、产权和激励）交易治理三维度视角，把渠道的组织结构和管理战略联系起来，提出基于渠道组织形式的渠道治理选择模型（见图 4-1），在公司型的渠道治理策略中，公司的跨组织控制主要是以公司治理的方式进行；在管理型的渠道治理策略中，适宜使用权威机制进行控制。如果渠道控制行为与管理战略不相适应，那么就很有可能会影响到管理的整体效果和效率。例如，在关系型渠道中如果以权威机制为主导手段，过度运用职权，就极易引起矛盾、冲突，同时会扰乱渠道中原有的和谐气氛，使各方互不信任；而以规范机制为主要控制方式、过度注重和讲究契约型渠道组织中的民主与自律，则会导致主体企业丧失其应有的权威性和责任感，从而使得加盟的企业过度强调其特殊性，不断地与主导的一方讨价还价，进而损害合约的效力与严肃性。

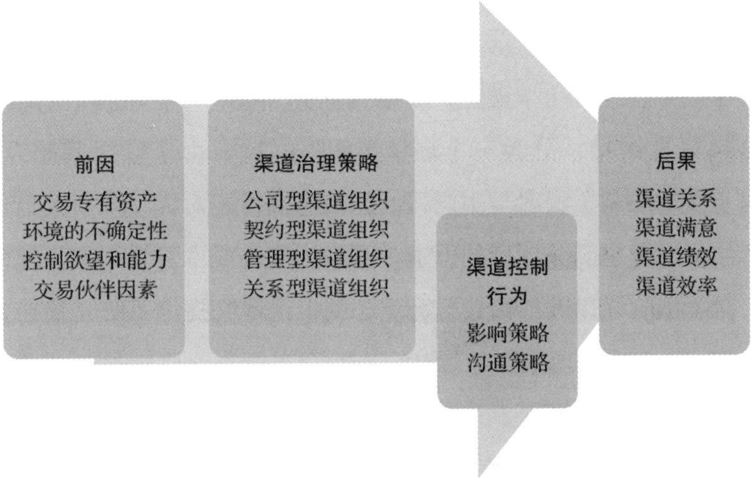

图 4-1　基于渠道组织形式的渠道治理选择模型

从近些年的研究来看，渠道关系、渠道冲突、渠道结构、渠道行为等已成为国内外代表学者研究聚焦的重点。不难看出，研究的逻辑正不断地从微观发展到宏观层面，从内部发展到外部，从静态发展到动态。接下来，我们将从历史维度纵向解读营销渠道理论演进的逻辑与各个发展阶段。

第二节　营销渠道理论演变

随着营销渠道的不断发展，其理论的演化主要可以分为三个阶段，第一个阶段是以效率和效益为重心，第二个阶段的重心则是权力和冲突，而最后一个阶段的重心又转变为关系和联盟。

一、以效率和效益为重心

在该阶段（20世纪初至60年代初），市场分销渠道属于大量市场分销渠道结构，分为三个环节（见图4-2）。由于社会基础设施、技术条件的限制，顾客与生产厂商间信息高度不对称，厂商大批量销售产品要通过中间分销商的渠道。其中，交易成本经济学和代理理论方法对于该阶段以效率和效益为重心的渠道研究提供了研究基础。

图4-2 大量市场分销渠道结构

（一）两个重要基础理论

1. 交易成本经济学

奥利弗·威廉姆森（Oliver E.Williamson）等学者认为，资源配置以及市场运行的有效性取决于交易自由度以及交易成本这两个关键因素。交易成本经济学与新古典经济学的不同之处在于，它将企业视为一种治理结构而不是一种生产函数。市场中渠道合作伙伴之间的交流是无成本的，除非市场失灵导致市场采购业务功能（“购买”决策）的成本超过公司内部组织该功能（“做出”决策）的成本。与新古典经济学不同，交易成本经济学认为管理者受到有限理性的约束并可能会被机会主义的交换伙伴利用，因此管理者的决策可能会因缺乏认知能力或信息而受到阻碍。在渠道研究中，交易成本经济学通过引用“自制或购买”决策对渠道结构的影响来解释供应商、分销商和零售商之间的互动。不过，最近基于交易成本经济学的研究扩大了相关结构的范围，包括机会主义以及语境、文化和在线商业环境等。

2. 代理理论

1976 年，詹森（Jensen）和麦克林（Meckling）关于代理理论的文章一经问世，就受到了学界内外的广泛关注，后来该理论也得到了众多学者的补充和完善。这一理论基于不对称的信息博弈理论，主要探讨了委托人在利益冲突、信息不对称的情况下，应如何选择最佳合同契约来激励他们的代理人。与交易成本经济学相似，在企业经营条件受限的情况下，代理理论往往被用来说明渠道的选择和渠道的结构，扩展在供应商 - 分销商环境中发生的委托 - 代理互动。最近该理论的研究还涉及跨外部中介的渠道互动等新话题，例如多单位特许经营安排或渠道内的内部互动。

（二）其他理论

奥尔德逊（1954）提出，经济效率标准对渠道的设计与演变起着重要作用。由于流通网络的出现，专业化大规模生产以及多样化的消费者需要都得以实现与满足，中间商也因此创造了时间、空间和占有的效用。巴尔德斯顿（Baldeston，1964）认为，在进行渠道设计时，必须考虑以下几个问题：一是企业使命要多样化，超越利益最大化；二是要以参与市场的相对效率和内部管理的控制为衡量渠道方案的标准；三是要重点关注单一渠道与复合渠道的差异，并进行区分。麦克马蒙（Mcmamon，1965）指出，由于资金需求、固定费用的增长，边际利润和投资回报率不断降低，市场营销和市场运作的复杂性日渐提高，协同营销系统的潜在效益越来越明显，因此，可以采取公司型、管理型和契约型三种模式来有效地协调市场的渠道系统。巴克林（Bucklin，1965）则将其重点放在了延迟和投机的概念上，他指出，在市场营销渠道中，可以利用投机和综合延期来进行系统的分析。

二、以权力和冲突为重心

在该阶段（20世纪60年代后期到80年代初），市场分销渠道逐步细分，细分渠道分为三个环节（见图4-3）。由于社会生产力与技术水平的提升，消费者和生产厂商间信息不对称的现象进一步缩小，生产厂商可针对不同消费者的需求与特性采取多元的销售方式。与第一阶段的大量分销渠道相比，细分市场分销中间环节多了两个渠道，分别是直接销售和直接营销。直接营销与直接销售最大的区别在于销售只是营销的一部分，营销是全方位的一体化服务，不仅关注销售产品，更谋求可持续发展。厂商的职能从以前的“只生产”变为“产销一体化”。其中，博弈论和权力依赖冲突理论对于该阶段以权利和冲突为重心的渠道研究提供了研究基础。

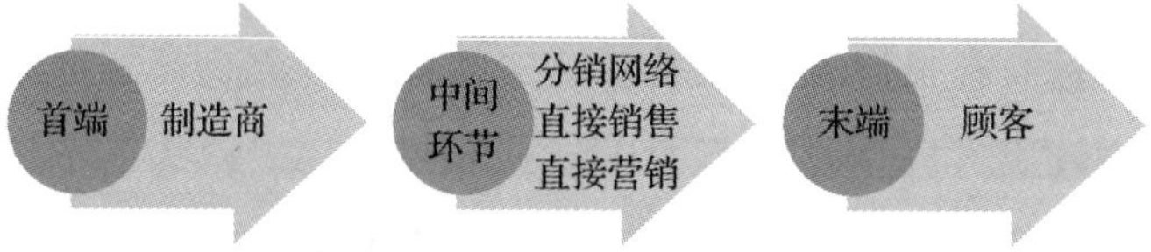

图4-3　细分市场分销渠道结构

（一）两个重要基础理论

1. 博弈论

博弈论是研究在一定条件约束下，多个个人或团体在博弈中实施相应策略来利用相关方的一门学科。博弈论主要依靠数学模型来描述聪明、理性的决策者之间的竞争与合作。它试图通过定义博弈中的其他参与者、每个决策者在每个决策点可用的信息和行动以及每个结果的收益来确定决策者（参与者）的最佳策略。囚徒困境悖论为其中一个有趣的范例。

2. 权力依赖和冲突理论

权力分布不均，广泛存在于组织间系统中，组织获得和使用权力以及平衡不对称依赖的方式决定了渠道结构和绩效。权力基于依赖，相互依赖的渠道成员通常会和谐地工作以维持互利关系并从这些关系中获得绩效收益，而不对称依赖的渠道成员则更有可能遭受使用强制权力的风险。权力的使用或依赖的利用往往会导致冲突，表现为不和谐、敌意或分歧。权力可以通过增加感知的不公平来加剧冲突对渠道绩效的负面影响。

（二）其他理论

1. 权力的来源、使用和衡量

斯特恩（1969）认为，依存和承诺是理解渠道中权力关系的关键。拉斯切和布朗（Lusch & Brown，1982）发现，越高质量地使用非经济力量资源，受影响的渠道成员就会越不认可渠道领袖的权力。凯·苏黎世和斯培克曼（Kay Zurich & Spykman，1980）指出，管理者应培养并使用与他们目标一致、能够长期合作并且认同系统价值的渠道成员。盖斯凯和内文（Guskey & Nevin，1985）指出，与单纯地宣称这些权力来源相比，供应商实际上所使用的强制权力对经销商满意度和渠道冲突的影响要大得多。弗雷兹耶（Frazier，1983）的观点是，权力与工作的执行是有直接联系的，“目标企业”认为“源企业”的任务完成程度越高，它所得到的相应程度的激励就越高，这样一来“目标企业”则不太能获得其他的替代“源企业”。

2. 权力和冲突的关系及冲突衡量

不管是强制性的还是非强制性的权力来源都必将对渠道产生一定的影响，就非强制性权力来源而言，其往往会降低渠道内的冲突，而强制性权力来源产生的影响则与之相反。布朗和戴尔（Brown & Dell，1981）把分销渠道内的冲突看作一种动态的过程，冲突的发展经由潜在的不和谐状态、可感知状态以及最终的显著状态等阶段。而最高效的测量方式则是对发生争议的频繁程度和强度进行不断记录与观测。

3. 组织间的合作与谈判

在组织内外部目标实现的过程中，各渠道成员之间的共同行为都需要大量的资源，而共同合作则成为一种渠道成员在资源对等交换方面的期待。德瓦耶和沃奥克（Devoyer & Warwick，1981）指出，在非对称的市场中的谈判进程要比在力量更均衡的情况下“有效率”。克雷玛（Crema，1987）认为谈判过程（最初要求、程序、问题的使用和主题控制）将会受到权力关系和谈判者特征（文化 / 国籍、聆听技巧、人际导向）等因素的影响，而谈判结果（经济报酬、人际吸引力和满意度）又由谈判过程所决定。

三、以关系和联盟为重心

在该阶段（20 世纪 80 年代初到 90 年代初），市场分销渠道演变成矩阵分销，矩阵分销渠道分为三个环节（见图 4-4）。随着经济全球化与网络技术的快速发展，越来越多的企业加入分销渠道争夺战中，企业想要获得更大的利润与规模，就必须与渠道上的其他企业联合起来，形成一个利益共同体，整合共享资源，达成共同的组织目标。以关系和联盟为重心的营销渠道应运而生。关系规范理论和承诺信任理论对该渠道的相关研究产生了深远影响。

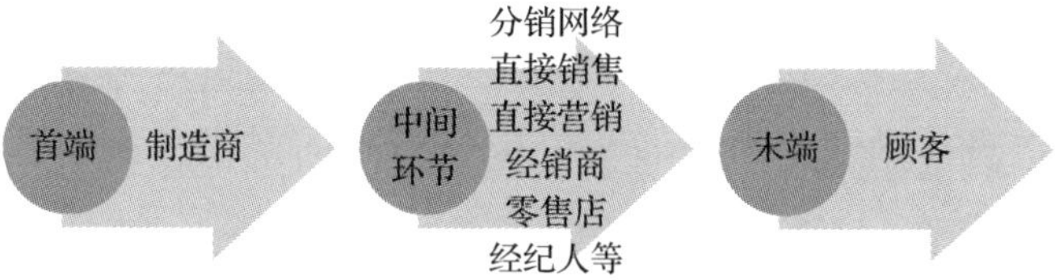

图 4-4 矩阵分销渠道结构

（一）两个基础理论

1. 关系规范理论

关系规范是指对交换伙伴共享的交易行为的期望。与合同或法律理论不同，存在于关系背景之下的关系规范理论假设交易不是一个独立或离散的事件，存在不同类型的规范，包括相互性、团结性和灵活性，每种规范对关系的影响略有不同。概括而言，规范能够促进合作并减少冲突，帮助交换伙伴应对环境不确定性，并通过减少机会主义和其他破坏关系的行为来促进渠道绩效。

2. 承诺信任理论

承诺 - 信任理论源自社会交换理论，该理论认为交换绩效的两个主要决定因素是对交换伙伴的承诺和信任。在《货币哲学》和《社会学》中，西美尔（Simmel）认为，人类社会是从人与人的互动中产生的，以金钱充当媒介为代表的交换是互动的主要形式，不过，在这些过程中如果没有了信任，那整个社会的运行将无法进行。承诺被定义为渠道成员希望继续保持有价值的关系，信任是渠道成员对另一合作伙伴的可靠性的信心。这两者都通过减少破坏关系的行为来提高绩效。

（二）其他思想

1. 渠道联盟的实质、目的和绩效

辛古瓦、辛普森、贝克尔（Shingowa、Simpson & Becker，1998）等的研究调查显示，经销商与以市场为导向的供应商合作后，其财政表现得到了显著改善。费恩与嘉培（Finn & Ka Pei，1999）则指出，联盟是一种对力量进行重新均衡的行为，生产商可以通过获取分销商的承诺，来确保其顺利地进入市场，从而加强信息分享，防止将来的恶性竞争。克雷玛（1999）认为，信任是社会重要的资本，信任不仅可以帮助涉事双方处理一些不良的事件及影响，还有可能使事情的结果发生逆转。斯特恩等（2001）认为，“承诺”与“信赖”作为渠道联盟的本质，必将受到渠道中各方成员的极大重视，因此，为了在市场中获得持续的超额利润和竞争优势，上游与下游厂商都会致力于构建和强化渠道内部的合作关系。

2. 连续性、忠诚度、双向沟通及日常互动行为与渠道联盟

莫和内文（Morr & Nevin，1990）认为联盟在一定程度上可以说是由日常互动行为（包括经济绩效和非经济性满意）所构成的函数，更多的沟通会产生更多的信任，更多的信任将巩固更多的沟通。海德与米纳（Head & Mina，1992 年）指出，各渠道成员都赋予了他们所在联盟强烈的连续性期待，如果这种期待已然存在，那么他们将采取下一步行动以推动联盟的进一步建立——获得对方的相对忠诚。斯特恩等（2001）认为，作为建立忠诚的重要因素，有效的双向沟通是必不可少的，各渠道成员应该相互交流并在一定程度上参与对方的市场活动，熟悉对方的软肋和长处，并开诚布公地提出合理有效的意见。

3. 渠道合作者和环境

根据顾莱惕的观点（1998），商业往来活动应该发生在相互熟悉的企业之中，在这一过程中企业应该持续扩展业务网络，加强根深蒂固的社会资本。从联盟的环境角度来看，决策结构在一定程度上决定了渠道成员间的信任程度。斯特恩（2001）提出，在组建联盟时，企业应该选择相对于自身来说能够实现能力互补的公司。

4. 渠道关系的生命周期

渠道成员之间的关系状态会经历不同的生命周期，如了解、探索、扩展、忠诚、衰退和解体。奥尔德逊（1995）的一项研究显示，如果想由简单的交易关系发展到真正的合作关系，则需要渠道成员在实际的商业活动中进行大量的交互行为，并一同经历一定数量的关键性事件，从而形成一种最高效的渠道联盟关系。

第三节　营销渠道分析工具

最佳渠道结构的选择是渠道管理者的难题之一。通常情况下，为了能够挑选出最优渠道，渠道管理者需要综合考虑各种渠道的结构，并按照一定的准则，对每个渠道的具体效益进行精确的分析。渠道选择中常用的工具或手段，如表 4-1 所示。

表 4-1　营销渠道分析工具

序号	财务评估法	经验评估法	数学评估模型
1	财务法	权重因素积分法	渠道成本比较模型

续表

序号	财务评估法	经验评估法	数学评估模型
2	交易成本分析	渠道选择概念模型	渠道效益比较模型
3		层次分析法	投资报酬率比较模型
4		渠道接触性连线	博弈均衡分析
5		全渠道组合框架图	

一、限制因素

在进行渠道战略模式选择与实施时，积极协调企业内外部资源是必不可少的。所以，管理者必须事先了解与确定企业内部和外部资源制约因素，只有这样，才能进一步对不同渠道进行详细的分析与对比，并做出最终的决策。

限制因素包括如下几个部分。

（一）产品因素

1. 产品的理化性质

易腐易损商品、危险品应尽量避免多次转手、反复搬运，宜选用较短渠道或专用渠道。一些体积大的笨重商品，如大型设备、煤炭、木材、水泥构件等，也应采用直接渠道形式，从而减少一些不必要的中间环节。

2. 产品单价

价格昂贵的工业品、耐用消费品、享受品应减少流通环节，采用直接渠道或短渠道；单价较低的日用品、一般选购品则可采用较长、较宽的营销渠道。

3. 产品式样

式样花色多变、时尚程度较高的产品，如时装、高档玩具、家具等，宜采用短渠道分销；款式不易变化的产品，营销渠道可长些。一些非标准品及特殊规格、式样的产品，通常要由企业销售部门直接向用户销售。

4. 产品技术的复杂程度

用户对于产品安装调试以及维修等服务质量的要求会随着产品技术复杂程度的增长而提高，因而企业采用短渠道或直接渠道的需求也更加迫切。

（二）市场因素

1. 目标市场范围

随着市场范围的扩大，渠道的长度也随之增加；反之，则可以短些。

2. 顾客的集中程度

如顾客集中在某一地区甚至某一地点（如工厂用户），则可采用短渠道或直接渠道；而更长、更宽的渠道则适用于客户分布不均衡的情况，这时就需要充分利用中间商的优势来实现客户触达。

3. 消费者购买习惯

如消费者对产品购买方便程度的要求，每次购买的数量、购买地点及购买方式的选择等，会影响到企业选择不同的营销渠道。

4. 销售的季节性

销售季节性较强的产品应充分发挥中间商的调节作用，以便均衡生产，不失销售时机，因此通常会采用较长的营销渠道。

5. 竞争状况

伺机寻求差异化的销售渠道，可为企业建造独特的竞争壁垒。

（三）企业自身因素

1. 经济实力、信誉

较强的资金实力以及良好的信誉为企业提供了选择固定中间商来经销企业产品的机会，甚至自建分销系统或采取短渠道；反之，就要更为依靠中间商。

2. 企业的管理能力

具备一定的市场营销能力和丰富管理经验的公司，可以自己独立地进行产品的销售，并设立一个短期的组合营销渠道体系。

3. 企业控制渠道的目的

有些企业为了有效控制营销渠道，愿意花费较高的渠道成本，建立短而窄的渠道。也有一些企业并不希望控制渠道，会出于节约成本等原因采取较长而宽的营销渠道。

（四）经济形势与有关法律法规

1. 经济形势

当经济发展迅速时，企业在市场营销渠道方面也就有了更多自由选择的机会，而在经济衰退的时候，市场的需求就会相应地降低，因此，企业不得不使用相对较短的渠道从而缩短中间环节。

2. 法律法规

包括反垄断法规、税法、进出口规定以及专卖制度等在内的国家相关法律政策和规定，也会大大影响企业营销渠道的选择。在一些实施医药、烟草和酒类专营或专卖制度的国家，这些产品的营销渠道选择会受到严格的政府管制。

二、财务评估法

（一）财务法

渠道结构的选择是一种与资本预算相似的投资决策，因此，财务作为影响渠道结构选择的一个最重要的变量，一直受到管理者们的高度关注。财务法由理查德·兰伯特（Richard A.Lambert）提出，该方法突出了财务变量对渠道结构选择的影响。实践中即使不考虑使用的投资方式（比如简单的回报率或者更精确的贴现现金流量方式），也很难计算出不同的渠道结构所花费的准确成本以及未来能带来的收益，渠道决策制定过程中该方法的可操作性不大。

（二）交易成本分析

交易成本分析主要是指分销中活动的成本，如获取信息、进行谈判、监测经营以及其他有关操作任务的成本。该方法最早由威廉姆森提出，现已被广泛运用。威廉姆森在交易成本分析理论中结合了传统经济学和行为科学的思想，并将企业各种行为所带来的后果纳入考虑范围，进一步研究了渠道结构的选取问题。该方法假设成本最低的结构就是最适当的分销结构，其关键就是找出渠道结构对交易成本的影响。

三、经验评估法

（一）权重因素记分法

该方法是菲利普·科特勒提出的一种具有结构化和定量化等优势的直接定性方法，能够帮助管理者更为精确地选择渠道结构。该方法将备选的渠道结构按总分排序，选取最高者作为最终的渠道选择方案。它由以下5个主要步骤组成：①详细列出影响渠道选择的因素；②根据各决策因素的相关重要性，对它们进行赋权并以百分数的形式表示出来；③在每个备选渠道中按照1～10的次序对各决策因素进行评分；④将因素分数（b）与权重（a）相乘，从而计算得出每个备选渠道的总权重因素得分；⑤通过对各渠道结构总分由高至低进行排序的方式，挑选出得分最高的渠道方案作为最终决策。

（二）渠道选择概念模型

随着互联网和电子商务的发展，全新的渠道与机遇逐渐出现在企业的视野当中。其一是网络直销渠道，在某种程度上可视为一种新型的直销渠道模式；其二为网络分销渠道，在中间商融入了互联网新技术的前提下，企业可借助他们所提供的网络技术进行间接的营销活动。从销售主体的层面来看，目前可供生产商支配的销售渠道主要有三种，分别是传统分销渠道、网络分销渠道以及直接销售渠道（包括电话营销、直营店以及互联网）。对各渠道特征的分析，可以从成本、覆盖面、服务支持、促销能力四个指标来进行，结果如表4-2所示。

表4-2　渠道特征分析

渠道	成本	覆盖面	服务支持	促销能力
网络直销	低	广	弱	弱
直营店营销	高	局部	强	强
电话营销	低	广	弱	弱
网络分销	低	广	弱	弱
传统分销	高	区域	强	强

资料来源：陈明洋，孙毅，吕本富．网络环境下主要营销渠道选择策略［J］．管理评论，2008（9）：9-13.

渠道特征的差异性导致了不同渠道选择的问题。根据劳伦斯·弗里德曼（Lawrence Freedman）的观点，分销渠道选择的决定因素分为细分市场、产品和利润三类。从厂商的角度分析，厂商与渠道成员在利益上存在一致性，渠道与市场、产品这两个因素的匹配程度决定着一个渠道经济性的高低。基于上述分析，渠道的选择可以概括为如图 4-5 所示的模型。

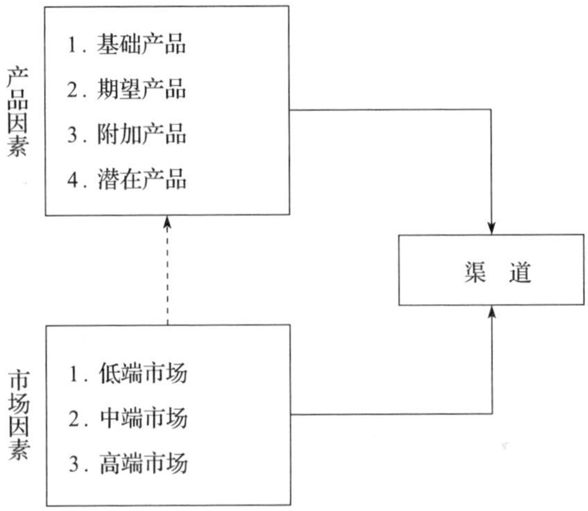

图 4-5　产品 - 市场主营渠道选择概念模型

资料来源：陈明洋，孙毅，吕本富. 网络环境下主要营销渠道选择策略［J］. 管理评论，2008（9）：9-13.

1. 产品因素

在制定产品规划时，企业要根据不同的细分着重考虑产品的五个层次，分别为核心利益、基础产品、期望产品、附加产品和潜在产品。核心利益指的是满足顾客某种需求的基本属性，而非具体的产品形式。按照附加值与价格的高低差异，产品层次的关系如图 4-6 所示。

渠道的选择受到产品层次的影响。劳伦斯·弗里德曼指出，简单产品（即层次较低的产品）适用于低接触性渠道，而能够充分为买卖双方提供相互作用的高接触性渠道则更适合那些需要依靠大量的培训、服务和支持而存在的复杂产品（即层次较高的产品）。“高端—中端—低端”是对产品层次进行划分的一种简化方法，中端产品介于属于低层次产品的基础产品和属于高层次产品的潜在产品之间。

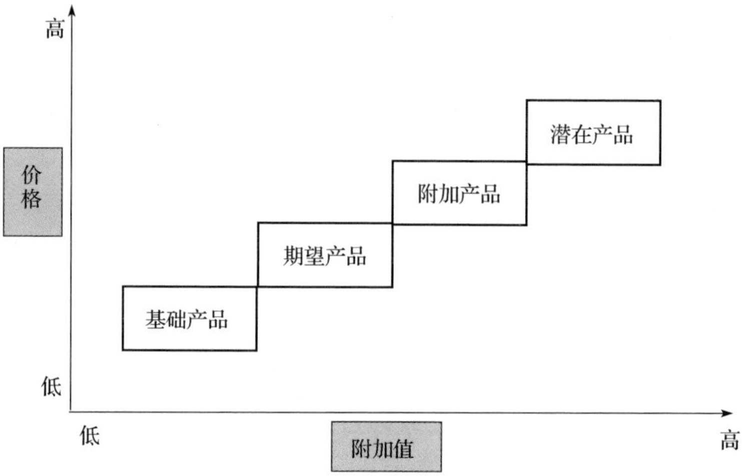

图 4-6 产品分层图

资料来源：陈明洋，孙毅，吕本富．网络环境下主要营销渠道选择策略［J］．管理评论，2008（9）：9-13.

2. 市场因素

细分市场由不同的消费者群体构成，而划分这些购买群体的依据则是消费者在购买行为上的差异。劳伦斯·弗里德曼认为，通过了解与分析顾客对渠道的认可与接受程度，进而将顾客所希望的购买渠道与真实的购买渠道进行有效的连接与匹配，就能够保障渠道的成功。

所有的行业都可根据由高至低的消费者价值划分为高端、中端和低端市场三类，同时，在此基础上还可以按照各行业的不同特征进一步细分。以工业产品市场为例，美国学者兰根（Rangan）将工业品市场的消费群体细分为程序购买者、关系购买者、交易购买者和竞价购买者四类。价格敏感度、服务敏感度以及营销需求这三项指标通常被用于各消费群体对于市场渠道偏好差异的考察之中，如表 4-3 所示。

表 4-3　工业产品细分市场特征表

细分消费群体	价格敏感度	服务敏感度	营销需求
程序购买者	低	高	低
关系购买者	中等	中等	中等
交易购买者	中等	中等	中等
竞价购买者	高	高	高

资料来源：陈明洋，孙毅，吕本富. 网络环境下主要营销渠道选择策略［J］. 管理评论，2008（9）：9-13.

四、层次分析法

以往企业对于产品、渠道、顾客的分析都是基于企业经营活动的历史数据，在分析渠道时如果仅依靠管理者的主观判断，将很难确保决策的科学性。层次分析法（Analytic Hierarchy Process，AHP）作为一种能够定量评价管理者主观判断的数学方法，在使用过程中能够避免决策者主观性问题，使得决策更加科学。

（一）构造层次分析模型

构造层次分析模型是层次分析法的第一个步骤。以主营渠道的概念模型为例，运用层次分析法构建了选取主营渠道的模型，如图 4-7 所示。

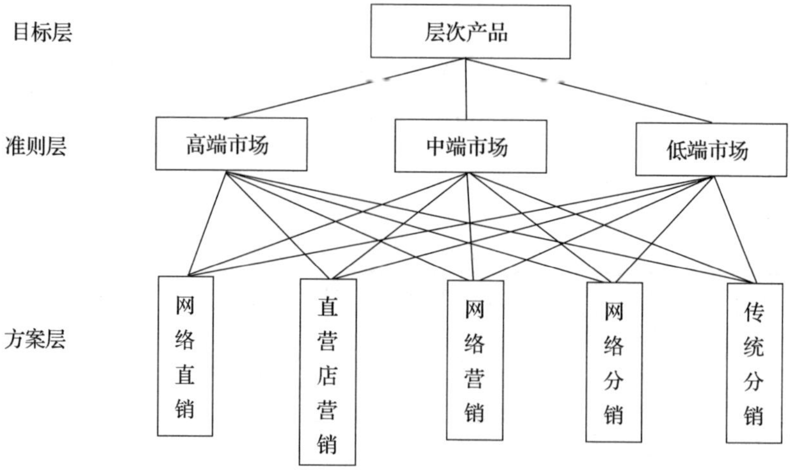

图 4-7 层次分析模型

（二）构造判断矩阵

判断矩阵代表了该层级要素与前一层级要素二者之间的重要性程度的比较，例如准则层 B 相对于目标层 A 而言的判断矩阵，如表 4-4 所示。

表 4-4 判断矩阵

A	B_1	B_2	B_3
B_1	B_{11}	B_{21}	B_{13}
B_2	B_{12}	B_{22}	B_{23}
B_3	B_{13}	B_{23}	B_{33}

B_{ij} 表示就 A 而言，B_i 对 B_j 相对重要性的数值表现，通常 B_{ij} 可取 1、2、3、…、9 或者它们的倒数。决策者通过采取专家打分的方式获得其数值。

（三）根据判断矩阵计算优先秩序

将准则层各项指标对目标层的权重记作 ω^2，每个准则对目标层

的权重记作 ω_n^2，则有：$\omega^2=(\omega_1{}^2, \cdots, \omega_n^2)^{\mathrm{T}}$。将方案层对准则层的权重记作 ω_k^3，则有：$\omega_k^3=(\omega_1{}^3, \cdots, \omega_k^3)$，其中，$k=1$、2、…、$n$。以 ω_k^3 为向量得到矩阵 W^3，则有：$W^3=(\omega_1{}^3, \cdots, \omega_n^3)$。将方案层对目标层的组合权向量记作 ω^3，则有：$\omega^3=W^3\omega^2$。

利用公式 $\omega^3=W^3\omega^2$ 计算得到各渠道的分值，为了在最大程度上控制主观因素的影响，从而判断决策者对各个渠道的主观评估是否客观，必须通过计算得出 CR 值来进行一致性检验。当 CR 值 $\leqslant 0.1$，证明通过一致性检验，表明决策人的赋值与客观事实相符；当 CR 值 >0.1，证明未通过一致性检验，此时则需要进一步调整与优化判断矩阵的赋值情况，直至一致性检验通过。通过一致性检验且在综合排序后得分最高的渠道，即为符合该层次产品 P_n 的主要营销渠道。

五、渠道接触性连续线

产品复杂性和渠道接触性的有机结合表现为渠道的接触性与产品复杂性的匹配。不同的渠道模式在与客户的相互关系、服务范围以及提供的支持服务等方面均有所不同。实践中企业应沿渠道接触性连续线（见图 4-8），寻找采用更适合产品特点、成本更低的渠道模式，顺利推进产品便捷化分销进程。

六、全渠道组合框架图

（一）顾客细分和营销定位

作为营销战略选择部分的重要内容，顾客细分和营销定位要解决以下几个核心问题。

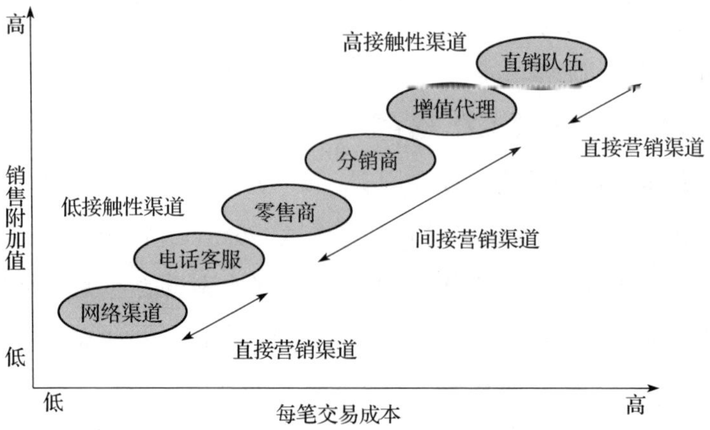

图 4-8　渠道接触性连续线

（1）是否实施全渠道营销战略。

（2）如何根据渠道来细分目标客户。

（3）管理者如何根据渠道进行营销定位决策。

（二）营销要素组合

作为营销战术中的重要内容，营销要素组合要解决的则是以下几个核心问题。

（1）对全渠道设计和购买产品的生命周期进行详细描绘。

（2）经营者根据顾客生命周期匹配营销周期，在匹配好营销周期的基础上，进一步在产品策略、价格策略、渠道策略和信息策略方面做出与之相应的决策。

（3）将需要完成的各组合要素功能在不同的渠道类型中进行分配。

由此，可基于全渠道定位的逻辑建立一个全渠道营销组合的框架图，与此同时，以上三个核心问题也就构成了进行营销要素组合的三个重要步骤。如图 4-9 所示，最下方部分箭头的连接方式为我们展现了企业是如何将网络店铺和实体店铺进行渠道方面的融合的，企业在让两种模式各自完成相应营销功能的同时，又将它们在相关环节进行了融合互通，即通过对渠道进行组合来实现自己的营销活动。

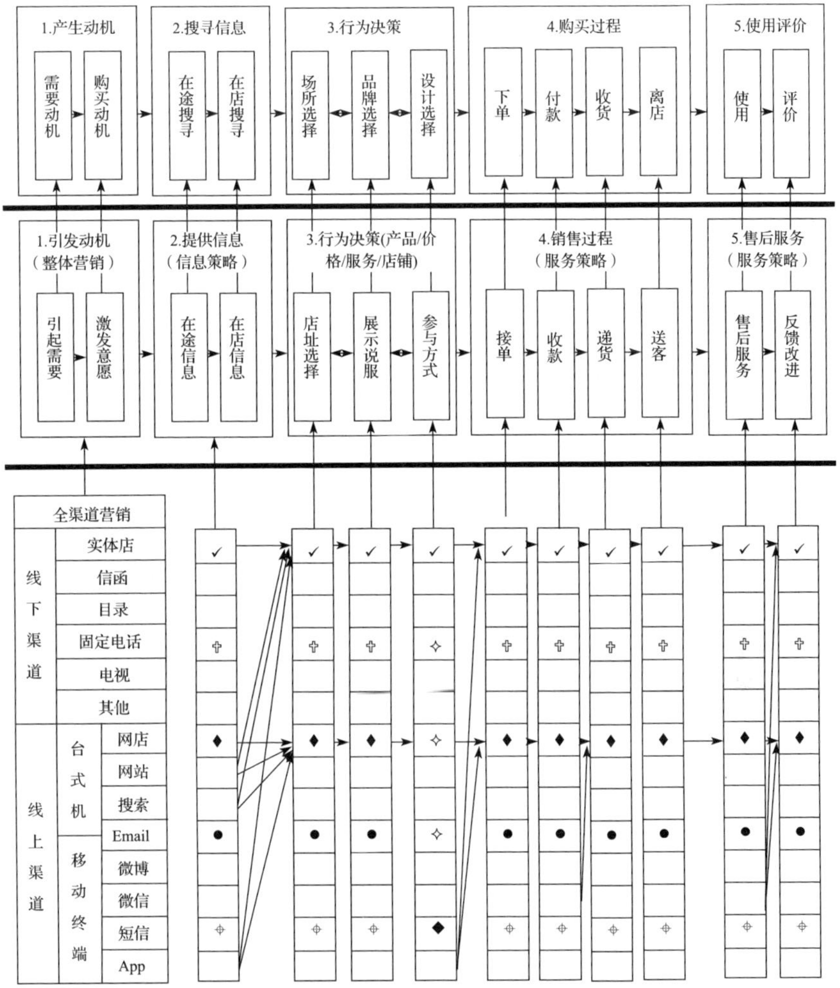

图 4-9　全渠道营销要素组合框架图

资料来源：李飞．全渠道营销理论——三论迎接中国多渠道零售革命风暴［J］．北京工商大学学报（社会科学版），2014，29（3）：1-12.

第一步：描绘顾客全渠道设计和购买商品的周期。全渠道组合的模式使得消费者在购买产品的同时，既可以参与产品和服务的制造，又可以根据其个人喜好对产品进行个性化的设计。经营者需要研究目标顾客在设计和购买产品的生命周期各个阶段的偏好，针对性地开展营销活动。全渠道营销组合框架图中的上部分即为顾客设计和购买（包括使用）产品的生命周期框架。

第二步：在对消费者商品购买周期与经营者的营销生命周期进行匹配的前提下，将相应的营销组合要素组合起来。在全渠道营销组合框架图中，顾客周期位于第一道粗横线的上部，而经营周期则位于粗横线下面的部分。管理者必须针对目标客户的生命周期偏好选择合适的市场定位，并制定相应的产品设计、制造、销售的生命周期。图中两条粗线中间的部分即体现了第二步的内容。

第三步：将营销功能分配到渠道之中。不同的全渠道营销战略来自管理者对不同的组合进行多元化匹配而得出的结果。营销组合策略需要根据目标顾客、营销定位、渠道特征、竞争对手情况、经营者自身资源和能力进行调整。

七、营销渠道评估模型

（一）营销渠道成本比较模型

营销渠道的成本随着营销渠道长度的缩短而增加。直接营销渠道因需要较多的费用来完成企业自身的资金筹措、产品推销、运输仓储等营销功能而造成其成本相对较高。直接渠道营销渠道适用于销量预计大于相当销量（Sc）的情况，而间接渠道营销渠道的选择前提与之相反。其中，相当销量（Sc）是指直接渠道营销渠道成本与多重式配销成本等大的成本点，如图 4-10 所示。

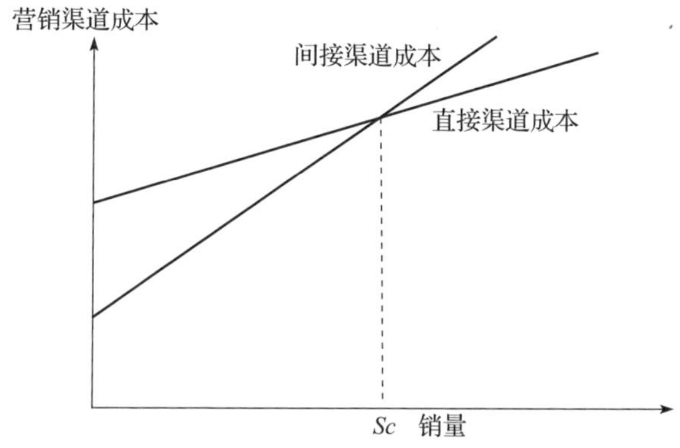

图 4-10　营销渠道成本示意图

（二）营销渠道效益比较模型

如果销售渠道的利润增长，无法弥补销售成本的增加，那么它的净利润也就会减少。直接销售渠道适用于预计销量大于相当销量（*Sp*）的情况，而间接销售渠道的选择前提与之相反。其中，相当销量（*Sp*）是指直接营销渠道获得的毛利与间接营销渠道毛利相同时的点，如图 4-11 所示。

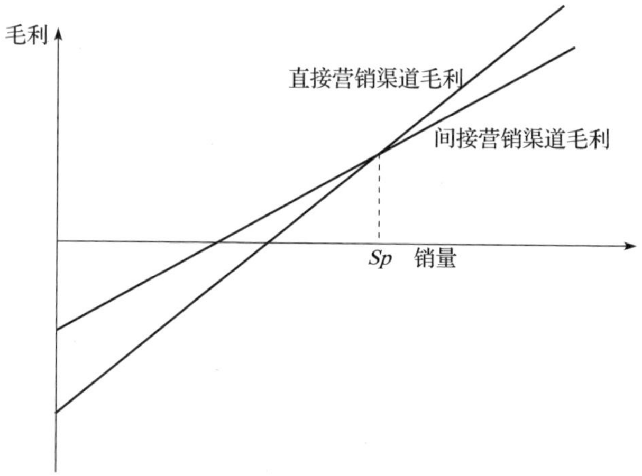

图 4-11　营销渠道毛利示意图

（三）投资报酬率比较模型

在通过对两种方式中的营销渠道成本比较过后而计算得出的销量 S_c 水平不同的情况下，可通过比较投资报酬率的方式来解决问题。在其他条件相同的情况下，R_i 越大的渠道，规模越好，其计算公式如下：$R_i=(S_i-C_i)/C_i$。其中，R_i 表示营销渠道通路 i 的投资报酬率，S_i 表示营销渠道通路 i 的估计销货量，C_i 表示营销渠道通路 i 的估计成本。

（四）博弈均衡分析

博弈均衡分析是指考虑产品需求所受影响（如商誉和定价等），分别针对不同渠道结构选择情形构建博弈分析模型，求解得出各种情形下的最优定价和服务策略，并结合数学证明和数值实验对各种情形下的销量和利润进行比较，以探讨在不同市场发展阶段的最优对策。基于“斯坦克尔伯格博弈”和“纳什博弈”的静态决策理论，营销渠道分析可用动态微分博弈的方法来解决渠道选择分析问题。这一方法大致包括以下三个基本步骤：进行问题描述及模型建立；模型求解，得到不同渠道情形下的均衡结果；利用相关软件（如 Matlab 等）对上述模型进行数值算例实验，分析不同渠道结构选择下的价格、服务水平、长期需求和利润变化等。

第四节 营销渠道学派的局限性

尽管以往学者在营销渠道学派研究了很多年，也取得了非常丰富的成果，但随着时空及各种科技的发展，营销渠道的变化日新月异，尤其是在科技发展的推动下出现了各种新的商业模式，不断地改变着传统营销渠道的做法。这其中有新问题，也有老问题。

一、渠道信息传递不畅

为了保证渠道畅通，企业需要就所需物资、市场需求等重要信息与渠道中的上游和下游的成员进行详细沟通，但是企业在进行渠道管理活动过程中的一些要求与限制条件，常常因信息传递的滞后性与偏差性而难以实现。信息的滞后性会给制造商带来十分不利的后果，因为无法及时获取一手的市场信息，制造商也就无法根据消费者的偏好去设计、生产出消费者乐意为之买单的产品，这样一来就会导致产品的滞销与库存的积压。此外，当渠道下游的需求发生变化时，为了防止一些意想不到的需求出现，渠道成员们会不断地增加备货，而像这样扭曲的信息会被逐步放大并传递给上游渠道，最终导致信息的严重偏差，给渠道成员带来极为负面的影响，也就是所谓“牛鞭效应”。

二、渠道成员之间存在冲突影响合作

各渠道成员在目标与利益方面的差异往往会造成渠道冲突。为了能够加快资金的流通与周转，企业希望各个分销商以最快的速度回款，而此时分销商的期望却与之相反，他们希望在最大程度上拖延付款时间，这也就造成了渠道冲突中最容易出现的问题——销售回款的冲突，分销商为了拖延付款时间，有时甚至会恶意拖欠款项从而给企业带来数量庞大的坏账、呆账，企业的销售业绩也就很难转化为真实的收益。长期来看，渠道冲突会给企业和分销商带来沟通障碍，双方难以相信对方，企业的业绩和规模扩张也就失去了基础保障。不可否认的是，合作与冲突往往在企业的渠道管理活动中相伴共生，所以为了实现双方互利共赢的效果，企业应该在与渠道成员达成积极的合作共识的前提下，不断地探索更加科学的管理办法和问题解决途径。

三、渠道运作存在多方面不确定性

在渠道的运作过程中存在许多不确定性，这些不确定性通常会影响到公司的产品存货，从而对其运营资本造成一定的影响。

1. 企业内部的生产环节存在不确定性

内部生产环境中的不确定性随着产品工序复杂程度的增加而变多，因此，在企业内部进行产品创造与生产时，需要各涉及部门进行有序的分工协作，从而保障企业活动的顺利进行。

2. 市场需求的不确定性

企业的经营战略由市场需求量直接决定。在目前的经济大环境下，消费者的需求千变万化，市场中的商品供给十分丰富。企业对产品的市场需求往往很难做出精确的预测，从而导致销售渠道资金占用、产品积压等问题。

3. 供应商的不确定性

不确定性也同时存在于供应商作为企业本身的内部生产过程中。企业的生产会因供应商延迟交货、产品规格错误、产品质量不合格、产品运输受阻等情况而突然中断。

4. 渠道合作成员衔接存在不确定性

企业的渠道管理效率会直接受到渠道成员之间合作情况的影响。

渠道成员之间较低的合作程度会导致渠道在信息传递、产品供应等各个环节形成一些负面的影响，也就是说，渠道中的不确定性程度会随着渠道成员之间合作程度的降低而加剧。

第五节　研究评述

营销渠道在企业的目标市场管理中扮演着越来越重要的角色。学者们从不同的角度对营销渠道等相关问题进行了有益的探索，丰富和拓展了渠道理论和研究方法。

1. 关于营销渠道结构的研究

学者们通过对营销渠道的结构进行研究，从而来探寻效益最佳的管理办法与途径。其中关于渠道效率方面的探索以韦尔德、巴特尔、布瑞耶等人的研究成果为代表，在有关渠道设计及一体化的探索方面则以康弗斯、胡基、奥尔德逊、麦克马蒙等人的研究成果为代表。

2. 关于营销渠道行为的研究

渠道行为研究的核心思想是，合作和竞争并存于各渠道成员之间的关系中，所以对于营销渠道行为进行深入的研究与探讨的意义在于，发现渠道管理活动中的各种冲突，并提出较好的解决办法以实现渠道成员之间的互利共赢。斯特恩、德瓦耶、沃奥克、克雷玛、庄贵军等人对渠道成员的权利、冲突、合作和谈判方面进行了详细的研究，拉斯切、布朗、弗雷兹耶等人则对渠道的权利来源、使用和衡量领域进行了深入的探讨。

3. 关于营销渠道关系的研究

渠道成员之间的合作常常会因利益冲突的发生而不尽如人意，所以对渠道关系展开详细的研究就变得尤为重要。其中，以辛古瓦和贝克尔等在营销渠道关系领域、克雷玛在营销渠道关系目的领域以及奥尔德逊在营销渠道关系生命周期理论等方面的研究成果为代表性研究结论。

4. 关于营销渠道模式的研究

随着时代的发展，企业应基于网络技术采用新的营销渠道，发挥渠道的价值和收益。其中在产品营销渠道创新的探索方面，比较有代表性的结论来自王珂、段利、王玉霞等人的研究成果，而莫特森、李飞等人则对全渠道营销模式进行了深入的研究。

回顾文献可以得出有关营销渠道研究的现状，即西方的学者更注重从生产商的角度对渠道进行详细的研究，他们没有深入探讨经济、文化等宏观层面的因素，而是将研究的重心放在了微观层面，包括竞争、合作及冲突等一些组织及成员的自身行为。值得注意的是，根据渠道权利对角线理论，随着经济以及网络技术的发展，渠道权力开始转向最终用户，从销售终端的视角对渠道体系进行分析，探讨营销渠道在市场营销中所扮演的角色将会成为今后的一个研究方向。

相比于西方而言，国内市场营销渠道的研究起步比较晚，一开始主要是借鉴国外的相关总结与理论，随后将其运用到企业的生产经营实践中，再从实践中总结经验，因此国内学者起初对于市场营销渠道的研究侧重于生产实践。国内现有的研究中，对于营销渠道模式概念的内涵和解释还没有一个统一的结论或观点，所采用的渠道分析方法较为粗略，对营销渠道的研究大都是从渠道成员或一个特定组织的视角出发，从微观角度着眼于企业在特定的市场环境中所面对的具体销售渠道问题，缺乏对整个市场体系的全面分析，仅是蜻蜓点水式地探讨重要的新技术或创新型商业模式，缺少在渠道结构、组织和管理三个维度上的综合性研究，无法明确解释或界定某个渠道模式的特征。

通过分析不难看出，目前关于营销渠道方面的研究视角较为单一，具体领域也较为分散，且缺乏一个综合的理论模型来反映与分析内外部环境、宏微观因素等对渠道转型的影响。此外，随着以智能手机为代表的移动互联网的应用和普及，线上和线下渠道不断渗透和融合，使消费者可以通过多种渠道购物，利用多个接触点与企业沟通与互动。这种新的渠道环境为企业的营销渠道管理带来许多新的困惑和挑战，也为研究者带来新的研究课题。

本章小结

营销渠道研究起源于欧美国家，其研究领域大多集中在营销渠道的结构、行为以及关系等方面，主要的代表学者有韦尔德和斯特恩。而以庄贵军为代表的国内学者，也逐渐在渠道结构、行为、关系、冲突等方面开展了深入的研究。

营销渠道理论的演化，经历了以效率和效益为重心、以权力和冲突为重心、以关系和联盟为重心这三个阶段。在以效率和效益为重心的阶段，主要有交易成本经济学和代理理论两个基础理论；在以权力和冲突为重心的阶段，主要有博弈论、权力依赖和冲突理论两个基础理论；在以关系和联盟为重心的阶段，主要有关系规范理论和承诺信任理论两个基础理论。

在进行渠道战略模式选择与实施时，需要将企业内外部资源进行协调与整合，并通过财务评估法、经验评估法、数学评估模型等主要的分析工具来了解制约内部和外部资源的各种因素，然后根据这些因素决定和执行营销计划。限制因素包括相关法律法规、当下整体经济形势、市场因素（如消费者购买行为与习惯）、产品因素（如产品的理化性质）以及企业自身因素（如企业的经济实力、信誉）等。总的来说，营销渠道学派也有一定的局限性，如渠道信息传递不畅、渠道成员之间存在冲突影响合作、渠道运作存在多方面不确定性。

第五章

品牌营销学派

▲

CHAPTER 5

现代的品牌理念源于西方，AMA 把品牌界定为一个名字、一个术语、一个标志、一个符号或一个图案，或者它们的结合使用，用以辨认某个销售人员或某一组销售人员的商品或者提供的服务，以区分于其他竞争者的商品和服务。品牌是连接消费者与企业的桥梁，能够帮助企业有效地管理与消费者之间的关系。在消费者看来，通过品牌可以缩短购物的时间，降低消费者在选购商品上的心理压力，从而更易于做出正确的消费决定；在企业看来，一个强大的品牌可以帮助企业在竞争中获取更高的价值，并在一定程度上提高品牌价值并且与顾客产生良好的关系。品牌对一个企业的重要性不言而喻，也正因此，才催生了一个以品牌营销研究为核心的学派——品牌营销学派。

第一节　代表人物及其学术思想

从品牌营销的角度来看，国外代表人物主要包括戴维·阿克、凯文·莱恩·凯勒、卡普费雷尔（Kapferer）。戴维·阿克的学术思想主要包含在他所著的品牌三部曲里面，凯文·莱恩·凯勒的学术思想主要体现在顾客视角的品牌资产等方面，卡普费雷尔的学术思想主要体现在品牌识别棱镜等方面。

一、国外代表人物及学术思想

（一）戴维·阿克

在戴维·阿克之前，虽然有许多人提出过品牌形象、品牌识别等思想观念，但是人们对品牌的认识还不够全面，只局限于品牌这个词。戴维·阿克是当今美国著名的品牌及品牌资产研究专家，《品牌周刊》称戴维·阿克是“品牌资产的鼻祖”。戴维·阿克的学术论文超过100多篇，出版了7部著作，其中《管理品牌资产》《创建强势品牌》和《品牌领导》这三部是具有先锋意义的经典作品，为现代品牌学说掀开了帷幕，为现代品牌理论带来了曙光。

《管理品牌资产》作为品牌三部曲的首部作品，在书中，戴维·阿克清晰地界定了品牌资产的具体定义：品牌资产是指附加在产品和服务上的价值，这种价值反映在消费者思考、感受的购买行动中，以及产品的价格、市场份额和利润中。此外，戴维·阿克还在书中引入了一个名为五星模型的品牌价值模式，这是戴维·阿克一生中最具代表性的研究成果。这个模型由五个部分组成，如图 5-1 所示。

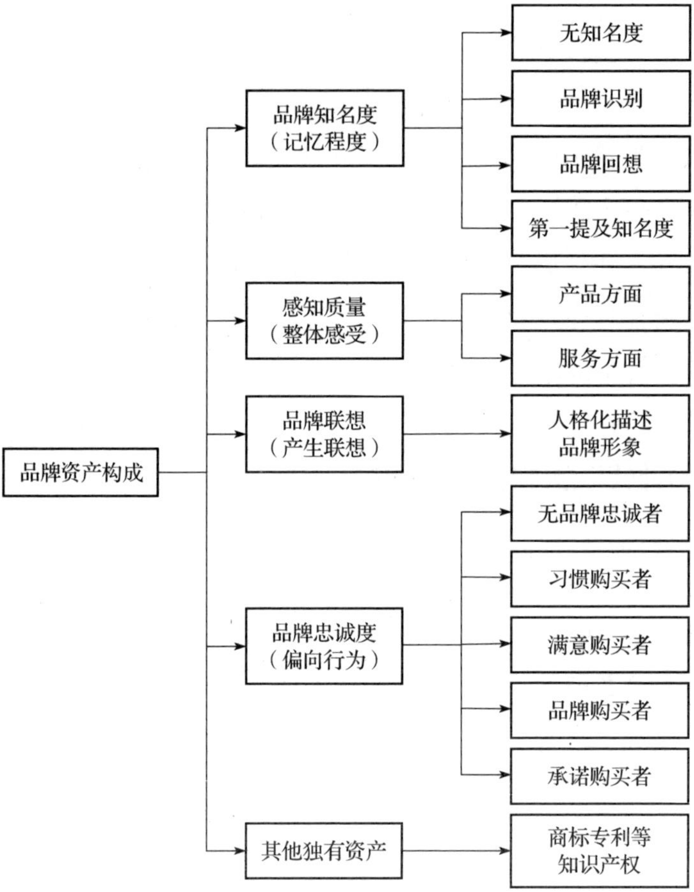

图 5-1　品牌资产构成

1. 品牌知名度

品牌知名度是使消费者认识或回忆其品牌的一种能力。品牌知名度可分为四大类：第一类是无知名度，多见于创业起始阶段；第二类是品牌识别，是品牌知名度的最底层，品牌识别程度是在消费者有提示时能够想起该品牌；第三类是品牌回想，即消费者可以不用提示直接想起该品牌；第四类是第一提及知名度，即消费者心目中对该品牌有着独特的位置，即使没有任何提示，消费者也首先会回想起这个品牌。

2. 感知质量

感知质量是指消费者在了解某一商品或某一项特定服务的具体用途后，对于该品牌的产品或服务相比于其他类似产品或服务所产生的总体感觉。因此，感知质量与真实产品质量有关系，但区别于真实产品质量，感知质量是消费者的一种主观感受，很难被人准确地定义。在产品和服务中，感知质量的要素构成也是不同的。

产品感知质量因素主要包括：性能，也就是作业特点或作业特性；功能，也就是产品功能；满足标准性，也就是没有缺陷；可靠度，也就是失效概率；耐用性，也就是使用年限；服务能力，也就是售后服务；质感和外观。

服务感知质量因素主要包括：有形特性；可靠性；资质能力；响应速度；同理心。

3. 品牌联想

品牌联想是一种能够让消费者产生对品牌有印象的东西，它在消费者的购物和为企业带来的利益中扮演着十分关键的角色。品牌联想可以帮助消费者理解产品功能；品牌联想可以将品牌与其他同类产品品牌区分开来，从而提高企业的竞争力；与产品性能及消费者利益有关的品牌联想，能够为消费者提供某些购买依据；正面的品牌形象或其他方法能让消费者产生正面的品牌联想，正面的情绪也会给消费者带来良好的印象。

4. 品牌忠诚度

在企业中，消费者的品牌忠诚度是企业品牌资产的重要组成部分。品牌忠诚度可以通过消费者的购物习惯将其直接转换成未来的销售。品牌忠诚程度越高，则消费者受其他品牌的影响力越低，而消费者流失越少，对品牌的将来获利越有保证。戴维·阿克相信，要加强和提升企业的品牌意识，首先要做到善待顾客、亲近顾客、衡量和管理顾客满意度、制造转化成本、提供增值服务。

5. 其他独有资产

其他独有资产包括商标专利等知识产权。

《创建强势品牌》是戴维·阿克的另一部重要著作。在书中，戴维·阿克以“强势品牌”为切入点，从三个层面阐述了企业的强势品牌建设：第一，树立和经营好品牌形象；第二，实施品牌体系的经营、多个品牌的融合；第三，对企业的品牌价值进行测量。这三个层面的论述，既为构建强大的品牌，也为以后的企业品牌理论发展提供了良好的基础。

戴维·阿克指出，在品牌认知的构建与经营方面，品牌识别为企业指明了发展方向、未来目标，并阐释了品牌存在的含义。品牌识别是一种联系，通过一个品牌表达的东西和向消费者许诺来表达。可以从四个不同角度来理解：从产品角度出发，即当消费者想起某一种商品或某一类商品时，就会与该品牌产生联想；从组织角度出发，也就是将企业的品牌与企业的组织文化、企业的组织价值观等有机地结合起来；从个体角度出发，也就是品牌拟人化，它能更好地传达品牌的利益，与消费者进行交流、传递商品的特性；从符号角度出发，品牌的标识符号能使消费者对商标和品牌有更加直接的、有冲击力的认识。

戴维·阿克提出，在企业的品牌体系管理和多品牌的融合管理上，应将多个品牌视为一个独立品牌，并将其作为一个整体来看待。同时，将品牌体系管理中的品牌划分为两类：一是驱动消费者做出购买决定的品牌，二是为企业的品牌带来可信力、保障力和支撑力的作用。在品牌实力和竞争能力逐渐增强的情况下，企业可运用“品牌桥接”战略来削弱甚至消除对品牌形象的冲击。

《品牌领导》主要论述了企业通过品牌经营发挥品牌的价值和作用。戴维·阿克提出，要把品牌经营提升到战略性的高度。《品牌领导》中的三大主题分别是：企业品牌辨识的内涵；企业品牌的架构；如何在广告之外打造成功的企业品牌。《品牌领导》是一本基于企业实地调查和实际研究的总结，在实际应用中有着重要的指导作用。

戴维·阿克在本书中对品牌识别进行了再认知，并提出在建立品牌识别的时候，品牌识别是企业品牌的战略基础，而“领导”则是品牌识别的关键。另外，戴维·阿克第一次提出品牌架构的新概念，即一个品牌架构是各个品牌的相互联系和作用的集合。在此基础上，戴维·阿克提出了打造品牌的10条基本准则：对品牌识别、价值取向和品牌定位进行详尽的阐述；发现消费者的兴趣所在；发掘消费诉求，与消费者产生同频；让消费者积极参与品牌建设；围住消费者，增加媒体的广告投放；对目标进行精准的定位；加强创新，从市场中脱颖而出；各品牌之间建立联系；可靠的、实质的、质量的保障；品牌延伸。

（二）凯文·莱恩·凯勒

凯文·莱恩·凯勒是戴维·阿克的学生，是品牌营销学派的集大成者，他所著的《战略品牌管理》更是成为“品牌圣经”。在戴维·阿克提出五星模型后，凯文·莱恩·凯勒从消费者角度出发，阐述了其对品牌资产的认识并创立了CBBE模型，这个模型是对品牌资产的全新的认知，为现代品牌理论体系建立了深厚的基础。

CBBE模型（品牌共鸣模型）由4个层次、6个维度组成，如

图 5-2 所示。

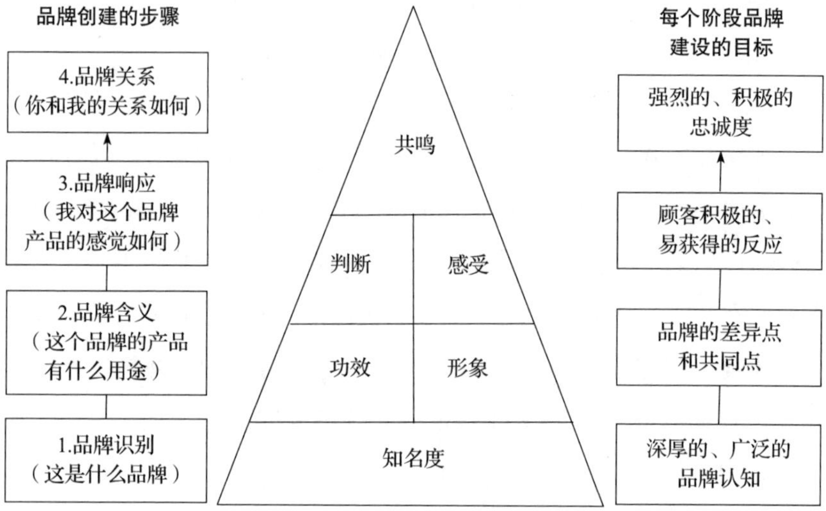

图 5-2　CBBE 模型（品牌共鸣模型）

品牌知名度是衡量一个消费者对于企业品牌的认知程度，一个好的企业想要打造出一个好的品牌，首先要建立一个好的品牌知名度，这个知名度主要取决于消费者是否能够在一个竞争的品牌中认知到这个品牌，以及认知到这个品牌的程度有多高，这个时期的企业品牌发展就显得格外的关键。品牌的认知广度是指消费者在品牌中所购买的产品以及使用场景的广度，品牌的认知深度是品牌在消费者心目中的形象，也就是消费者记住这个品牌的难易程度。透过深入广泛的品牌认知，能够让消费者更好地理解品牌的用途和类别，并且更好地迎合消费者的需要。

品牌功效是指消费者在某个功能上的需求能够从品牌产品或品牌服务上达到满足的程度。品牌功效既包含产品性能表现，也包含了其所反映的产品的不同层次。

品牌形象是指消费者从心理层面对于品牌的认知。企业的品牌形象不仅仅关系到企业的产品、服务，还关系到消费者对企业产品的需求的满意度。品牌形象可以由消费者的亲身体验直接形成，也可以通过消费者对品牌宣传的广告效应方式而间接形成。

品牌判断是指消费者根据品牌功效和品牌形象所产生的差异做出的品牌评价。不同的消费者对同样品牌/同样商品有着不同的评价，而对其进行评价时，需要从四个方面来考量。

第一，品牌品质是消费者对品牌质量的认知，而消费者的态度则是决定其品质的重要指标。品牌态度是消费者对其整体的评估，是消费者在选购时所依据的。

第二，品牌声誉是消费者对品牌的依赖，一般会从品牌专业性、品牌可靠性和品牌魅力性三个维度来衡量。

第三，品牌考量是消费者在购买和使用该品牌时所思考的问题，如果不去想一个品牌的话，就不会有真正的实际消费行为。

第四，品牌优势是该品牌与其他品牌相区分的程度。品牌关联的数量和特征直接关系到消费者对其品牌的认知。

品牌感受是指消费者对品牌所产生的一种情绪反应，包括温暖感、乐趣感、兴奋感、安全感、认同感、自尊感等。正面的品牌评价和品牌感受对消费者的购物行为具有正向影响。

品牌共鸣是指消费者与品牌最终建立的联系和认同的实质，也是消费者与品牌的同步程度。通过接触强度（对品牌的态度和归属）和联系深度（归属感和主动介入）来对品牌的积极参与度进行衡量。

在《战略品牌管理》一书中，除品牌共鸣模型外，凯文·莱恩·凯勒还同时提出了品牌价值链的概念。品牌价值链是对企业的品牌价值资源和其效果进行评估的一种组织方式。在品牌的价值链中，包含 4 个不同的阶段以及 4 个阶段之间的 3 个不同增值阶段，如图 5-3 所示。

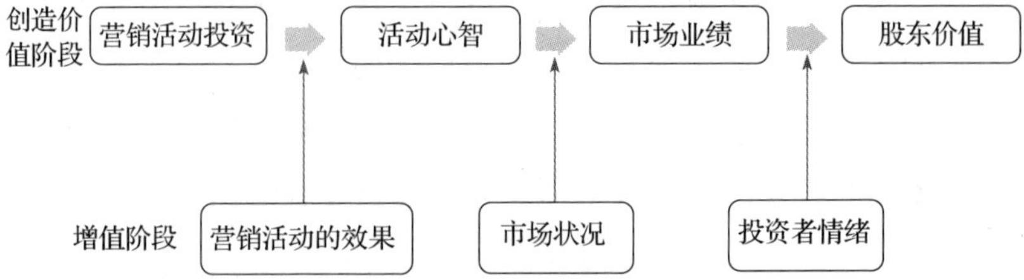

图 5-3　品牌价值链

在品牌价值链中，第一个阶段是市场行为的营销活动投资，这是一种积极的有利于品牌价值的市场投入。在此期间，营销活动包括产品研发、广告宣传、销售推销、员工培训等。

市场营销行为会对顾客心智产生一定的作用，营销活动的效果就是营销活动投资阶段到顾客心智阶段的增值阶段。评判营销活动的效果，包括：产品的特殊性，也就是营销项目的差异化和创新性；产品的关联性，也就是营销活动对顾客的影响或意义；产品的连续性，指产品的不同项目是否连贯、同一项目的不同阶段是否连续；产品的价值性，也就是营销项目的短期和长期价值的价值组合；产品的卓越性，即营销活动最大限度地体现了企业的愿景和远见。

第二个阶段是顾客心智，指消费者思维中存在的与品牌相关的所有事物，包括认知、联想、态度、体验、情感等。顾客心智的测评可以分为五个方面，即品牌认知、品牌联想、品牌态度、品牌依附和品牌活动。

市场状况是顾客心智阶段到市场业绩阶段的增值阶段。顾客心智不仅会对市场业绩产生重要的作用，而且还会对市场状况产生非常大的影响。市场状况包括以下几个方面：企业间的竞争优势，营销活动投资有效性会影响品牌竞争的优势；渠道成员的支持，渠道成员对产品的推销和品牌的强化会影响市场业绩；消费者的规模和特点，消费者的数量以及消费水平等都会对市场业绩产生影响。

市场业绩主要包括品牌增值、价格弹性、市场占有率、品牌拓展、费用构成、利润率等。

投资者情绪是市场业绩阶段到股东价值阶段的增值阶段，包括：市场动向，主要是影响利率、资金等因素；成长潜能，主要是所属行业的市场成长空间和发展前景；风险状况，主要是品牌目前或将来面临的潜在风险；品牌贡献，主要是品牌对产品和市场的贡献。

股东价值是价值链的最后一个阶段，是金融领域对于企业品牌价值的财务评估，主要包括股票价格、价格 / 收益比率和市值。

（三）卡普费雷尔

尽管品牌营销管理的研究是以美国为中心的，但是欧洲的卡普费雷尔提出了一种全新的品牌市场营销系统，为品牌营销提供了较强操作性的理论基础。卡普费雷尔是欧洲品牌学派的著名人物及奢华品牌理论的创始人，卡普费雷尔在世界范围内发表了首部名为《战略品牌管理》的著作，为其建立了第一个品牌营销学派的理论体系。与凯文·莱恩·凯勒《战略品牌管理》相比，卡普费雷尔关注的是“品牌与产品、品牌识别和奢华品牌”。凯文·莱恩·凯勒、戴维·阿克和卡普费雷尔三位同为品牌营销学派的领军人物，但他们的观点和视角并不一致。凯文·莱恩·凯勒的视角是消费者立场，戴维·阿克的视角是市场立场，卡普费雷尔的视角是企业立场。

卡普费雷尔将品牌识别的 6 个要素概括为品牌识别棱镜，如图 5-4 所示。

其中，体格是指品牌特有的物理性质和物理特性；个性是指品牌相关的性格特征；文化是指品牌包含的价值观；关系是指品牌象征一种或多种联系；映像是指品牌形象在消费者心中的影像；自我形象是指消费者与品牌之间产生的关系。

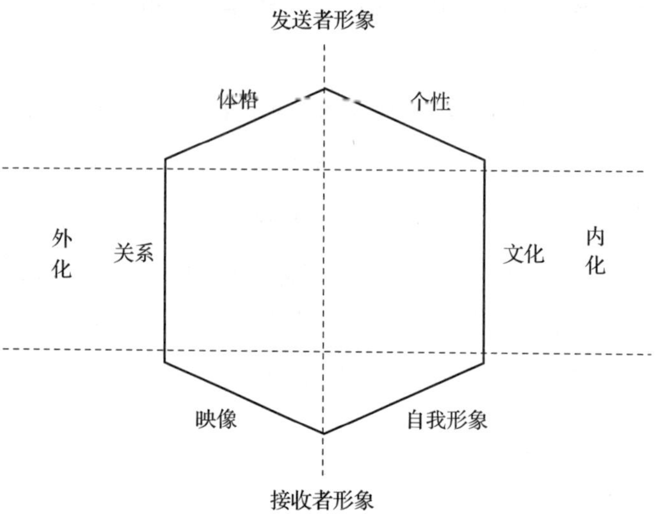

图 5-4　品牌识别棱镜

从 6 个层面可以对品牌识别进行纵横划分，体格、关系和映像是品牌外在的社会层面，个性、文化和自我形象是品牌内在的社会层面，包含在品牌和品牌精神中。

二、国内代表人物及学术思想

卢泰宏不但是一位著名的消费者行为流派专家，还是中国著名品牌营销学派专家，同时也是中国第一个获得“菲利普·科特勒国际营销理论贡献奖”的学者。卢泰宏的学术探索主要是沿着“吃透西方理论—诠释本土市场—创新中国营销”的主线来实践。卢泰宏翻译了许多国外市场营销理论相关书籍，包括被誉为“品牌圣经”的《战略品牌管理》、菲利普·科特勒的《营销管理》等，对于西方品牌营销成果的引进做出了巨大的努力和贡献。

在中国品牌营销理论创新上，卢泰宏运用《品牌资产评估的模型与方法》(2002）和《基于品牌关系的品牌理论：研究模型及展望》（2003）等多种不同类型的品牌营销测量模型进行本土化。在《品牌个性维度的本土化研究》(2003）中，卢泰宏运用问卷调查和数据分析发现有五大要素对中国消费者的品牌个性产生了最大的冲击，即“仁、智、勇、乐、雅”，这一带有浓厚的中国传统文化色彩的品牌个性维度是卢泰宏努力将西方理论本土化的学术成果。另外，卢泰宏还从中国市场的视角分析指出，中国的市场环境、人文环境等要素与外国有着很大的差异，而中国市场的一个重要突破口就是抓住中国消费者与外国消费者的差异。因此，他撰写了《行销中国》一书，对于我国的市场营销实践有一定的借鉴作用。

第二节　品牌营销理论演变

品牌营销理论的发展历程，大致可以划分为初步发展阶段、进阶发展阶段、初步成型阶段、品牌管理阶段、品牌关系阶段，如图 5-5 所示。

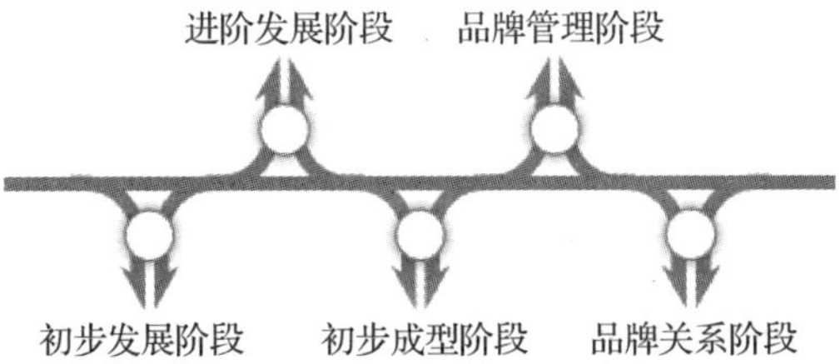

图 5-5　品牌营销理论演变

一、初步发展阶段

在没有建立起品牌理论体系以前，没有任何一个品牌营销的理论引导下，企业家们只能通过自身经历和聪明才智，并借着广告公司等支持来发展自身的品牌。不过，在这个时代仍然涌现出了许多优秀的品牌，如迪士尼、宝洁、可口可乐等。因此，在品牌营销理论发展早期，企业的广告及营销实践对企业品牌的贡献是巨大的，后期的许多理论成果都是在本阶段的实践基础上发展开来。

（一）品牌识别

品牌识别是在早期对品牌的实践中逐步发展起来的。当企业家们认识到了品牌的重要意义后，在创建一个新的品牌过程中第一步就是找到一个不同的定位，谓之差异化，而这个差异化定位就是品牌识别早期实践的主要内容概括，也是这个时期品牌营销的重要组成内容。“我是谁”是一个关于品牌识别的基本问题，而品牌学派的相关理论也是从品牌识别入手的。然而，在早期的品牌识别中，只把品牌作为一种区分，并没有深入地了解品牌的内涵，因而存在一定的局限。

（二）品牌形象

列维（Levy）是品牌营销学派中的首位学者，他和加德纳（Gardner）于 1995 年发表了一篇名为《产品与品牌》的文章，其中提到品牌形象，并对其进行了革新，由此形成了品牌形象的思想源头，品牌学术研究的时代从此开启。

列维从心理学的观点来界定品牌形象：品牌形象是指消费者对

品牌各要素图像概念的综合反映，体现出对品牌的态度。列维把品牌、消费者、符号联系起来，形成了品牌形象，即符号主义学派。

（三）品牌定位

“定位”这个术语是由美国著名的两位广告人艾·里斯和杰克·特劳特在 1969 年提出的。三年之后，这两位以“定位”为话题，发表了与之有关的文章，引起学术界的轰动。“定位理论”是由两人于 1776 年共同发表的《广告攻心战略品牌定位》一书中所创立的。艾·里斯和杰克·特劳特相信，定位不是局限于产品的，更多是针对潜在消费者心智的。通过对品牌定位的认知，把品牌差异从外部形象转移到对消费者以及市场为焦点的心理定位上来。

在实践中探索出的品牌识别理论、列维创立的品牌形象理论，以及艾·里斯和杰克·特劳特的定位理论，为建构当代品牌体系奠定了良好的基础。

二、进阶发展阶段

20 世纪 80 年代，世界范围内掀起了一场大规模的并购浪潮，许多公司企业都面临着大量的并购风险，并购一家品牌企业，其价格可能会超过账面价值的 25 倍，因此，商业界迫切希望得到学术界的理论支撑，从而能够更好地解释增值效应背后的内在原因。1988 年美国营销科学研究院（MSI）提出“品牌资产”的概念，认为它在市场中的作用日益凸显，然而学术界尚未形成相应的研究成果，因此建议把它列为营销学界的一个主要研究领域，并给予一定的资金支持。于是，戴维·阿克将自己的研究重心从市场营销战略转移到了品牌上。

在当代的品牌理论中，品牌资产是一个重要的新核心理念。戴维·阿克对于品牌资产的界定主要是从市场层面出发。他在《管理品牌资产》一书中指出品牌资产是指与品牌（名称和标志）相关的，能够给公司或消费者增加或降低产品价值或服务价值的资产和债务，并提出了品牌十要素模型以及品牌资产五星模型。

《管理品牌资产》是学术界第一次对品牌资产的含义和组成进行论述，同时也将其放在了一个重要的地位，对如何评估品牌资产进行了初步的探索，还提出了如何管理品牌资产，成为品牌资产理论探究的开山之作。其中品牌资产五星模型是本书的精髓，为学术界认知品牌资产提供了极大的便利。

戴维·阿克建立了一个局部的品牌营销框架，提供了一些有效的模型工具，却没有一个品牌营销系统性论述，学术界对品牌资产的定义仍未形成统一认知。

三、初步成型阶段

在经历了初步发展阶段和品牌资产阶段的发展后，品牌营销结构逐步明朗，许多学者尝试建立一个品牌营销的理论体系。其中卡普费雷尔所著的《战略品牌管理》（1992）与凯文·莱恩·凯勒所著的《战略品牌管理》(1998)，影响深远。

在戴维·阿克等学者对品牌资产研究的启发下，凯文·莱恩·凯勒在1993年发表了《基于顾客的品牌资产：概念模型、测量和管理》一文，从一个崭新的角度阐释了其价值，并由此引出CBBE模型的品牌营销学术热潮。而CBBE模型则是凯文·莱恩·凯勒所有品牌理论的基础，也是其现代品牌理论研究的出发点。与戴维·阿克从企业层面出发的品牌资产观点不同，凯文·莱恩·凯勒的品牌资产观点更多的是从消费者的视角出发，他把以消费者为基础的品牌资产作为一种市场行为的差异化，即消费者对品牌知识认知的不同。

凯文·莱恩·凯勒把前辈们的观点意见与他自己独特的品牌营销理念融汇在一起，构建了一套完整、系统的品牌营销理论框架——《战略品牌管理》，因而他也被称为品牌营销学派的集大成者。

凯文·莱恩·凯勒的《战略品牌管理》包括四个要点：重新发现品牌联想、重构品牌营销、创建品牌价值链以及建立品牌共鸣模型。凯文·莱恩·凯勒指出品牌联想是品牌联系消费者的重要环节，并指出了影响品牌联想强度、偏好性和独特性的各种条件因素。品牌营销三部曲被重新整合，从消费者视角对品牌价值链的来源、过程及结果进行了阐述，通过对品牌共鸣模型的分析，把品牌创建的各个环节进行了梳理。

四、品牌管理阶段

在戴维·阿克以及凯文·莱恩·凯勒初步搭建了现代品牌营销的框架以后，企业家们开始尝试利用现有的品牌理论来进行营销活动，然而实际操作并没有达到预期的结果。一个强大的企业品牌建立必须经过长时间的投资和维护，其面临的市场风险和挑战也是五花八门各种各样。如何确保企业品牌的发展始终处于一个良性健康的态势，成为品牌营销学派又一个新的学术研究范畴，这也使得现代品牌理论步入了第四个发展阶段，即品牌管理阶段。

（一）品牌延伸

陶伯（Tauber）于1979年出版的《品牌授权延伸：新品牌得益

于老品牌》中第一次提到了“品牌延伸”。至今，品牌延伸已成为现代品牌理论的一个重要的组成部分，是众多企业家拓展新市场的一个重要手段。品牌延伸不仅仅是在一个新品上使用一个新品牌名称，它还包含了一个产品系列的扩展延伸，例如在同一类型的新品上使用同一个品牌名称。目前来说，学术界对于品牌延伸的研究多集中在母品牌和延伸品牌两个主体并从这两个视角进行展开。

（二）品牌授权

品牌授权是指品牌持有者利用自身品牌资产价值，许可被授权者制造和出售特定类型的商品或服务，并向其支付许可授权费用。品牌授权可被大量使用，在美国品牌授权的零售业中，约有30%～40%的产品被特许授权。对于特许授权人来说，可以从特许经营中获取更多的利润，从而减少品牌的市场推广成本；对于被特许授权人来说，通过品牌授权可以增加产品收益，降低企业的研发费用等。目前，学术界关于品牌授权的研究多集中在影响品牌授权有效性的各种因素上，而采取的方法则主要是实证研究。

（三）品牌激活

任何一个品牌都会面临品牌老化的问题，品牌也存在一个生命周期，在品牌老化过程中，如何在原有基础上对其进行有效的激活以延续之前的品牌忠诚是一个重要的环节。品牌激活是指通过一系列方法，如拓展品牌认知、改善品牌形象、调整品牌组合等来扭转品牌衰败状态，并赋予品牌新的生命力。在品牌激活研究方面，最具代表性的是贝里（Berry）和勒胡（Lehu），其中一位是首个提出品牌激活的学者，另外一位则是第一个对品牌激活进行实证分析的学者。

这一时期的品牌营销理论的发展趋于实践，企业在实践中所面临的问题为其提供了一个基本的理论解决方案。可以说，品牌延伸是对于新品牌和老品牌之间如何建立关联性的一个答案，而品牌授权是对于品牌与品牌之间如何形成一个好关系的答案，品牌激活则是对于失去活力的品牌如何重启发展的答案。

五、品牌关系阶段

随着互联网和社交媒体的发展，消费者与品牌之间的沟通交流也越来越多。与以往相比，整个市场的营销理念和实践都有了很大的变化，其中，关系营销成为一个热点的研究课题。品牌关系是关系营销与品牌之间的交集产物，是以一种全新的视角来看待企业品牌资产。

（一）品牌体验

2000 年，伯德 · 施密特（Bernd H.Schmitt）的《体验营销》(2000) 一书问世，使他成为一个划时代性的品牌体验研究的杰出人物，从此品牌营销学派又开拓了一个全新的领域——体验营销。伯德 · 施密特在书中解答了两个问题：什么是顾客体验？如何测量顾客体验？在实践运作中，品牌体验的运用为企业带来了很好的品牌效应。

（二）品牌社群

品牌社群是社会学和品牌营销相结合的产物。莫尼兹（Muniz）于 2001 年出版了《品牌社群》一书，他提出，品牌社群是一个基于对特定品牌的崇拜而产生的特殊的、不受地域限制的社会团体。在社交媒体发展的今天，品牌社群已被大量应用于互联网，因此，品牌社群也渐渐成为一个新的学术研究热点。

在该阶段，“顾客资产”越来越重要，品牌营销学者们将目标从品牌本身更多地转到品牌和顾客之间的关系上。其中，品牌体验将品牌战略的关注点从品牌转移到了顾客体验，品牌社群则将“一对一”的品牌与顾客交流转变为“一对多”的品牌与顾客交流。

第三节 品牌营销分析工具

除了前面提及的品牌资产五星模型、CEEB 模型和品牌价值链以外，还有以下一些品牌营销分析工具。

一、品牌定位相关模型

（一）品牌定位分析框架

品牌定位分析框架，可以通过确定和分析目标消费者、确定竞争参考系、建立共同及差异点等几个步骤进行确立，如图 5-6 所示。

图 5-6 品牌定位分析框架

确定和分析目标消费者，也就是划分了一个目标消费群。市场细分的考量因素主要有四个，如图 5-7 所示。

地理因素	人口因素	心理因素	行为因素
• 地理位置 • 地形气候 • 农村城镇	• 年龄、性别 • 职业、收入 • 教育等	• 消费者个性 • 生活方式 • 购买动机等	• 产品使用率 • 品牌忠诚度 • 购买频率等

图 5-7　市场细分因素

确定竞争参考系，有助于品牌避免激烈的市场竞争。比较常见的两种方法是以产品角度出发作为参照系统、以竞争品牌出发作为参照系统，后者使用的范围较为广泛。但是，如果企业研发新品类新产品，并期望其能成为产品品类的代表时，那么以产品角度出发作为参照系统会更为适用。

建立共同及差异点有助于企业品牌识别产品类别，创造出一个新的品牌卖点。差异化的选择视角主要包括以下几个方面，如图 5-8 所示。

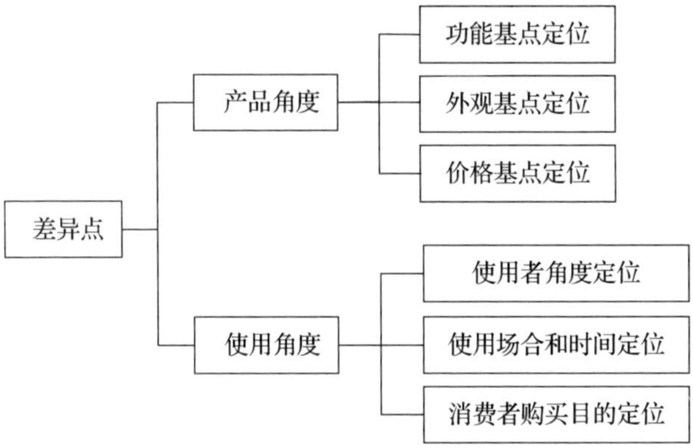

图 5-8　差异点选择角度

通过以上三个环节，就可以建立起一个企业的品牌定位。

（二）品牌定位钻石模型

品牌定位钻石模型，分为三个部分，如图 5-9 所示。

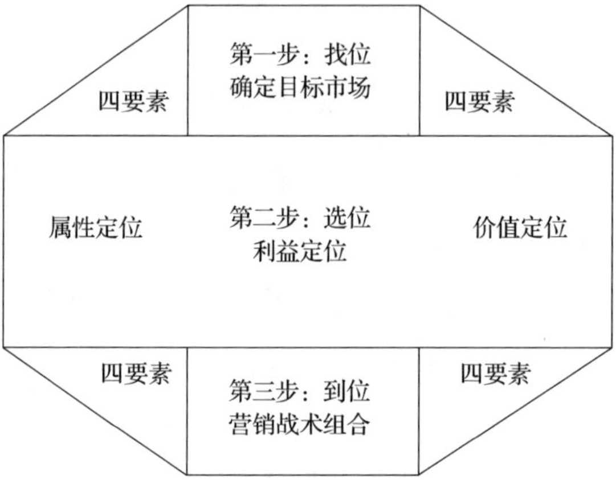

图 5-9　品牌定位钻石模型

第一步：找位。就是确定该品牌的目标市场和目标消费者。

第二步：选位。就是根据消费者需求和实际市场竞争状态来确定选择品牌的利益定位点，同时要根据自己产品的特性和价值，从不同的竞争市场中挑选不同的定位来寻找品牌的内在价值。在此流程中，经常要求对特定的细分市场进行评估，判断其饱和度，并对其优劣势进行评估。

第三步：到位。也就是在营销战术组合和实施中，把第二步选定的品牌利益定位、属性定位和价值定位予以实现。营销战术主要包括产品策略、价格策略、分销策略和沟通策略。

二、品牌联想诊断模型

品牌联想诊断模型主要从三个层面对品牌联想内容进行诊断，

依次为品牌属性（产品特性和功能的联想）、品牌利益（品牌或产品给品牌价值的联想）、品牌态度（品牌的总体联想），如图 5-10 所示。

品牌联想测量的主要衡量标准如下。

联想总数量是指消费者通过商标的联想而产生的联想总数；

喜欢程度是指在消费者的品牌联想中，积极或消极的想法加在一起对品牌产生的影响；

独特性是指区别于其他品牌，能够反映在产品类别内的形象与位置；

联想信息来源分为直接和间接两种，对这些信息进行梳理，有助于从消费者的态度来预测未来行为的可靠性。

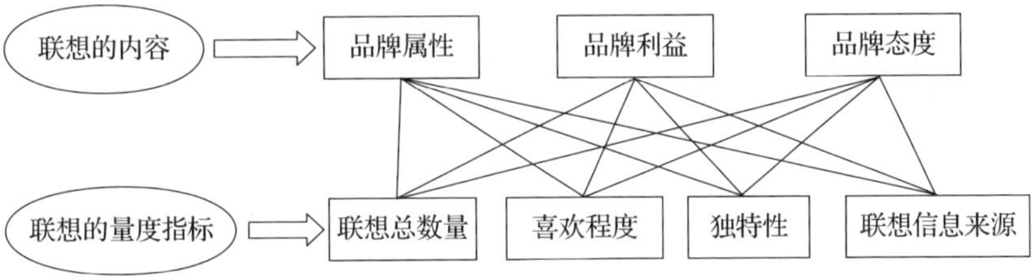

图 5-10　品牌联想诊断模型

第四节　品牌营销学派的局限性

一、品牌营销对于企业的局限性

（一）前期投入成本较大

高品质的品牌关系到高品质的产品，而产品研发和产品质量的高投入是创建高质量品牌的关键。一个好的品牌知名度和消费者心智是建立在众多的市场营销活动基础上的，市场营销活动的有效开展需要较大的前期成本投入。对于企业来说，品牌的维护是一个长期的过程，如出现品牌危机并且没有妥善处理好的话，就会造成消费者与品牌关系的破坏，甚至使消费者对品牌的信任崩塌，让前期的大量投入化为乌有。

（二）消费者心智不易掌握

相对于可准确计量的生产管理而言，企业的品牌营销更注重与消费者之间的紧密联系，而这种联系是无形的，难以捉摸、不易掌握。尽管目前阶段许多模型与理论学说能够对品牌营销的实施有所帮助，但面对瞬息万变的市场条件和难以捉摸的消费者心理，很难找到适合自己品牌的实施方法。

（三）过度关注短期业绩

一个企业品牌影响力的形成是一个长期积累的过程，它不会对企业的短期业绩产生明显的影响。由于受到短期经营绩效的影响，企业为了提高销售，会采取一些短时期的减价或其他业务活动，这样的活动对于企业品牌的长远发展非常不利，频繁的促销活动，会降低消费者对品牌感知质量的评价，损害其购买意向，降低品牌忠诚，最终对促销品牌的品牌资产造成极大的负面影响。

（四）营销远视症

营销远视症是指由于企业过分关注消费者的某些需求，而忽略了产品的质量。企业过分追求消费者对商品的关注度，将产品设计重心放在能引起消费者兴趣的包装上，制造出一些花哨而忽视品质的产品。消费者或许会在短时间内因产品包装而购买产品，但产品质量才是品牌的根本，最终消费者肯定会因质量问题而放弃品牌。

二、品牌营销对于消费者的局限性

品牌为产品带来了溢价，这个溢价是由消费者承担的。当统一品质时，强大的品牌所提供的产品售价要比弱势品牌的商品价格高得多。然而，随着消费者观念的逐渐成熟，长久以来的口碑会成为一个品牌增值的基础，只有优秀的品质才能让消费者对这个品牌产生长期的印象，因此，产品力仍然是一个企业发展的基础。

第五节　研究评述

品牌营销学派的发展离不开两个重要人物的推进，第一位是品牌资产的开山鼻祖戴维·阿克，第二位便是品牌营销的集大成者凯文·莱恩·凯勒。

戴维·阿克开创了一个全新的时代，他的《管理品牌资产》确定了现代品牌理论学说中的首要核心理念——品牌资产，为品牌营销学派的发展带来了一束曙光。在戴维·阿克奠定的品牌营销基础之上，凯文·莱恩·凯勒将现代品牌理论进行了系统性的创新和融合，使其成为当代品牌理论的支柱。凯文·莱恩·凯勒的《战略品牌管理》是其品牌理念的集大成之作，在这部“品牌圣经”里，凯文·莱恩·凯勒以CEEB模型为本、以品牌价值链为基，整合其他学者的思想，结合其他零星的品牌理念，建立了一个品牌思想的塔楼。凯文·莱恩·凯勒的CBBE模型打通了以前与之毫无联系的关系营销和品牌学说，把关系营销和品牌资产都集中在“消费者”和“消费价值”这两个层面上，并迅速地形成了当代品牌理念。凯文·莱恩·凯勒的品牌价值链条揭示了“品牌是怎样产生价值的”，他用科学逻辑重新构建了“战略品牌管理”系统，构建了一套完整的全新品牌逻辑和品牌理论，在世界范围内产生了巨大的影响力。

品牌渊源阶段—品牌初步发展阶段—品牌资产阶段—品牌管理阶段—品牌关系阶段，这五个发展阶段是品牌营销学派理论的重要组成部分。这五大阶段中各个阶段的着力点都与时代发展密切相连，并且在每一个阶段都对品牌有更深入的理解。品牌渊源阶段，由于品牌营销概念尚处于初级阶段，有关知识大部分来源于实践，关于它的相关理论尚未建立，学术界也很难进行深入研究。品牌初步发展阶段，建立了一个以“识别—传播”为基础的品牌理论，以传播学为基础，从广告学角度出发，对品牌营销的研究主要集中在品牌识别和品牌形象上，对于品牌的理解也只是处于标志的阶段。品牌资产阶段和品牌管理阶段是立足于企业资产的品牌理论，是基于“经济—市场”的视角对品牌营销理论进行研究，关注的是品牌资产评估、品牌管理和品牌全球化等分析方向。这一阶段的品牌营销才算是步入正轨，形成了品牌营销流派。品牌关系阶段是从社会学和社会网络的角度对品牌市场营销理论进行研究，品牌社群、品牌关系等研究方向都来源于社会学，这两者一直是当前学术界关注的焦点。

本章小结

品牌营销理论主要是从以下几个基本问题展开和演变的："什么是品牌?""如何品牌化?""为什么追逐品牌?"品牌营销学派的发展离不开两个重要人物，一是戴维·阿克，二是凯文·莱恩·凯勒。戴维·阿克的《管理品牌资产》定义了品牌资产的相关理念，为品牌营销学派的崛起奠定了基础。凯文·莱恩·凯勒完成了现代品牌理论系统化的创新与融合，使之成为现代品牌理论的中坚力量。

戴维·阿克、凯文·莱恩·凯勒、卡普费雷尔是国外著名的品牌营销学派代表。戴维·阿克是公认的品牌资产鼻祖，他曾在全球范围内发表过7部作品，其中《管理品牌资产》《创建强势品牌》和《品牌领导》是最有影响力的品牌三部曲。凯文·莱恩·凯勒是品牌营销学派的理论大师，其著作《战略品牌管理》被称为"品牌圣经"。他从消费者视角出发，阐述了其对于品牌资产的理解并构建了CBBE模型。卡普费雷尔是欧洲品牌学派的领军者，"奢华品牌"理论的创始人，他将研究重心放在了"品牌与产品、品牌识别和奢华品牌"上。卢泰宏是我国品牌营销学派的知名学者，他的学术研究路径是从"吃透西方理论"到"诠释本土市场"再到"创新中国营销"，并运用大量的品牌营销测量模型进行了本土化处理。

品牌营销理论发展可以划分为五个阶段。品牌识别、品牌形象、品牌定位的观念在品牌营销初期发展中产生，为后续研究提供了依据。在品牌营销的进阶发展阶段，品牌资产的作用日益凸显，戴维·阿克在其《管理品牌资产》一书中将品牌资产放在了一个非常重要的位置，并对其进行了初步探讨，提出了管理品牌资产的若干问题，形成具有里程碑意义的品牌资产理论探究。随着品牌营销理论的形成，品牌营销架构逐渐明朗化，学术界试图搭建品牌营销的理论框架。在品牌管理阶段，学术界提出品牌延伸、品牌授权、品牌激活的概念，该阶段品牌营销理论的发展偏向实践性。在品牌关系阶段，提出了品牌体验和品牌社群的概念，“顾客资产”越来越重要，品牌营销学者们把研究目标从品牌本身逐步转到品牌和消费者之间的关系上。

品牌营销分析工具包括品牌资产五星模型、CEEB 模型、品牌价值链、品牌定位分析框架、品牌定位钻石模型、品牌联想诊断模型等。品牌营销学派的局限性主要表现在两个方面：品牌营销对于企业的局限性（如前期成本投入巨大、顾客心智难以把握、短期业绩关注过多、营销远视症），以及品牌营销对于消费者的局限性。

第六章

服务营销学派

▲

CHAPTER 6

美国经济学家维克托·福克斯（Victor R.Fuchs）在1965年发表的文章中提到，美国正步入一个新的经济发展时期，这是一个“服务经济”时期，超过半数的就业人员不再从事食品、服装、住房、汽车和其他有形产品的制造。1974年，由约翰·拉斯摩（John Rathmall）教授所著的首部论述服务营销的著作在美国出版，成为服务营销学产生的里程碑。20世纪80年代末，科技迅速发展，生产力大幅度提升，产业升级和生产专业化程度不断加快，服务的密集度越来越大，越来越成为一个买方市场，消费者的消费需求也随着收入水平的提高而发生了改变，需求层次也相应提高并向着多元化方向扩展。服务作为一种营销组合要素，针对这一行业中产生的大量新问题，有些学者开始注意到服务管理与营销问题，而服务营销也真正引起了学术界的重视。

服务营销是以现代服务企业为主体的整个市场营销活动为研究对象，以全面地满足消费者需求而进行的一种营销行为。在当今世界，市场已经从以产品为中心转变为以服务为主，在产品价格和质量之后，服务已逐渐成为新的竞争焦点。服务营销是以服务活动和服务经济为基础，逐步形成的一种市场营销思想。

第一节 代表人物及其学术思想

本节主要从国内外代表人物着手，阐述其学术理念。国外代表人物包括詹姆斯·赫斯科特（James L.Heskett）、帕拉苏拉曼（Parasuraman），国内代表人物包括范秀成、王永贵。

一、国外代表人物及学术思想

（一）詹姆斯·赫斯科特

詹姆斯·赫斯科特，哈佛商学院UPS基金企业物流专家，《公司文化与经营业绩》的共同作者，从1965年起在兆联商业管理学院授课，主讲服务管理学、商业政策、市场营销、商业物流管理和通用管理学课程，同时哈佛商学院出版社出版了许多包含其作品的有关服务主题的录像教材。詹姆斯·赫斯科特认为，在营销服务中，文化是影响企业经营绩效的一个重要和长远的因素，一个好的领导者不但要具备经营管理的才能，还要具备领导才能，以关心消费者、股东及员工为己任，建立一套适合于市场的企业文化，以此来提升公司的长久业绩。以詹姆斯·赫斯科特为代表的北欧学派从市场的视角来研究服务营销，他们根据市场营销活动中服务、服务产出和服务的传播特点，从多个视角对传统营销模式进行了分析。

（二）帕拉苏拉曼

20世纪中期到21世纪初，以帕拉苏拉曼为代表的北美学派在营销研究和实践上占据绝对优势。帕拉苏拉曼是美国迈阿密大学商学院教授，同时也是一名博士生项目主任，他在服务营销、服务质量度量、品牌提升、技术介入服务等方面的研究工作中取得很大的成绩。帕拉苏拉曼的顾客质量服务模型指出，导致消费者服务失败的主要原因有五个：第一个是消费者期待和经营者认知之间的差异，第二个是经营者认知与服务品质之间的差异，第三个是服务品质与服务提供者之间的差异，第四个是服务提供与外界沟通之间的差异，第五个是认知服务与预期服务之间的差异。

二、国内代表人物及学术思想

（一）范秀成

范秀成，复旦大学管理学院市场营销系教授，博士生导师。研究范围涵盖市场营销理论与方法研究、服务营销管理、品牌营销等。范秀成认为，随着服务机器人技术的日益完善和AI技术的普及，将会带来一次前所未有的变革，改变着传统的服务交互和服务供给，使学术界必须从新的角度来看待服务的研究。服务研究要从消费者角度出发，注重消费者健康和福祉，服务的研究可以拓展到医疗、养老、文化创意等新的领域。同时，还提出了技术和技术成果转换是今后服务行业发展的两个主要方向。

（二）王永贵

王永贵，管理学博士、哲学博士，教授。其学术研究以市场营销与服务营销、顾客关系与顾客行为、顾客创新与顾客满意等领域的理论与实践为主，在国内出版专译著、教材30余册。王永贵认为，随着新兴技术的迅猛发展和制造业服务化的普遍应用，人们正步入一个服务经济时代，服务营销的作用毋庸置疑，因此，当前企业最迫切的问题就是在把握机会的前提下迎接新的挑战。

近50年来，在西方，服务营销已大致形成北欧学派和北美学派两大流派对立的研究格局。北欧学派代表人物克里斯蒂安·格罗鲁斯（Christian Gronroos）教授的服务营销理论在国际上有着深刻的影响，其著作《服务营销与管理》现已发行至第四版；而北美学派代表人物泽斯梅尔（Zeithaml）所著的《服务营销》现已发行到第五版，是世界上被使用最多的教材参考书。在日益国际化、复杂化、竞争化的市场环境下，服务营销研究的理论和方法也越来越贴近实际，力求对市场的实际情况进行总结和指导。

第二节 服务营销理论演变

服务营销学源于市场营销学，它的兴起和开展，是市场营销范畴的一次服务革命。服务营销具有供需零散、营销方式不丰富、营销对象多层善变、服务消费者诉求弹性大、服务人员的技术/技能/技艺等水平要求较高等特征，服务营销的重点在于服务质量、服务补救和服务便利。

根据服务营销的理论，罗伯特·约翰斯顿（Robert Johnston）将服务管理与营销分为服务觉醒时期、服务突破时期、服务管理时期、回归根本时期和从根本再提升时期共五个阶段（见表 6-1），目前服务营销正处在第五个时期。

表 6-1 服务营销理论演变的五个阶段

阶段	研究性质	研究焦点	研究成果	研究主题
服务觉醒时期	描述性研究	商品与服务	服务不同于普通货物	对服务、顾客运作和顾客联系认知的启发
服务突破时期	概念研究	服务特征与服务管理	观念框架	浅谈当前服务模式的挑战与顾客经营的发展
服务管理时期	实证研究	开发与检验研究框架	新的交叉功能驱动模式下的海量服务数据	从服务能为生产提供支持的角度看服务流程、质量、失败、设计和技术发展
回归根本时期	应用研究	服务营销规则	构建激励与实际结合的关系	从传统的经营问题和方式上来说，要把重点放在服务经营的需求上
从根本再提升时期	提升研究	实践中提升	以实务为基础的理论总结和提高	服务的生产力、效率，服务品质，服务市场和服务经营的管理

一、服务觉醒时期（1980 年以前）

20 世纪 70 年代，服务业占国家经济的比例逐步提高，服务业的作用越来越大，而服务业的经营特点也逐渐得到了人们的重视。在这个时代，以服务的运作特性和服务的实施为核心的新模型、新概念与新方式应运而生，最具有代表性的人物是约翰逊（Johnson），他第一次提出“商品和服务是否有区别”，从而引起学术界对服务与商品的争论。在此期间，约翰逊和布法（Buffa）分别出版了一本以“运作管理“为标题的讨论服务部门运营的著作。这两本书把研究运作管理的重心从单一的生产产业转向服务业。1976 年萨瑟（Sasser）在《哈佛商业评论》上发表的一篇名为《在服务业中平衡供应与需求》的文章，以及 1977 年肖斯塔克（Shostack）发表的一篇名为《从产品营销中解放出来》的文章，让人们认识到了服务营销与产品营销的差异，使服务营销研究实现了重大的突破。两年后由肖斯塔克等人所著的《服务运作管理》问世，这是第一本以服务运作为主要研究对象的专著。

在服务觉醒时期，学术界对服务的认识仅限于对产品和服务的区分，而尚未突破服务操作和体系构建的认识。这一时期的研究内容包括服务、消费者服务操作和消费者接触的认知等。

二、服务突破时期：脱离于传统产品（1981—1985 年）

在服务突破时期，服务问题引起越来越多的关注，其研究重点集中在服务的概念和性质上，并建立了能够帮助更好理解其管理特性的观念框架。在此期间，美国市场营销协会和营销科学学院举办了许多服务营销研讨会，并出版了许多有关服务分类、服务接触、服务质量模型、服务营销组合以及关系营销等方面的学术报告。其中，北美学派的克里斯托弗·洛夫洛克（Christopher H.Lovelock）和北欧学派的格罗鲁斯在这方面的成就尤其突出。帕拉苏拉曼认为，这一时期服务质量概念模型的确立，对于构建服务管理职能结构具有十分重要的作用，它是服务型市场的一个重要基础。

在服务突破时期，服务研究已经从单纯以产品为导向的研究转向以其自身内容和特点为中心的研究，而其他的一些研究项目则与服务管理紧密结合，开展多个跨学科的服务研究，建立起了一个基本的理论架构。

三、服务管理时期（1985—1995 年）

1985 年之后，服务管理的发展非常迅速，已经成为一个相对独立的学科范畴，它的研究重点集中在服务质量、关键接触、服务体验、顾客保留等方面。服务管理呈现出多学科、多层面、多视角、更加科学规范的趋势，已步入跨科学的发展阶段。

在这段时间里，学术界已逐步建立起一套明确的符合企业盈利能力、服务生产效率、提升顾客感知价值的服务管理体系。因为在这一时期，多学科跨学科的特点尤其明显，所以要区别对待其与更细分的服务营销区。于是，从格罗鲁斯的《服务管理与营销》开始，把服务战略分为成本、价格、技术和服务四大类别，并提出了服务战略的发展趋势。另外，他还参与了《从科学管理到服务管理：服务竞争时代的管理视角》的研究，从理论上解释了服务管理和科学管理的区别，并阐释了服务管理的特征及其在促进经济发展中所起的作用。在此基础上，他提出消费者满意度是一种感知，即消费者对于自己的服务期待与服务体验进行了比较，服务品质是由消费者对其产品的认识而非企业本身决定的。格罗鲁斯在这一研究领域取得巨大成功，奠定了一个全面的服务管理理论体系。

四、回归根本时期：回归运营实践（1995—2005 年）

从 1995 年开始，服务管理研究真正实现了由跨学科研究向交叉边缘学科本质的回归，服务管理研究进入回归根本时期。约翰逊指出，在服务管理的回归根本时期，经营管理、人力资源管理等学科彼此分离，将服务理念和服务管理这些已有的研究成果带回到各自的核心学科，对原学科的核心理论体系进行了重构。在此期间，美国学者詹姆斯·菲茨西蒙斯（James A. Fitzsimmons）的著作《服务管理》，把服务管理学视为一门独立的学科研究的先驱和基石。詹姆斯·菲茨西蒙斯以其深厚的学识积累，从服务与经济的关系入手，阐述了服务的内涵与竞争战略、服务企业结构、服务经营管理、迈向世界级服务、服务应用的数量模型等，涵盖服务管理的各个方面，这对开展服务管理的研究有很大的借鉴作用。

五、从根本再提升时期（2005 年至今）

罗伯特·约翰斯顿于 2005 年出版《服务运营管理》一书，旨在探索服务营销的第五个发展阶段。他认为，生产力、质量和效率是三个主要的研究重点。生产力指的是服务生产力及其对服务质量和效益的影响等；质量是指服务规范及其管制机制（包含使用者与员工的行动与流程投入）等；效率是指如何认知和获得服务、如何消除服务运营中存在的各类浪费形态等。罗伯特·约翰斯顿还指出，在 B2B 领域、公共部门和非营利组织等方面，服务市场将会受到很大的冲击。目前服务营销的相关理论与工具能否应用到上述这些方面，将是今后一个阶段的重要课题。

总的来说，服务营销理论的发展演变表现为以下一些阶段性特征。

（1）销售阶段。注重销售方案而非盈利，培养提高员工的销售技巧和销售能力，以吸引更多的新消费者，却没有想到满足消费者。

（2）广告与传播阶段。指定多家广告公司投放各种宣传手册和卖场信息资料，重点增加广告投放力度。在市场竞争中，企业往往很难达到消费者预期，市场表现很难衡量，市场竞争也很普遍。

（3）产品研发阶段。随着消费者多样化的需求，企业纷纷推出新产品和新服务，注重新产品开发和市场细分。

（4）差异性阶段。企业要透过战略剖析，找到不同的定位差异化，进行深入的市场细分、市场研究、营销策划、营销培训，以加强品牌运营。

（5）消费者服务阶段。注重对消费者的参与过程进行服务训练，倡议改进服务的外在激励行为。

（6）服务质量阶段。确认服务质量差异，分析顾客反馈，制定服务方案，但忽略了留住长期消费者。

（7）整合和关系营销阶段。注重所有主要市场、消费者和竞争对手，认真分析和整合营销计划，关注数据整合，改进方法措施来留住长期消费者。

21世纪是知识经济的时代，以知识资源为主导，以信息技术为主体和基础，经济发展模式呈现资产投入无形化、资源环境良性化、经济决策知识化等新的发展态势。知识的生产、传递、创新、积累、应用与存储都围绕着科研和教学而展开，形成了一个完善的、有组织的服务体系，它不仅催生了大量的新兴服务产业，也促进了许多服务产业的升级和迭代。知识能力与教育、研发、传播业、信息设备业、信息服务业等相关的服务产业相关，而金融、电信、管理咨询、医疗服务、图书情报管理等知识技术密集度高的服务产业都属于知识产业。在知识经济的今天，服务营销的发展必然会跨越地域界限，具有跨国性、普遍性、通用性。

第三节　服务营销分析工具

基于上一节的服务营销理论，国内外的学者进行了深入的探讨，以期将其运用到营销实践中去。其中，顾客满意度指数、服务质量差距模型、4C 模型等是学者研究的重点内容。

一、顾客满意度指数

顾客满意度指数（Customer Satisfaction Index，CSI）是近年发展起来的一种衡量服务品质的评价指标方法。瑞典于 1989 年率先提出并构建了全国顾客满意度指数评估系统，对消费者复购率、品牌忠诚度等进行定量评估，获得有关数据以支撑企业规划。美国质量协会（American Society of Quality，ASQ）从 20 世纪 90 年代开始对顾客满意度进行评价，并于 1994 年推出了一项全国性的跨行业综合指标 ACSI，在《幸福》杂志每月发布一次顾客满意度指标。

顾客满意度指数是以消费心理学、消费行为学和计量经济学为依据的一种科学的质量评估方法，它以产品性能、可靠性、价格、提供相应的服务等因素为依据，由顾客做出判断，将质量的技术性、符合性转换成以顾客对产品和服务的感觉和体验来衡量品质，体现了以消费者为中心的市场营销基本特点。国内的顾客满意度指数正处于试点和推广阶段，由清华大学和国家质量监督检验检疫总局联合开展的中国顾客满意度指数（C-CSI）的调研已经初见成效。

二、服务质量差距模型

服务质量差距模型（也称5GAP模型）是由美国营销学家帕拉苏拉曼、赞瑟姆（Zeithamal）和贝利（Berry）在20世纪80年代中期至90年代初提出，并被广泛应用。消费者差距是指消费者预期与消费者服务满意度之间的差异，由此得到的服务质量模型，体现了消费者对服务的期望和实际获得服务的差距（差距5），这主要依赖于4个要素：认知差距，即消费者预期和经营者认知的差异（差距1）；标准差距，即经营者认知与服务品质标准的差异（差距2）；交付差距，即服务品质标准与服务执行的差异（差距3）；宣传差距，即服务执行与外部宣传的差异（差距4）。差距5=f（差距1，差距2，差距3，差距4），所以，要提高服务质量，让消费者满意，就得在这4个层面上缩小差距。不过，这个差距又很难彻底解决，因此及时提供服务补救也是提高服务质量水平的一种有效途径，针对日益增长的消费者服务需要，借由服务质量模型以及行业特征来提升其零售服务水准，缩小认知差距，进而提升消费者满意度。

（一）缩小认知差距

1. 理解消费者需求

由于对消费者的需求没有进行深入的调研，导致了零售商对消费者的服务期望产生偏离。因此，想要弥合消费者的认知差距，并为消费者提供高质量的服务，首先要做的就是弄清楚他们到底想要的是什么。要理解消费者真正的需求，不能只靠一个人的主观评价，而是要通过实地调研来把握消费者的真正预期。调研方法有三种：全面调查、即时满意度调查和消费者访谈。

2. 关注消费者投诉

从消费者投诉中通常可以得到更加明确的信息，所以解决投诉也是降低成本、提高服务能力的有效途径。因此，要把消费者投诉视作提升消费者服务体验的一个重要内容，对于投诉要及时解决，让我们的消费者得到更好的服务。

3. 强化员工内训

因为员工与消费者有直接接触，所以一线的服务人员可以更好地理解消费者对服务的预期以及反映的问题，企业可通过内部一线员工来把握消费者需求。

（二）减少标准差距

了解消费者的预期和感受之后，就需要根据消费者的需求来制定相关的标准规范并通过建立相关的体系来实现消费者的满意服务。在服务质量上，应尽量反映出管理者对消费者服务期待的认知，缩小标准差距。在制定服务规范时应考虑以下事项。

1. 管理层重视并积极参与

管理层必须高度关注和专注于为消费者提供高质量的服务。管理层要乐于接受由于改进服务品质所带来的短期成本增加及临时困难，与此同时，管理层的决心要让一线员工感受到并促使大家更加积极地为消费者提供更好的服务。

2. 通过创新解决服务问题

创新往往能够在不增加或降低费用的情况下提升消费者满意度，例如许多超级市场都会推出带有儿童座位的手推车，这让携带儿童的消费者能够更加轻松地购买商品。采用新技术可以简化重复流程并提高服务质量，减少员工的人力，以便更好地满足顾客的需要，例如一间大型超市可以通过计算机系统来完成消费者的订单，并安排专人负责接收和将其发送到离消费者最近的超市进行送货。因此，在制定高质量服务时，要主动寻找新技术新手段，确保高质量服务实现。

3. 明确服务规范

除满足消费者需求的基本准则之外，还应当明确服务规范并能够量化执行。此外，建立服务标准能让员工更好地了解并接纳这个标准，而如果是管理人员强制员工执行则可能会遭到拒绝。

4. 评估服务规范

为了保证达到服务的标准，必须对服务品质进行持续的评估。

（三）减少交付差距

在制定一个新的业务服务准则之后，它的中心问题在于如何减少实施过程中的递送差异，即减少服务和实际供给之间的差异。要实现或超出这些服务目标，就需要有相关的专业技术能力、物质和精神支持，通过加强内部交流来降低矛盾，把必要的权限下放授权给员工，从消费者和企业最大利益点出发。

1. 提供信息和训练

在服务行业中，服务人员要对产品和消费者需求有足够的认识，能够解答消费者的疑问，并逐步提高他们的自信力和理解力，帮助他们处理好消费者的问题，特别是有技巧地抚慰好情绪不安的消费者。因此，需要对服务人员特别是一线销售人员和客户服务人员进行培训。

2. 在物质和精神上给予支持

要为服务人员的工作做好准备，例如提高电脑结算效率、为收银员安排直线电话与主管联络快速处理问题等。另外，应对消费者的问题时要始终面带微笑，服务人员会因此带来很大的精神负担，所以要在服务人员中建立互助互爱、上级领导关怀理解的良好气氛，这对于服务人员来说是一种强大的心理支撑，可以勉励他们更努力地工作。

3. 加强沟通

在许多情况下，消费者的需要与公司的需要经常发生冲突，这也使得某些政策遭到了服务行业人员的抵制，比如“无理由退换”。要处理这些矛盾，就必须制定出更加清晰的业务准则和政策并对此重要性意义做出说明。如服务人员认识到由于“无理由退货”而产生的信任度超过了消费者对此的不当行为所造成的损害，那么服务人员就会积极地去实施。另外，企业各部门之间由于目标差异而常常产生矛盾，为了解决这些矛盾，需要从内部沟通，构建一个以消费者满意为共同目的的方案。

4. 适当授权

适当授权不但可以激发服务人员对领导的信赖，还可以在各种情形下迅速地做出反应，从而提升服务人员的工作品质。要让服务人员了解授权的目的和权限，不然容易造成错位和权力滥用。

（四）减少宣传差距

1. 合理高效宣传

夸张的服务可能会增加消费者的期望，可能在一开始就能增加消费者，但是之后就会引起消费者的不满，从而降低下一次的光顾。要让消费者对其服务品质有一个良好的认识，就需要在市场营销部门和服务执行部门之间进行有效的交流与合作。

2. 得到消费者理解

有些时候，消费者会造成服务上的问题，例如使用过期的信用卡、弄坏试穿的衣服、在没有阅读说明书之前不恰当地使用商品导致损坏等。因此，在提供服务的过程中，应该让消费者认识到他们在提供高质量服务中的角色和职责。此外，还可以为消费者提供更好的产品服务，例如最佳购买时间等。在对外投放的广告中也应该告知消费者有关的问题解决方法及解决步骤，这样才能让消费者了解发生问题后的处理方式，得到消费者谅解。

三、4C 模型

4C 模型是美国营销大师罗伯特·劳特朋教授在 1990 年提出的，该模型着眼于消费者的需求，并将四大因素进行调整，加强了以消费者需求为中心的市场整合结构。4C 模型具有可控性、动态性和整体性的特点。不同的营销组合与组成元素并不是单纯的堆积或拼接，而是组成了一个整体，在相同的目标指引下，相互配合，以达到超越局部效应总和的效果。

消费者（Consumer）是指消费者的需求和愿望。企业要在以消费者为先、以产品为本、以消费者为重的前提下满足消费者的需求和愿望，而非单纯地向消费者推销自己所需要的商品服务。要把消费者放在最重要的位置，把满足消费者的需求和愿望放在首位，提供消费者真正所需的产品服务。

成本（Cost）是指让消费者满意而支付的金钱或者消费者为自己的需求和愿望所支付的金钱，都可以被看做是整个产品运行中的开支。这包含了一个企业的生产费用，即为了使消费者满意而制造的商品的价格；消费者的花费，并不只是在钱上，在身体上、心理上、时间上以及风险上都会有。新的定价模型为：消费者预期的价格 - 合理的利润 - 成本的顶限 = 定价。所以，为了增加消费者能给企业带来的收益，企业必须要想办法削减支出和成本。

便利（Convenience）是指购物的便捷性。在竞争日益加剧的市场竞争中，企业要充分认识到消费者的购物习惯和偏好，做好销售闭环工作。售前要提供产品性能、质量、价格、使用方法及功能等方面的信息；售后要有良好的信息回馈链路，对消费者的意见进行及时回复，并积极地将问题的解决方法告诉消费者。

沟通（Communication）是指与消费者的交流。企业可以采取多种不同的市场营销方式和营销组合，如果没有取得预期的营销效果，那就是这个企业和它的产品还没有得到消费者的充分接受和认可。

第四节　研究述评

一、对服务营销的认识

服务营销是为满足消费者的需求而进行的一种市场营销行为，目的在于增加消费者的满意程度和忠诚度从而实现消费者复购。从对服务市场的探索到目前为止，理论已经趋于完善，可较好地实践于企业服务。伴随服务经济的发展，科学技术的注入，学科交叉与整合，服务营销必将在更广泛、更深层上得到发展，服务营销研究必将向着更加广阔的方向迈进。营销作为一门管理学甚至是社会学的分支，其研讨会随着时间的变化而被洞察、挖掘、思考，各大服务营销学派的建构和整合绝不会停步。由于服务的不可量化和难以捉摸，所以许多学者都在探索服务营销的本质，并期冀经过不断的整合、超越，可以让人们更加贴近现实，加深对营销的理解。

二、目前国内外服务营销研究的不足

近年来，国内外的学者对服务场景、服务与国民经济这两个专题探讨甚少，这是由于国外的服务经济初级阶段已经完成。在我国，对于服务营销的调研、有形展示、服务场景、服务承诺、整合服务营销沟通、服务定价、服务与国民经济等几个主题都鲜有涉足，这说明国内对服务营销的研究还很浅薄，部分原因是起步较晚（1990年才开始）。

我们的服务业市场研究因为自身发展程度和研究手段不同而无法完全与国际接轨，整体来说，我国的服务营销研究仍处于较低水平。本书认为，今后我国学术界在这方面的工作应该注重于以下几个方面：在研究对象方面，我们要将更多精力放在金融、通信、电子商务、工程技术服务、管理、咨询等行业；在研究方法方面，应充分利用国内外案例分析、实验研究、数据统计等研究手段，并强调案例研究在研究中所占的比重。

三、未来服务营销研究应该侧重的主题

在课题研究上，国内学术界应深入了解服务营销的特征和规律，在全球化和网络化的大环境下，必须从消费者行为与服务购买决策过程、市场调研、服务传递中的员工角色与内部营销、服务承诺与服务沟通营销、服务与实物产品的经济属性、服务的国际化与全球化等方面加强研究。此外，服务补救、反向营销、内部营销与服务支持、模型化及测量、技术注入也将成为服务营销研究的一个新的

方向。

通过对服务营销基本理念和特点的理解，对比其他营销模式，对国内外服务营销的观点和方法应用进行探讨，以期我们对服务营销有一个更加清晰的认识，这样有利于对服务营销理论的进一步研究、归纳和运用。

现在，优质的服务已经是一个公司在激烈竞争中立于不败之地的关键因素，因此，当服务的价值在竞争中渐渐起到不可或缺的作用时，服务优势已然成为一个企业在市场竞争中的主要武器。企业应认真审视各种因素，以最大限度地利用其服务的价值，在与顾客的交互中形成良好的顾客关系，提升其在市场上的竞争能力。

本章小结

服务营销是以服务活动和服务经济为基础逐步形成的一种市场营销思想。国外主要代表人物有詹姆斯·赫斯科特和帕拉苏拉曼。詹姆斯·赫斯科特针对客户、服务、客户保持力、员工的能力及工作成效等方面的问题出版了许多论文著作，以他为代表的北欧学派用营销视角来研究服务的问题。帕拉苏拉曼在服务营销、服务质量度量和品牌提升、技术介入服务等方面的研究上取得了很好的成绩。国内主要代表人物有范秀成和王永贵。范秀成的研究重点是人工智能时代服务营销研究前沿动态。王永贵已在国内出版专译著、教材30余部，其中《服务营销》与《客户关系管理》入选教育部“十一五”规划教材。

服务管理与营销可以分为服务觉醒时期、服务突破时期、服务管理时期、回归根本时期和从根本再提升时期这五个阶段。在服务觉醒时期，学者们初步认识到服务的存在，研究着重于对商品与服务之间的区分进行描述和突出。在服务突破时期，服务研究从单纯的以产品为导向的角度，转向以其自身内涵和特性为研究目标。在服务管理时期，已基本形成相对独立的服务管理（营销）的学科探讨，主要围绕服务质量、关键接触、服务体验、顾客保留等方面进行探讨。在回归根本时期，服务管理的研究真正实现了由跨学科研究向交叉边缘学科本质的转变。在从根本再提升时期，罗伯特·约翰斯顿提出了服务营销运营实践的三个研究核心问题，分别是生产力、质量和效率。

服务营销的分析工具主要有顾客满意度指数、服务质量差距模型、4C 模型。顾客差距即顾客期望与顾客感知的服务之间的差距，可从缩小认知差距、标准差距、交付差距和宣传差距入手以争取并保持顾客。4C 模型重新设定了市场营销组合的四个基本元素，即消费者、成本、便利、沟通。

第七章

战略营销学派

▲

CHAPTER 7

在全球一体化背景下，企业面临的各种内外部影响和冲击越来越多，而企业的长期战略思想也显得越来越重要。20世纪中叶以来，战略营销学派逐渐形成，拉金·瓦拉达拉詹（Rajan Varadarajan）首次把战略营销单独划分出一个研究领域，定义出战略营销的概念并提出相应的基本问题与前提，至此，战略营销学派逐步成型，拓展了营销的思想理念，并在商业等方面产生了思想上的变革。

战略营销学派提倡从战略的观点出发，探讨在激烈的竞争中如何有效地组织和运用各种资源，以最大限度地解决消费者当前的需求以及未来消费市场的需求。近几十年来，战略营销被认为是一个融合了很多领域的观点、范式、理论、概念、框架、原则、方法、模型和度量，尤其是市场营销、战略管理和产业组织经济学理论的研究领域。当前市场营销的本质、理论和方法的研究都有了长足的进步，但是对营销问题的探讨比较少，出现了关注危机。而且，关于战略营销的概念及其作为组织战略构建的战略架构，学术界对此也意见不一。

第一节 代表人物及其学术思想

本节主要对国内外著名的战略营销学派代表人物及其学术思想进行梳理，国外代表人物主要包括乔治·戴伊（George S.Day）、拉金·瓦拉达拉詹、谢尔比·亨特（Shelby D.Hunt）、马尔科姆·麦克唐纳（Malcolm McDonald）等，国内代表人物主要包括杨望成、焦晓波、韩庆祥等。

一、国外代表人物及学术思想

（一）乔治·戴伊

乔治·戴伊是宾夕法尼亚大学沃顿商学院的名誉教授，他为很多公司做过顾问，比如通用电气、IBM、大都会人寿、联合利华、可口可乐、波音、LG公司、百思买、默克、强生、美敦力等。乔治·戴伊获得过十个最佳文章奖和一项最佳图书奖，有两篇文章入选“过去25年营销科学最具影响力的25篇文章”。他于1994年获得查尔斯·库利奇奖（Charles Coolidge Parlin Award），1996年获得保罗·康弗斯奖（Paul Converse Award），2003年获得谢斯基金会奖（The Sheth Foundation Award），2001年获得维查·玛哈简（Vijay Mahajan）战略职业贡献奖，2004年获得AMA与麦格劳·希尔（McGraw-Hill）联合颁赠的杰出营销教育家奖，2015年被选为11位“营销传奇”之一，2017年获得威廉·威尔基（William L.Wilkie）的

“营销让世界更美好”奖，2020年被授予谢斯奖章以表彰他对营销理论和实践的杰出贡献。

乔治·戴伊是战略营销管理领域具有开拓性的研究学者。他主要致力于对营销方法论进行探索，将经营方法论和实质性理论结合起来，并以引人入胜的实例加以论证。乔治·戴伊曾于1984年和1986年先后发表了《战略市场规划：追求竞争优势》和《战略性市场决策分析》等著作，分别以“业务层面”战略为核心，从“市场分析的角度”阐释“商业战略”，这些书被推广为战略市场管理系列的基石书籍。乔治·戴伊在《战略市场规划：追求竞争优势》中给出了一套标准的战略制定决策流程：形势评估，战略生成，战略评估和选择，以及实施。此外，乔治·戴伊编制了大量的战略理论，围绕决策的架构运用了大量的实践案例，并提出了提高规划进程的分析手段。《战略性市场决策分析》探讨了一些基础的分析方法来支撑企业战略的评价与计划。该书认为：方法应该在使用中被观测和评估；明确地了解潜在的前提以及关键的测量和解释性问题；认真地研究其行为动力学，以便确保所采用的方法的贡献。

乔治·戴伊相信“一切商品和市场都在发展中”，市场策略者需要理解并处理这些发展变化。他主张使用生命周期的观念来描述消费者、竞争对手和技术间的复杂/不明朗互动关系。另外，乔治·戴伊等人也指出，在进行市场营销活动时，必须要处理好以下几个问题：消费者的实际行为是怎样的？市场是如何运行和演化的？企业与市场之间有什么联系？营销对组织绩效和社会利益有什么影响？

（二）拉金·瓦拉达拉詹

拉金·瓦拉达拉詹是德克萨斯大学梅斯商学院的特聘教授，他在营销战略、创新、国际营销和环境可持续性领域都取得很大成绩。他出版的期刊文章和书籍超过100本，涉及竞争优势、企业多元化和资产剥离、电子商务、环境可持续性、全球竞争战略、创新、市场开拓、多市场竞争、外包、战略联盟、战略营销、战略类型和分类法以及相互依赖等主题，相关文章已刊登在《营销学杂志》和《营销科学学会杂志》上。拉金·瓦拉达拉詹曾多次荣获包括梅斯商学院研究和奖学金终身成就奖（2016）、美国杰出营销教育家奖（2015）、美国营销协会营销战略特别兴趣小组维查·玛哈简营销战略终身贡献奖（2003）等奖项。

拉金·瓦拉达拉詹在《战略营销与营销策略：领域、定义、基本问题和基本前提》中首次提出了战略营销作为一个研究领域的领域声明，并描述了该领域的一些基本问题，包括战略营销的定义、组织战略构建以及基本前提等。拉金·瓦拉达拉詹相信，战略营销可以被界定成一个组织的综合决策模式（见图7-1）。战略营销主要关注组织、组织间和环境现象的研究，特别是市场中组织在与消费者、客户（最终使用客户和中间客户）、竞争对手和其他关键外部支持者在创造、沟通背景下的相互作用行为。

同时，拉金·瓦拉达拉詹提出了战略营销决策的一些显著特点，如表7-1所示。

表7-1　战略营销决策的显著特点

涉及不可逆转或相对难以逆转的资源承诺
需要做出规模相对较大的资源承诺
需要以相对较长期的前景做出资源承诺
需要在相对较长一段时间内分摊资源承诺
需要相对强调实现竞争成本或差异化优势的资源承诺
需要权衡（即考虑到采取任何一种行动方针所需要的相对较大的资源支出，采取行动方针A意味着必须放弃采取行动方针B、C和D

续表

是在其他战略决策的背景下，根据它们之间的相互依存关系做出的
是在组织的更高级别（如首席执行官）和/或市场职能的更高级别（如首席营销官）做出的

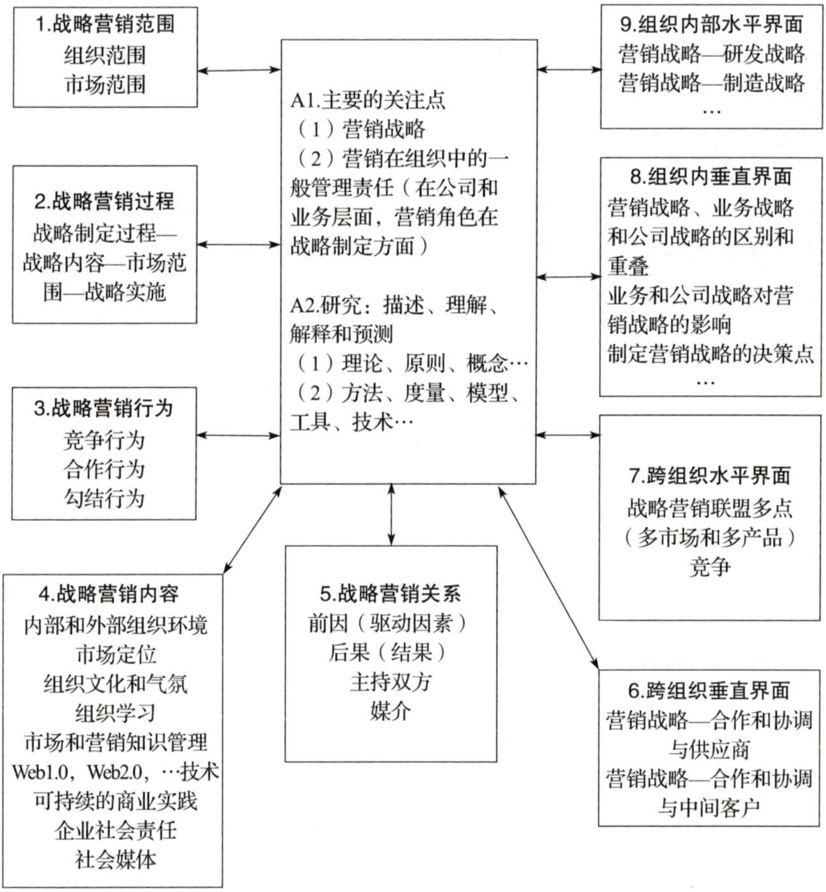

图 7-1　战略营销涵盖领域

战略营销中，最主要的一个基本问题是企业的营销策略如何受到供求两侧因素的影响，其他问题如表 7-2 所示。

表 7-2　战略营销基本问题

战略营销问题	建议和方法
如何进入产品市场	内部开发与收购与合资 / 战略联盟
如何退出产品市场	分拆、抛售与逐步淘汰
替代增长策略的相对重点应该是什么	相对强调市场渗透战略（在现有市场推广现有产品）、市场开发战略（在新市场推广现有产品）和产品开发战略（为现有市场开发新产品） 相对强调创新战略 相对强调激进创新与渐进式创新 相对强调新产品开发策略 相对强调开发品种延伸新产品、替代新产品、竞争性替代新产品、新公司新产品和新世界新产品 相对强调保留现有客户与获取新客户 更强调保留现有客户（防御策略）与更强调获取新客户（进攻策略） CRM 策略 相对强调分别用于获取新客户的营销计划组合，保留现有客户、重新夺回失去的

关于战略营销的基本前提，我们在这里列出了 16 个，这些前提都具有通用性。

（1）营销战略旨在帮助组织获取和维持其在市场中的竞争优势。

（2）营销战略旨在为组织创建以市场为基础的关系资产和知识资产。

（3）营销战略旨在帮助组织与客户之间形成良好关系并促进双方之间的相互交流。

（4）营销策略的一个目标是修改 / 影响 / 塑造消费者及消费者的情感、认知和行为，使他们获得、拥有和消费该组织的某一特定产品的供给方式。

（5）营销策略的一个目标是确定并使用新的差异化点。

（6）营销策略的一个目标是增加买家做购买决定时非价格标准

相对于价格的显著性。

（7）企业可以根据不同的市场，将其划分为不同的群体，根据不同市场需要制定不同的产品策略，并对其定位进行差异化，从而提高非价格标准在买家品牌选择决策过程中的重要性比重，有效地与竞争对手形成差异。

（8）差异化指的是供应的异质性。

（9）需求异质性并不是差异化战略有效的必然条件。需求异质性可以是一个市场的提前存在状态，以及供应异质性和希望刺激需求异质性的竞争企业的营销努力的产物。

（10）为实现差异化战略，企业可以采用的选项涵盖了所有非价格标准，买家会将这些标准纳入品牌挑选决策过程中。

（11）在其他条件都一样的前提下，如果每单位差异化的增量成本（即在预计销售额中摊销的每单位成本）比一个单位的价格溢价要低，那么，企业就可以采取差异化战略，让其财务绩效表现提高。

（12）如果其他因素相同，差异化的增量成本低于差异化的增量价格溢价，那么这种路径就是可行的。

（13）为了使企业在较长的时间内有价格上的竞争优势，必须具备可持久的竞争成本优势（成为成本最低的生产商）。

（14）竞争成本优势并非指其在市场上的低价商品，它可以使其具备与其他竞争者进行价格战的能力。

（15）在一个行业中，有许多方法（营销战略）可以达到预定的目标。在同一个行业内，各企业可以采用各种促销策略（如推动策略或拉动策略）、定价策略（如市场撇脂价格策略或市场渗透价格策略），以达到并保持在比较优秀的水平上。

（16）市场竞争对手采取的营销策略（即营销策略的异质性或多样性）可能有所不同。在一个没有两个竞争对手参与的营销策略行业可能会出现一样的情况，但是在边缘布局上也会采取不同的战略。

这 16 个前提可分为 4 类。1 ～ 6 注重营销策略的目的；7 ～ 12 把差异化作为一种战略处理；13 和 14 提出了基于成本的战略；15 和 16 则与行业内部、战略多样性有关。

（三）谢尔比·亨特

谢尔比·亨特，美国组织理论专家，德克萨斯理工大学营销学教授，同时也是一名文献被广泛引用的市场营销研究员。他的专业领域包括竞争、战略、营销理论、伦理、宏观营销和科学哲学等，由于资源优势和竞争理论方面的贡献而享有很高的声誉。谢尔比·亨特的著作丰富，出版数十本书、发表 150 多篇文章，是商界和经济学领域被引用次数最多的 250 位作者之一。

长期以来，关于战略营销研究领域就存在身份界定问题，也就是战略营销没有明确的理论基础、性质和范围方面的共识。谢尔比·亨特将拉金·瓦拉达拉詹的战略定义和资源优势理论（简称 R-A 理论）与战略营销和营销策略的理论结合，提出了一条行之有效的发展道路。R-A 理论为行业的战略、资源的战略、能力的战略、知识的战略、市场导向战略、关系营销战略、市场细分战略和品牌资产战略这 8 种战略形式提供了理论基础，也为营销战略规范研究和教学奠定了基础。

竞争进程的运行（如促进生产力和经济增长）受到五种不同环境因素的显著影响，即企业能利用的社会资源、形成“游戏规则”的社会制度、竞争对手和供应商的活动、消费者行为以及政府决策决定，这也是 R-A 理论的关键因素（见图 7-2）。R-A 理论强调创新，包括主动创新和被动创新。前者一般是公司的创新，尽管这种创新的动力来源于对优秀财务业绩的预期，但这种预期并非来自具体的竞争，而是一种典型的企业家创新精神。相反，后者是企业在竞争一个特定领域的学习过程推动的创新。不管是主动创新还是被动创新，都可以是“激进的”或者“渐进的”，都是有利于增强企业 R-A 竞争的活力。

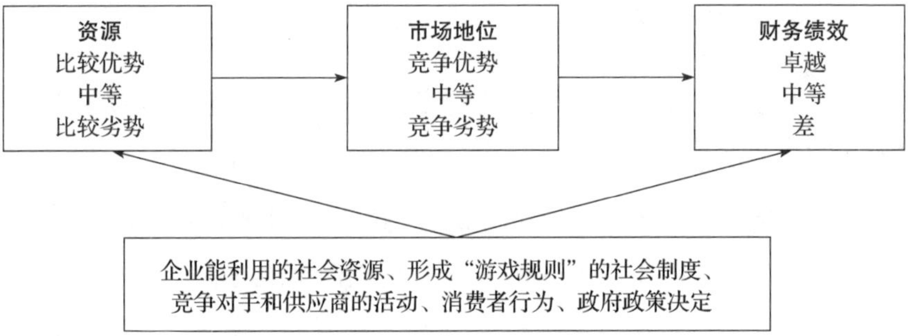

图 7-2　资源优势理论示意图

竞争是一种不平衡的、持续的过程。各企业为了获取更多的资源，会进行持续的竞争，通过市场竞争，企业从中得到财务业绩的“信号”、市场地位和资源的相对增加或减少，如表 7-3 所示。

表 7-3　竞争地位矩阵

不确定地位	竞争优势	竞争优势	低	资源成本
竞争劣势	中等地位	竞争优势	中	
竞争劣势	竞争劣势	不确定地位	高	
低	中	高		

R-A 理论包括三个基本策略。卓越价值战略是有效性策略，是企业为消费者提高其市场产品的相对价值并使产品在竞争地位矩阵中向右移动；低成本战略是效率战略，是企业识别、获取、开发和部署能降低消费者的市场产品的相对资源成本并使产品在竞争地位

矩阵中向上移动；同步战略是效率 / 有效性战略，是企业为降低相对资源成本并提高市场产品的相对价值，使产品在竞争地位矩阵中向上和向右移动。

（四）马尔科姆·麦克唐纳

马尔科姆·麦克唐纳是克兰菲尔德大学的名誉教授。他在业界有着丰富的工作经历，其中有数年作为 Canada Dry 的营销和销售总监，运营大型跨国公司的董事会，如 IBM、施乐、BP 等。他一共出版（发表）了 43 部书籍和多篇论文，其中有一部畅销书籍《营销策划：如何准备营销策划·如何运用营销策划》。在市场细分外，他现在的主要研究工作是衡量营销支出的财务影响和大客户管理最佳实践。

马尔科姆·麦克唐纳在《战略营销规划：理论、实践和研究议程》一书中，对 1960—1995 年间的战略营销规划进行了回顾总结，并主导研究和教学科学规划模型。马尔科姆·麦克唐纳认为，战略营销规划之所以能够取得胜利，在于持续地了解适应市场环境的性质和对营销计划本质的深入了解。战略营销规划需要企业意识到所面对的各种挑战以及他们在将来取得潜在成功所带来的冲击，时刻关注消费者和消费者需求，探索差异化优势路径。另外，他还提出了一些度量营销战略有效性的方法资料，如风险、资金时间、资金成本等。

二、国内代表人物及学术思想

国内学者关于战略营销的研究是在 21 世纪初期开始。我国学者一开始是对国外的观点进行总结整理，然后再根据本国的特点和特质进行创造性整合，从而发展出符合国情的战略营销理论。国内的战略营销代表学者主要有杨望成、焦晓波、韩庆祥等。

在归纳总结国外先进理论之后，杨望成在2003年提出了战略营销的特征：市场驱动、环境复杂、以消费者满意为战略使命、围绕竞争优势开展营销活动、着眼未来。他相信，企业的战略营销应该以市场为主导，持续地思考和调整适应，并持续地传递满足消费者需求的信息。

焦晓波提出，在战略营销管理中，应该立足于企业的资源优势，注重“战略性4Ps”，注重资源配置。为了实现战略营销的顺利进行，必须对自身的业务特点和地域进行深入剖析，对自身竞争优势进行深入研究，包括市场调研（Probing）、市场细分（Partitioning）、目标市场选择（Prioritizing）和市场定位（Positioning），从而有效地利用企业的各种资源来实现消费者的需求，让消费者的满意度和忠诚度提高。

韩庆祥从营销战略和战略营销两个方面进行了区分研究，归纳出策略营销包括三大方面：消费者根本需求、营销环境和未来趋势。在企业战略营销中，必须回到“为消费者创造价值”这个基本的经营理念。面临市场变化的环境，企业之间的市场竞争逐步向产业链竞争转变，韩庆祥相信，营销要考虑今后的市场发展，就必须从战略定位入手。

第二节　战略营销理论演变

一、战略营销理论的兴起

以往的战略营销研究多侧重于业务层面，缺乏一个整体的系统和架构，研究主题一般称为战略市场分析，只涉及组织财务方面的计划，仅与企业所需的预算和控制机制有关，并进行理想的营销审计。随着预算技术的发展，战略营销重点转移到组织内的长期规划上，利用趋势对组织的销售额、利润和总成本进行系统预测。20 世纪 80 年代，战略营销转而专注于制定战略，包括关注规划过程的总体方向和控制的细节，将重心从预测转移到了业务和规划方面。乔治·戴伊于 1984 年和 1986 年分别发表了《战略市场规划：追求竞争优势》和《战略性市场决策分析》等著作，是战略营销管理领域的开创性学者。

二、战略营销理论的发展

20 世纪后期，战略营销是一个相对独立的研究范畴，但是在理论基础、性质和范围等问题上长期没有形成清晰的认识和共识。20 世纪 70 年代末到 80 年代初，由于营销职能的跨界性，学术界认为企业内部的营销人员对外界的情况最为熟悉，因而能够在参与制订战略营销指导方针（如公司和业务部门级别的分析、规划和战略制定）中起很大的作用。乔治·戴伊说：“在学术界，市场营销是一种运用管理学的东西，它对战略理论发展、测试和传播的作用已经被排除在外了。”同时表达了对市场营销在战略学术中失去影响力的忧虑。

回顾国内外相关战略营销的文献，主要涉及的问题如下。

（1）产品、价格、促销和地点的营销战略相关问题和细分、目标市场选择和定位。

（2）组织层面现象，对战略营销产生一定作用（如企业文化、组织学习和知识管理）。

（3）企业与战略（如协同和横向收购）、企业与营销战略（如进入战略和战略联盟）以及企业、业务和营销战略（如多市场竞争、并购背景下品牌的财务估值）的关系。

（4）企业战略（如多元化和剥离）以及营销职能在企业层面的组织中的战略作用。

（5）业务单位层面的战略（如通用竞争战略）以及营销职能在业务单位中的战略作用。

三、战略营销理论的成熟

21世纪初，战略营销的定义越来越明晰，框架和体系也越来越明确，企业战略营销的流程变得越来越标准和具体。马尔科姆·麦克唐纳在《战略营销规划：理论、实践和研究议程》一书中，阐述了战略营销的各个重要环节、方法论和度量标准，为战略营销的日趋完善和体系构建起了重要作用。在此基础上，可以将战略营销形成的过程分为三个阶段。

（一）规划阶段

这个阶段是战略营销过程中最重要的环节，包括分析组织运作、优势和劣势、技术和文化发展，与品牌外部竞争对手的所有细微差别的对比。规划阶段的主要流程如下。

首先是 SWOT 分析，分析公司的优势、劣势、机会和威胁，包括对竞争对手的分析、对企业历史销售走势的分析以及对潜在客群的评估。

其实是制订营销计划，包括发展市场、产品、价格、渠道和促销等方面的营销组合，目的是用最少的市场投入达到最大的效果产出。

最后是目标设定，这是规划阶段的重要组成部分，其核心是资源配置和制定符合公司产品战略要求的目标。

（二）实施阶段

经过规划设计后，就要把规划好的计划落实到具体的执行中，其中包含了营销所需的所有资源。要对销售层次进行分割，以监控每一个步骤的顺利进行。确定工作日程，保证工作按时进行。同时要注意每一个细节，保留出可能的创意空间。

（三）评估 / 控制阶段

这一步是计划和执行的一个后续的步骤阶段，即对所有的积极或消极的偏差进行追踪，以确保之前的执行达到预期目标。注重战略多于战术，关注可衡量的目标而不是模糊目标，是成功规划和实施的关键点。

四、战略营销理论的未来

当今，在追求股东权益最大化的同时，要把履行社会责任作为一个重要的战略考虑。在技术上，现在的大数据能够帮助企业进行战略营销，通过对宏观的数据进行分析，从而更好地了解消费者需求。技术和数据是一种手段，而深刻洞察和精准定位是营销的核心要义，在数据基础上，战略营销方针的制定还要考虑人性，因为数字背后的实质是鲜活个性的自然人。

第三节　战略营销分析工具

基于战略营销的基本理论，国内外的学者们从客观的角度开发了相应的战略营销分析工具，包括客户关系管理、客户生命周期价值、投资回报率等。

一、客户关系管理

（一）客户关系管理的内容

客户关系管理（CRM）包括公司策略和管理数据的两个软件层次。在软件的定义中，CRM 是一个数据库，由销售、营销和客户服务团队组成关键的客户数据，如表 7-4 所示。

表 7-4　CRM 数据库内容

联系人和账户信息（联系人姓名、电子邮件、电话号码、SIC 代码、地址等）
潜在客户信息
销售代表姓名和活动历史（电话、发送的电子邮件、查询等）
购买历史
客户服务票据
销售渠道信息
营销活动数据

（二）客户关系管理工具的使用

CRM 也是一个重要的报告工具，它的使用方式如表 7-5 所示。

表 7-5　CRM 的使用方式

通过一个产品、一份销售报告，生成整个公司收入预测
查看销售过程中每个步骤的潜在客户数量
根据目标跟踪进展
管理营销活动
从网站捕获潜在客户
收集销售渠道信息
最大限度地减少团队花在手动创建销售和活动报告上的时间

（三）协同客户关系管理和战略保持一致的步骤

1. 分析需求

假如你刚接触客户关系管理，或者你有一个可以改善的体系，那就确定你所需要的，包括：确定你的小组团队应当拥有的信息和他们会如何利用；确定哪些人需要访问该系统及其所在部门位置；确定需要生成的报表如收入和管道报表；确定希望顺利运作的营销计划及了解这些信息以更好地经营账户；确定超过当前系统能力后需要对新系统进行评价和增容以便得到你所需要的功能。

2. 评估和对比 CRM 软件

当确定需求后，你可以找到符合你需求的 CRM 软件，很多公司都有自己的不同的产品，可以先从基础版起步，再逐步更新，但是要保证整个升级的流程是顺畅和无遗漏的。

3. 实施和监控

在你即将完成选定流程的时候，接下来就要为实施做好准备。一是建立一个实施小组团队；二是设定时间表，包括配置字段、千亿资料、监理报告、培训用户；三是制定可靠的培训方案；四是启动软件；五是实施跟踪培训来保证你的小组团队能够按照预定程序来工作。大部分的实施失败个案都是由于员工没有恰当运用软件而导致的，因此要对系统做好监控，适时地调整软件设置以达到最直接、最有力的效果。

二、客户生命周期价值

（一）客户生命周期价值的内容

客户生命周期价值（Customer Lifetime Value，CLV）指客户在购买商品过程中为企业创造的收益，一般以客户在某一时期的全部购买所得的净收益为基础。很多企业的 80% 收益往往是 20% 的优质客户提供的，因此，在实施客户分类时采用不同的经营策略和服务策略，可以最大限度地优化配置企业有限的资源以实现效益提升。

（二）客户生命周期价值工具的使用

由于市场营销费用的不断上升和客户技术的不断提高，CLV 的作用越来越大，甚至那些刚起步的企业也能从 CLV 中获益，因此，企业相关人员必须熟悉这种工具的使用方式，具体如表 7-6 所示。

表 7-6　CLV 的使用方式

获取	使你更好地理解你可以花多少钱来获取客户
定位	让你知道哪个客户群体为你的公司提供了最多的利润，你就可以集中营销努力在该细分市场
投资回报	通过在营销活动的投资回报率计算中使用 CLV，你将有一个更准确的活动绩效衡量
客户保留	可以确定你需要花多少钱来盈利并留住客户
单客户盈利能力	可以计算单个客户的盈利能力

（三）协同客户生命周期价值和战略保持一致的步骤

1. 指标确认

CLV 可以由下列因素来度量：一是销售成本，即企业销售成本与管理费用的总和，是企业出售产品时所产生的所有成本；二是销售毛利，即销售收入减去主营业务直接成本后的收益，直接成本不包括管理费用、税费等。各家企业都有自己的计算方法，因此首先要确定企业采取的计算公式。

2. 确定客户群体

包含相似的客户群体，以相似的方法来使用你的商品及服务。

3. 确定各细分客户的生命周期

查看客户的购买模式，计算出客户购买的数量和购物的间隔。

4. 对细分客户的 CLV 计算

对每一次购买都可以计算得到总利润、连续购买的可能性、未来收入的增值等。

5. 使用 CLV 改善客户获取和留存率

为特定的客户设置最大的预算；估算一项交易是否能获利；通过 CLV 评估查找目前还没有购物的客户并进行挽留；进行投资回报预估并对客户多次购物进行收益预估而非首次购物收益预估。

三、投资回报率

（一）投资回报率的内容

投资回报率（Return On Investment，ROI）是对从每次投资中获得的利润的度量。ROI 的结果通常用百分比来表示，即投入产出比，简单来说就是企业所投入资金的回报程度。

（二）投资回报率工具的使用

基本的市场营销 ROI 公式：投资回报率 =（毛利润 - 营销投资）/营销投资 ×100%。

也可以用客户生命周期价值（CLV）来代替毛利润，它是衡量单个客户或一组客户在公司整个生命周期中产生利润的指标。其公式为：投资回报率 =（客户生命周期价值 - 营销投资）/ 营销投资 ×100%。

对于不同类型的企业，计算的公式也有所不同，如对于电商而言，有以下两种互换公式：投资回报率 = 销售金额 / 营销投资 = 点击量 × 转化率 × 客单价 / 点击量 × 平均点击花费 = 转化率 × 客单价 /

平均点击花费。

（三）协同投资回报率和战略保持一致的步骤

在计划和实施过程中，投资回报计算是一个强有力的手段，可以用于确定能否高效地实施一个短期市场战略。投资回报主要依赖于品牌和价格，强大的品牌往往能用比弱势品牌更低的成本赢得客户，从而提升营销 ROI。

1. 确认公式

这里有一些衡量计算 ROI 的方法指标：一是销售成本，即产品或服务的制造成本；二是市场投资，一般情况下只考虑了媒体成本，没有把生产成本和员工时间成本计算进去，而有些时候把所有数据都包含进去会更好；三是收益，需要把收益和某项具体业务活动相关联，尤其是在经营不同的业务和长期营销流程时。当然，各个公司的财务团队对于上述数据的衡量方法也会有所差异。

2. 建立投资回报率阈值

设定整体和单个广告的投资回报指标。投资回报率阈值能够提高企业对预算的掌控力，通常，当一个企业预期一个活动不会达到阈值时，就要尽量放弃这个活动，可以把钱花在别的地方去。

3. 设定营销预算

有了 ROI 和每年收入 / 利润的指标，就可以对市场进行预测内投入，把钱用在能够达到公司指标的项目上会更加得当。

4. 计算活动的 ROI 并进行跟踪改进

在一个错综复杂的市场环境下，很难跟踪每个项目、每个支出的投资回报率，所以，实际上很多市场人士会把市场预算分为两个方面，即根据战略支出和用 ROI 预测活动支出。

四、其他方法

（一）PEST 分析

PEST，其中 P 即政治（Politics），E 即经济（Economy），S 即社会（Society），T 即技术（Technology），它是一种战略咨询顾问帮助企业评估外部宏观环境的方法。

宏观环境指的是对企业产生直接或间接影响的各种因素，如政治方面的政策、法律等，经济方面的经济发展水平、规模、增长率通货膨胀等，社会方面的人口、文化、道德水平等，技术方面的技术创新、改进等。

（二）STP 分析

市场细分是美国营销学家温德尔·史密斯（Wendell Smith）于 1956 年首次提出的，之后菲利普·科特勒对市场细分理论进行了发展与完善，并指出市场营销应包含市场细分（S）、选择目标市场（T）和市场定位（P）三个部分，命名为 STP 理论，又称为定位理论。在当今激烈的竞争环境中，企业的定位是不可或缺的，一个行之有效的产品或品牌定位可以让企业节约市场成本，使其在众多的竞争者中鹤立鸡群，在消费者心中留下深刻的印象。

（三）波士顿矩阵

波士顿矩阵创造于 1970 年，是美国知名管理学家、波士顿咨询公司创始人布鲁斯·亨德森（Bruce Henderson）创造的。波士顿矩阵给出了一个产品结构重要的影响要素，那就是市场的吸引力与企业的实力。市场吸引力包括销量 / 销售额增长率、竞争对手强弱及利润高低等，其中销售增长率是反映市场吸引力的综合衡量标准，如

图 7-3 所示。

↑ 销售增长率 ↓		
	问题产品 导入期 低市场占有率，高增长 前者说明市场机会大、前景好，而后者则说明在市场营销上存在问题	**明星产品** 成长期 高市场占有率，高增长 不断扩展业务范围和市场机遇，着眼于长远发展，不断提升市场份额
	瘦狗产品 导入期或衰退期 低市场占有率，低增长 首先应减少批量，逐步退出，对于销售增速和市场占有率都非常低下的产品应该立即退出	**金牛产品** 成熟期 高市场占有率，低增长 进一步进行市场细分，以保持现有的市场增长率或者减缓其下滑的速率

←相对市场占有率→

图 7-3　波士顿矩阵

波士顿矩阵的应用，不仅可以提升经理人的分析与决策，同时还能够帮助管理人员以长远的目光看待事物，更深入地了解企业经营的各个环节，增进经营单位与主管单位的交流，适时地对企业的经营组合进行适当修正，强化对更具发展潜力的业务的投入。

第四节　战略营销学派的局限性

一、理论层面

（1）战略营销学派的理论研究由多种营销方向组成，涵盖的领域广泛，因而难以建立起一套严谨的体系。

（2）战略营销学派的理论研究融合了战略和营销两个学科，其发展过程比较烦琐，必须随时关注市场环境的动态，并对其进行更新和改进。

二、应用层面

（1）错误地假定了市场或消费者统计调查和分析，造成错误的规划。市场研究在企业战略营销流程中起着举足轻重的作用，而市场研究的数据来源往往是二手数据，指标不够精准，不能很好地反映企业实际情况。

（2）营销部门与其他各部门之间的协调以及资源分配问题，导致了指令的混乱和管理问题。战略营销涉及很多的机构部门和人员，如营销经理、不同部门领导、数据分析师以及决策者，他们之间的信息传递容易失真和延迟。另外，不同的参与者有着不同的目标、背景和观点，如何在不同的观点中形成一致是一个关键问题。

（3）企业自身具有创新精神和经营理念，但由于员工素质较差或缺乏远见，以战略营销思维做出的决策会让创新管理无效和偏离重心，最终妨碍企业创新，降低响应市场变化的速度。

（4）时间差使得战略营销研究结论的适用范围受到限制。战略营销需要有系统性的市场调研，这种调研一般需要几个星期、几个月甚至几年，市场调研结束后还要做长时间的营销研究，最终得出结论。而当结论可用时，企业状况和外部环境可能会发生根本性变化，或者调研的问题已经被自动解决。

（5）费用过高，难以进行有效的战略营销。有计划的战略营销要求企业为研究设计、数据收集、数据分析、解析报告等准备大量的资金。统计学专家和计算机专家收费不菲，而且企业还需要保持独立的市场调研部门，使得一些中小型企业很难承担这笔巨额开销。

（6）可能会造成主观或偏见的结果。从某种意义上来说，战略营销的结论会受到个人价值、偏见、态度、需求和其他社会文化等因素的影响，影响大小则取决于结论中该因素的占比。

第五节 研究评述

战略营销学派兴起于20世纪中期，发展于20世纪末，成熟于21世纪初。

可以说，战略营销的先驱是战略市场规划，只不过那时的研究比较松散且更多地侧重于经营。乔治·戴伊开创了战略营销领域的先河，但是他把主要精力都放在了营销方法上，所以他的研究倾向于从企业的商业战略和业务层面出发，没有形成一个完整理论化的体系。正是因此，学者们开始对战略营销的定义及其领域进行研究，逐步确定了研究范围以及理论基础，拉金·瓦拉达拉詹和谢尔比·亨特两位学者先后在这一领域做出了杰出贡献。拉金·瓦拉达拉詹首次把战略营销视为一个研究领域，同时指出了这个领域的一些基本研究课题，在此基础上对企业进行战略管理的分析并指出存在的问题。谢尔比·亨特将拉金·瓦拉达拉詹对战略的定义和资源优势理论有机结合在一起，从而推动了战略营销的发展，并通过资源优势理论为8种企业营销战略形式提供理论基础，在理论层面解决了战略营销的身份问题。接下来就是战略营销的具体框架体系构建，马尔科姆·麦克唐纳通过对1960—1995年战略营销规划中的科学规划模型及其他规划模型进行总结，从中得出整个战略营销过程的关键步骤、指导方针以及衡量标准，为战略营销框架体系的建立做出了重要贡献。到了后期，随着环境、消费者和竞争者的变化，关于战略营销的理论和实践也在不断地发展、更新。

从总体上来讲，战略营销理论的演变可以看成是一个着眼于企业中长期发展的过程，这个过程从明确的目标出发，再进行战略规划，主要包括对环境、市场竞争和经营要素的分析，对市场机遇和威胁进行剖析，对商业领域的发展做出预测，并参与制定企业及业务部门的战略，针对不同行业的市场目标制定销售目标，制定、实施和管理营销战略，从而实现目标。当然，由于不可控和不可评估的因素，因此战略营销要求具有很强的创造性和灵活性。在制定战略方针时明显地与个体的理解有关，比如“商业机会”，每当有商业机会被找到，我们都应当把它称为“假设机会”，因为这存在一个是否正确的问题。所以，战略营销是对各种变化进行思考、分析、行动的一种方法，这些变化都会使我们面对未知和风险。

战略营销并不是一个静态的术语，它会随着时代的变迁而改变。可以说，战略营销的方向和思想都是建立在同样的理念和方法上，但是在完全不同的环境中必须对其进行重新调整。所以，无论是在未来的领域拓展还是跨界融合上，学者们都会持续地对这一理论进行探讨和发展。尽管战略营销有其自身的局限，容易受外界影响，但是，在竞争日益激烈的环境中，企业就是需要有自己的发展道路，更要从变革中发现不变的规律趋势。所以，从长远来看，战略营销是很有必要的，这种方法有助于企业深入地分析研究市场和竞争者，保证现有的市场营销决策与企业发展目标、愿景、标准一致，并为其带来可观的销售与利润。

本章小结

本章主要对战略营销学派的主要代表人物及其学术思想、理论演变、分析工具等进行评价。战略营销和营销策略的基本方向、基础理论大致相同，虽然当前学术界尚未对战略营销的定义形成共识，但是大部分的专家认为，战略营销是一个不断演变的概念术语。战略营销体系很容易被市场所左右，而在市场竞争日益激烈的环境中更需要从长期的眼光去思考战略，通过对市场和竞争者的深入研究，保证企业的销售决策符合企业目标、愿景和标准，从而产生可观的业绩及利润。

战略营销学派倡导从战略的角度出发，探讨在激烈的竞争中如何有效地组织和利用企业的各类资源，以最大限度地解决客户当前的需求和未来的消费市场需要。该学派在国外的主要代表人物有乔治·戴伊、拉金·瓦拉达拉詹、谢尔比·亨特、马尔科姆·麦克唐纳等。乔治·戴伊是战略营销管理领域的开创性学者，他的主要工作就是探讨营销方法，把管理方法与实质性理论结合起来，用一些发人深省的实例来论证和充实理论。拉金·瓦拉达拉詹在《战略营销与营销策略：领域、定义、基本问题和基本前提》中首次做出了战略营销作为一个研究领域的领域陈述，并介绍了该领域的一些基本问题。谢尔比·亨特创立了资源优势理论，提出了 8 种不同形式的商业和营销战略。马尔科姆·麦克唐纳对 1960—1995 年间的战略营销规划进行了回顾总结，并主导研究和教学科学规划模型。目前我国的战略营销代表学者主要有杨望成、焦晓波、韩庆祥等，他们最初是对国外的一些研究成果进行总结整理，然后逐渐将其与我国的特点相结合，从而发展出一套符合我国实际的战略营销理论。

在战略营销发展初期，战略营销主要表现为预算的管理，然后转向企业内的长期计划，20 世纪 80 年代转向专注于制定战略，主要集中于规划过程的总体方向和控制的细节，把重心从预测转移到了经营和规划方面。在战略营销的发展中期，营销专家们提出了更加全面的战略营销理论。21 世纪初，随着企业战略的发展，战略营销的定义逐渐明晰，框架和体系也逐渐明确，整个战略营销的过程变得更加规范和具体。战略营销制定的步骤包括三个阶段：规划阶段、实施阶段、评估 \ 控制阶段。战略营销的分析工具主要有客户关系管理、客户生命周期价值、投资回报率以及一些其他方法，如 PEST 分析、STP 分析、波士顿矩阵等。

第八章

整合营销学派

▲

CHAPTER 8

20世纪80年代，营销人员发现单一的营销方式无法达到预期传播的效果，部分企业和广告公司开始采用整合营销模式进行传播，但在实践过程中对于多种营销方式常常不知如何取舍。想要打破这种混乱的营销状态，协调运用多种营销方式以达到最佳的营销效果尤为重要。实践中广告代理商首先转型，如奥美广告公司，其业务定位由根据企业需求对各种促销工具进行简单拼装的模式转变为整合营销传播（IMC）模式。

1989年，美国广告代理商协会（American Association of Advertising Agencies，4A）首次提出IMC的定义，“IMC是一个传播计划方面的营销概念，其中，附加价值可以从企业所实施的一套完整的营销传播计划中产生，即通过广告的策划和使用、人员上门推销、直接邮寄以及公共关系等传播手段来实施的战略规则，它可以为企业提供准确的、一致的和最优的传播效果”。1992年，唐·舒尔茨等人合作出版《整合营销传播》一书，自此引发了各国学者对整合营销研究的浪潮。从企业率先付诸实践，到专业机构深化大众认知，再到学者构建理论，一个崭新的营销学派——整合营销学派自此诞生。

第一节 代表人物及其学术思想

本节主要列举整合营销学派国内外代表人物及其学术思想，国外代表人物主要包括唐·舒尔茨、汤姆·邓肯（Tom Duncan），国内代表人物主要包括申光龙、张金海、卫军英。

一、国外代表人物及学术思想

（一）唐·舒尔茨

尽管美国广告代理商协会对IMC进行了定义，但学者们对于整合营销的概念还未形成清晰的认知。IMC理论经唐·舒尔茨整理问世，为整合营销学派的发展奠定了基础。唐·舒尔茨是IMC理论的开创者，被称为“整合营销传播学之父”，也被《销售和营销管理》（*Sales and Marketing Management*）杂志推举为“20世纪全球80位对销售和营销最有影响力的人物之一”。1977—2019年，唐·舒尔茨发表了70多篇文章并出版43本书，无论是对学界还是业界均有着极大的战略指导意义。他在整合营销领域的相关著作一共有18本，1992年出版的《整合营销传播》堪称经典，书中提出的战略性整合营销传播理论成为20世纪后半世纪最主要的营销理论之一。

在《整合营销传播》一书中，唐·舒尔茨和他的伙伴们将罗伯特·劳特朋在1990年提出的4C理论上升到了重要的理论高度，并认为“4C 理论取代了 4P 理论”。另外，唐·舒尔茨用大量的案例分析来构建了整合营销的方法论，延伸为 4R 理论体系，自此以顾客为中心的整合营销理论逐渐登上历史舞台，慢慢演变为营销界的主要理论。唐·舒尔茨在该书中这样定义 IMC：“IMC 指的是向活动的主要受众（顾客、潜在顾客、内部和外部受众及其他目标）传播品牌的一项业务战略过程，该过程包括制定、优化、执行并评价一套适宜、可测、有说服力的品牌传播计划。”这种定义主要是突出了整合营销对传播和塑造品牌的重要性。2003 年唐·舒尔茨在原定义上进行了进一步的完善与发展：“ IMC 是在将顾客与企业所接触到的各种要素（如品牌）纳入考虑范围的前提下，开发出能够反映一定时间内可测、有效、交互的传播程序，其目的是直接影响营销信息在受众（潜在顾客和现有顾客）中的传播形态。”唐·舒尔茨提出的 IMC 理论，为营销实践提供了一种全新的传播方式，这也为现代营销理论中关于营销策略相关的研究提供了理论基础。

基于 4C 营销理论，唐·舒尔茨提出了 4R 营销新理论。这一理论以竞争为导向，将重点放在企业应该如何与顾客建立互惠共赢的关系上，核心观点在于企业不能止步于满足顾客的现有需求，更应主动、积极地去创造新的需求，创造具有竞争力的独特优势，找到差异点。4R 理论借用了关系营销的思想，并就如何建立、保持、提升客户关系，实现长期盈利等问题进行了探讨。具体而言，4R 理论的内容包括以下四个方面，如图 8-1 所示。

1. Relevance（关联）

企业必须在业务、需求等层面采取某些有效的措施紧密联系顾客，与顾客形成相互关联、互利的关系，减少由于各种原因造成的客户流失，进而逐渐提升客户的忠诚度，并获得长期稳固的市场份额。

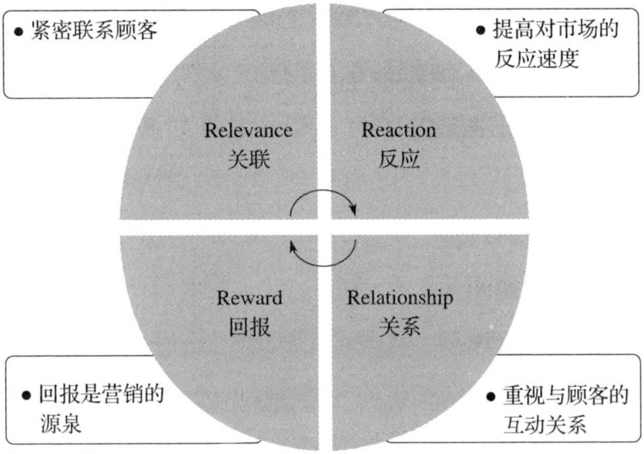

图 8-1 4R 理论

2. Reaction（反应）

许多公司只重视向客户传达公司的看法，不去倾听来自顾客的声音。在不断变化、相互渗透的市场环境中，企业面临的挑战不再是制定、实施、控制企业计划，而是在于如何提升对市场的反应速度，获得顾客的实时反馈，并及时做出反应来适应市场、满足顾客。

3. Relationship（关系）

4R 营销理论借用了关系营销的思想，其认为占领市场份额的重中之重在于肩负起由交易转变而来的责任，与客户进行长期交流以保持稳定的双向关系，而建立这种互动关系最重要的手段在于沟通。

4. Reward（回报）

任何营销活动的重要内容都是回报，回报是营销的源泉，要保持市场关系，必须依靠回报，市场营销的终极价值仍然取决于它能否为公司创造短期和长期的收益。

（二）汤姆·邓肯

汤姆·邓肯是整合营销学派另一位具有里程碑式贡献的人物。

他创办了美国科罗拉多大学整合营销传播研究所，在波尔得分校创立了“整合营销传播”学位课程。汤姆·邓肯在整合营销的研究中将品牌、品牌资产作为切入点，参考了关系资本、社会资本等理论知识。汤姆·邓肯认为累积品牌资产才是品牌关系的最终目的，所以他把 IMC 的最终目标追求升级为提升品牌资产，并用一个品牌资产方程式来表述，如图 8-2 所示。

图 8-2　品牌资产方程式

汤姆·邓肯撰写的《整合营销传播——利用广告和促销建树品牌》和《品牌至尊——利用整合营销创作终极价值》对全球企业界都产生了深远的影响。作为营销传播的创新性教材，《整合营销传播——利用广告和促销建树品牌》一书描述了企业应该如何整合资源，实施相应的广告促销策略，从而实现一些关键营销功能的完美融合。在《品牌至尊——利用整合营销创作终极价值》一书中，汤姆·邓肯提出了“关系利益人”的概念，并提出整合营销的商业模式，帮助企业与其顾客和关系利益人发展品牌关系。此外，汤姆·邓肯所提出的“利益相关者”“品牌接触点”“品牌关系”等概念获得广泛的认可。唐·舒尔茨称赞汤姆·邓肯将 IMC 理论做出了创新性突破。

汤姆·邓肯认为“ IMC 指的是一个制定、发展、协调营销战略从而来实施传播活动的过程，企业或品牌借用各种媒介以及触达方式，与企业员工、目标消费者、投资人、公众等企业利益相关者建立良好的双向关系，从而巩固和提升彼此的互利关系”，以消费者为中心去开展企业以及品牌的营销活动是整合营销的关键，通过进行有效的沟通交换价值，从而使顾客与品牌塑造相互关系，并致力于巩固和维护这种具有永久价值的关系。以营销传播的链路为出发点，汤姆·邓肯提出了整合层级模型。该模型揭示了整合营销的趋势，即从企业的自我封闭到与顾客、市场进行开放性的对话，组织文化由内到外产生渗透并驱动一切的营销活动。整合层级模型分为四层，如图 8-3 所示。

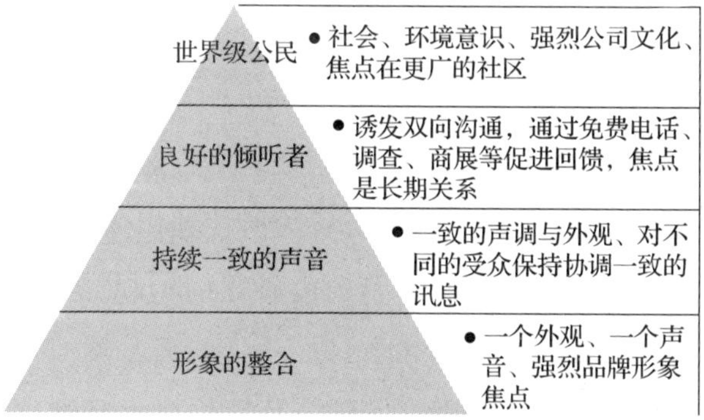

图 8-3 整合层级模型

第一层为形象的整合，即统一外观与声音，在所有企业广告中展示同样的外观及个性的基础上，通过整合来树立强大的品牌形象。

第二层为持续一致的声音，就协调信息与所有有关人员（客户、贸易商、供应商等）进行信息传递，实现“持续一致的声音”的不断传播。

第三层为良好的倾听者，企业与客户进行双向沟通，借助多种媒体和渠道获取信息反馈，不断交互以形成长久稳定的客户关系。

第四层为世界级公民，企业应该自觉肩负起社会责任，在建立与完善自身文化的同时，重视社会与环境意识的提升。

二、国内代表人物及学术思想

（一）申光龙

1999年，申光龙发表的《论整合营销传播》中定义整合营销传播为企业在经营活动中，以由外而内的战略观点为基础，以与利益相关者进行有效的沟通为目的，从而开展将营销传播的管理者作为主体的传播战略。其中“由外而内”指的是：营销信息不以信息发出者（企业）到信息接收者（利害关系者）的方式传播，而是以信息发送者和信息接收者之间双向流通的方式来构造传播战略。也就是说，信息首先是由企业外部的消费者等所传递出来，再通过一系列的途径到达企业内部管理者（即营销传播者）的过程。申光龙是最早提出“由外而内”的主张的学者。

申光龙在2001年出版图书《整合营销传播战略管理》，在前人研究的基础上提出了全新的IMC战略管理理论与操作方法。书中描述了IMC战略管理的对象和主体，对象即利益相关者，亦称环境集团，整合营销以从业人员、投资人、社区、大众媒体、政府、同行业者等为利害关系对象，而不是仅仅将消费者作为对象，在选择对象时应该充分考虑周边各种环境因素。此外，书中还尝试性探讨了很多IMC的战略以及战术模式和应用方式。

与其他学者的IMC模型对比，菲利普·科特勒提出的IMC模型侧重于所使用的传播形式，唐·舒尔茨的模型侧重点在于战略同财务相融合，而申光龙的整合营销沟通模型则更为细致，该模型从IMC的实践性方面进行了详细的阐述。

（二）张金海

《20 世纪广告传播理论研究》的作者——武汉大学传播学院教授张金海在本书中提出，整合营销进行有效传播在理论上的要旨在于营销传播要素的合理配置和有效组合，在营销传播学中，整合系统理论的核心在于如何整合广告、营销以及营销沟通过程中所涉及的各种因素，也就是如何处理广告自系统与营销他系统的关系以便提高营销传播的有效性。张金海进一步指出，网络传播时代的整合营销传播与 20 世纪 90 年代所提出的整合营销概念存在挺大差异，相较于后者，网络传播时代的整合营销主要指围绕网络商务信息流、网络物流进行的营销要素的整合。在整合营销传播的未来发展趋势这个问题上，张金海教授的看法是，整合营销传播必然会成为网络营销的未来发展趋势，想要进一步探讨广告传播及其理论形态，必须将整合营销传播的各项要素作为整体来思考。

（三）卫军英

浙江大学教授卫军英在《整合营销传播的观念变革》一文中认为，整合营销传播从一个新的角度给营销和营销传播带来了彻底的变革。它超越了以往对营销和传播的理解，它的直接表现是将“营销”和“传播”整合成一个整体概念。卫军英还指出，营销本身就是一个沟通过程，沟通也是一个营销过程。整合营销传播的最终目标是品牌资产。作为实现品牌资产的核心，顾客与其他利益相关者之间的关系在整合营销传播的过程中发挥着重要的作用。在整合营销传播理论的构建中，接触、关系等新概念的引入，使营销传播的目的、应用方向和媒体延伸发生了深刻的变化。营销传播的传统概念已经被研究并给予了新的重视。卫军英认为，与汤姆·邓肯的品牌管理和关系构建理论不同，唐·舒尔茨对整合营销传播的理解侧重于在运营层面上对其进行定义，强调在整个过程中所产生的营销传播形式以及整合营销传播的独特联系概念。尽管他们对于整合营销传播概念的理解并不完全相同，但都强调整合营销传播是一个过程，在这个过程中寻求的重要价值是一种关系。整合营销传播是一种新的营销传播方式，它要求所有单个营销渠道的整合和和谐运作，以实现一个共同的目标而不产生偏见。

第二节　整合营销理论演变

多年来，众多整合营销学派的学者们推动了该理论的不断发展演变，具体可以分为以下几个阶段：IMC 思想孕育阶段、IMC 理论产生阶段、IMC 理论发展阶段、IMC 理论成熟运用阶段。

一、IMC 思想孕育阶段

（一）4P 理论

20 世纪 60 年代麦卡锡提出 4P 理论。1953 年，尼尔·博顿首次在市场营销学会中提出了市场营销组合的概念，这一概念主要指那些影响市场需求的“营销变量”或“营销要素”。4P 强调了在营销策划活动进行中合理有效配置营销的相关要素并按一定方法进行整合的重要性，4P 理论的提出加速了营销理论的传播和发展，同时营销要素组合的研究和市场价值也逐渐得到学者和社会各界的认识。

在营销实践及理论快速发展的大背景下，管理者开始不断尝试整合营销传播的手段，战略整合推广工具的必要性也得到了人们的关注。

菲利普·科特勒于1967年在《营销管理：分析、规划与控制》一书中确认了产品（Product）、价格（Price）、渠道（Place）、促销（Promotion）——4P营销理论的四个基本策略组合，这一营销组合方法的简称“4Ps”，来源于四个单词的首字母“P”以及策略（Strategy）的首字母“s”，具体如图8-4所示。

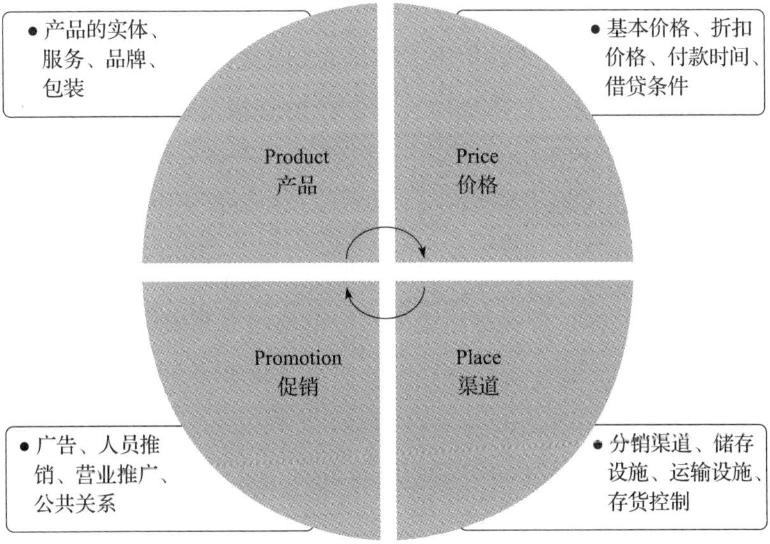

图8-4　4Ps示意图

（1）产品（Product）。在将产品功能诉求放在第一位的基础上，找到一种合适的方式赋予其不同于其他产品的卖点。

（2）价格（Price）。在保证品牌质量的同时，从企业的战略出发，制定一套基于市场情况的定价策略。

（3）渠道（Place）。即产品流向消费者的各种路径，包括线上以及线下。渠道建设需要综合考量个人与组织交换商品与服务的销售体系。

（4）促销（Promotion）。通过折扣、充值赠送活动、销售场所气氛烘托等行为适度地改变原来一成不变的销售方式，吸引顾客，从而促进他们的需求，进而实现新顾客的初次消费或老顾客的提前消费，由此促进销售的增长。

4P 是营销过程中的可控因素，是企业开展营销活动的主要工具。公司营销战略的主要内容正是由 4P 营销组合的具体应用构成的。企业必须具有洞察力，并能够在充分利用各种营销工具的基础上，根据不断变化的目标市场需求和营销环境快速地做出与之相应的反应，只有这样才能满足顾客的要求，达到企业的经营目的，根据企业的资源和优势，形成一个连贯的、支持性的营销策略，最终达到一个完整的总体上的最佳效果。

4P 营销组合的特点可归纳如下。

（1）可控性。构成营销组合的不同工具是公司可以定制、控制和使用的因素。例如，公司可以根据目标市场的情况独立决定生产哪些产品、设定哪些价格、选择哪些销售渠道以及使用哪些促销方法。

（2）动态性。营销组合不是固定不变的静态组合，而是不断变化的动态组合。公司必须对内部条件和外部环境的变化做出相应的反应。

（3）整体性。营销组合的不同工具和成分不是简单地组合或分割在一起，而是应该成为一个有机的整体。在共同目标的指导下，它们可以相互协作和互补，以实现比各方职能总和更大的整体影响。

（二）定位理论

20 世纪 70 年代，随着市场状况的发展和演变，产品同质化现象日益严重，美国学者艾·里斯和杰克·特劳特于这一时期提出了定位理论。定位理论表明，在产品不断同质化、竞争日益激烈的大环境下，企业需要在消费者心目中占据一席之地，努力创造心理差异和个性差异。定位理论主张，从消费者的角度来看，企业应该在外部和内部沟通对象眼中都主动占据有利的位置。因此，定位理论成为许多战略的出发点和基础，也为整合营销传播思想的出现提供了理论基础，同时为企业沟通提供了新的思路和方法。

二、IMC 理论产生阶段

20 世纪 80 年代，研究界开始对 IMC 理论进行描述和定义，并从企业营销战术的角度来研究整合营销传播。在实践中，企业对整合营销传播的看法相对狭窄。整合营销传播被管理者视为一种有效的方式，它可以在保证企业信息一致性的同时，对企业的各种营销传播活动，如促销、广告等开展协调高效的管理。

同时期内，另一个重要研究内容是整合营销传播理论跨职能特点。根据其特点，不同的跨职能形式会被运用到不同的组织当中，用来管理单个以及多个传播活动，从而使企业营销传播活动的价值达到最大。在公司的具体组织结构中，特定产品的多媒体、多维传播活动将由市场传播部门所组建的一支跨学科专业队伍（包括广告、公关和其他传播方面的专家）运营与负责，或者培训各种媒体的员工，使部门员工能够熟练掌握各种沟通渠道中最为有效的策略实施及实践方法。

三、IMC 理论发展阶段

IMC 的概念和结构自 20 世纪 80 年代末以来就发生了很大的改变。1990 年左右，营销和传播逐渐被紧密地结合了起来，理论家们基于4C理论，给出了整合营销传播的清晰概念。这也象征着营销由单一的粗放状态开始向更为系统、完整的状态迈进。美国营销传播专家特伦希·希姆普（Terence A.Shimp）说过，“90年代的营销就是传播，而传播也是营销，两者密不可分。”由于消费者个性化、媒体差异化和信息过载的日益突出，传统的4P理论逐渐对4C理论提出了挑战。因此，美国生产力和质量中心（American Productivity and Quality Center，APQC）给出了更为明确的定义：整合营销传播是一个以客户、潜在客户以及其所涉及的内外部目标为主要受众，用于设计、制定、实施和评估一套完整的可测、可信、协调适宜的品牌传播方案的商业战略过程（APQC基准，1997）。

随着整合营销传播理论的发展，该时期的营销研究者为整合营销传播领域引入“关系利益人”这一概念，把消费者视为现行关系中的伙伴，并重视消费者与企业或品牌建立优质联系的价值。汤姆·邓肯将“关系利益人”的概念引入IMC的相关研究中。他认为整合营销传播的目的是与利益相关者（如企业内部员工、企业的目标顾客、企业的股东等）建立联系，并通过不断发展和调整企业或品牌的战略传播方式来加强和稳固他们之间的联系。

四、IMC理论成熟运用阶段

IMC理论在营销实践不断发展、创新性传播工具层出不穷的21世纪迎来了其发展的成熟阶段。可操作性应成为IMC理论未来发展的一个特点，它能够高效地指导企业实践活动，企业的整合营销活动绩效能够被有效地监测和评估。目前数据库形式、收入流测量等技术的出现和使用，也使得传统的营销工具方法、经验以及管理能力都面临着严酷的被淘汰的威胁。

第三节　整合营销分析工具

为了方便整合营销实践的应用，学者们在相关理论的基础上开发出了特定的分析工具，具体包括：唐·舒尔茨的IMC模型、菲利普·科特勒的IMC模型、邓肯-阿伦斯-博维模型、莫尔-梭森模型、施吉的IMC系统模型、贝尔奇的IMC促销流程模型、基于AIDA理论的发展模式AIDMA模型。

一、唐·舒尔茨的IMC模型

唐·舒尔茨与斯坦利·田纳本（Stanley I.Tannenbaum）、罗伯特·劳特朋在1992年出版的《整合营销传播》一书中提出了舒尔茨-田纳本-劳特朋模型（Schultz-Tannenbaum-Lauterborn Model），该模型论述了IMC过程的7个关键点，分别是：发展数据库、细分化市场、接触管理、传播战略、营销目标、营销工具、营销传播战术。该模型的侧重点在于使广告代理商与供应链上的各个主体进行关系整合，强调整个IMC营销过程就是一个与顾客沟通的过程，广告、公关、促销、直销、商品陈列及店头广告、售后服务都在强化“目标消费者导向意识”。然而，该模型不能凝聚营销传播的不同元素，在公司实践中，这一模型无法实现对已有数据库中的成本投入以及利润回收情况进行预测与计算的基本功能，更无法满足企业预算编制、成本效益预测以及实时监测与控制的需求。因而，唐·舒尔茨和海蒂·舒尔茨在2005年出版的《整合营销传播：下一代》（《*IMC：The Next Generation*》）一书中提出了在原有模式基础上为整合营销传播创造商业价值的5个关键步骤，即客户和潜在客户识别，客户和潜在客户价值评估，信息规划和激励，客户投资回报评估，预算、估值和回收。该模型注重财务整合和绩效，其核心思想是营销传播的预算应该在对现有和潜在顾客所涉及的信息及要素进行详细分析的基础上，通过有针对性地对各客户投资回报率以及财务状况进行计算和分析得来，而不是在制定计划前就敲定的。

二、菲利普·科特勒的IMC模型

菲利普·科特勒在其著作《营销管理》中提出了整合营销中有效沟通的8个步骤：目标定位、信息设计、渠道选择、预算、媒体组合确定、绩效衡量和整合营销沟通管理。菲利普·科特勒的IMC模型和唐·舒尔茨的区别在于：首先，其模型是在媒体组合决策之前设定预算，而唐·舒尔茨的IMC模型是在媒体组合确定和客户投资回报分析之后设定预算；其次，其模型的营销传播财务计量方法不同于唐·舒尔茨的财务整合方法。

三、邓肯－阿伦斯－博维模型

美国广告学专家威廉姆·阿伦斯（William.F.Arens）与库特兰·博维（Courtland Bovee）在其合著的《当代广告学》一书中描述了一个倒金字塔模型，以此反映营销与传播结合的逐步升级。美国科罗拉多大学教授汤姆·邓肯基于倒金字塔模型，提出了创新性的IMC的四层面模型，也被称作邓肯-阿伦斯-博维模型。该模型总共包含四层内容，其终极目标是对品牌的形象进行有效的管理。以传播学为导向，这一模型中的一、二层主要承担的是在可控以及原有计划范围内确保信息顺利传递的任务，从而使得销售能够实现促进与增长；而长远的、较深层次的关系建立则是第三、四层的整合营销传播所强调的任务。

四、莫尔－梭森模型

莫尔和梭森（Jeri Moore & Esther Thorson）在 1996 年发表的论文《整合营销传播方案的战略策划：从混乱到系统的方法》中，提出了莫尔－梭森模型，该模型确定了根据消费者购买行为链路逻辑由此确立整合营销活动的 5 个步骤。第一步是确定市场，在众多的消费者当中，那些最有可能购买企业产品的客户群体是需要经过分析并被营销人员仔细识别出来的；第二步是基于“购买循环阶段”去细分市场；第三步是根据各目标细分市场的特点和各种信息来敲定与之相匹配的传播计划；第四步是组合资源，在 IMC 沟通方案制定后，按照计划将公司的多种资源整合起来，从而开展整合营销传播相关活动；第五步是方案效果评估。莫尔－梭森模型认为，首先营销管理者应基于原有消费者数据库中的消费习惯及行为信息来制定初步的营销传播策略，随后再针对细节进行修订，然后运用于目标消费者，进而获取目标顾客对于传播策略的反应反馈，再将其返回至数据库中，从而形成一个良性循环的过程。在确定和评估整合营销传播计划的影响时，该模型认为，公司不应该关注整合营销传播的短期目标销售，而应该从战略角度考虑多个媒体整合营销计划的目标。将目标集中在信息交流上的同时，也应以营销结果为导向，不断提升品牌价值，创造并维护好企业及品牌的良好声誉。

五、施吉的 IMC 系统模型

施吉的 IMC 系统模型是一个庞大而完善的整合营销传播理论模型体系。施吉运用系统论的研究方法，对整合营销传播战略和策略进行了独特而有效的综合论证和揭示。该模型包括三个层次：企业层级决策、营销层级决策和营销传播层级决策。各个层次的营销传播策略和方法在营销方法上基本相似，但各个层次的营销传播的 IMC 决策目标和应用内容完全不同。该模型避免了舒尔茨模型的系统结构松散问题，模型层级环环相扣。

六、贝尔奇的 IMC 促销流程模型

乔治·贝尔奇（George E.Belch）和迈尔·贝尔奇（Michael A.Belch）以“广告与促销”为核心思想提出了 IMC 促销流程理论模型，其中包括 7 项促销流程：一是回顾营销计划，主要内容是结合市场竞争状况对市场整体的规划与目标进行调研与分析；二是分析营销推广计划情况，开展内外部调查；三是方案分析，主要是分析方案实施后的受众反应以及各种影响信息传播和渠道的因素，正确识别和制定营销信息传播的目标和预期想要达到的目的；四是预算分析与决策，拟订方案中各个环节的预算分配以及方案所需的总预算；五是制定整合营销传播计划，合理组合广告、公共关系、人员推销等沟通方式，以制定出一套完备的计划；六是营销传播策略的整合与实施，包括创意广告内容、战略组合、交易发生时间与地点等的整合；七是监控、评估和控制整合营销计划。

除了制定全面的整合营销传播计划模型外，他们还将整合营销

传播计划分为5种类型，即广告、直销、促销、公关和人员促销，并逐步解释了传播计划的实施。

七、基于 AIDA 理论的发展模式 AIDMA 模型

1898年埃尔默·刘易斯提出AIDA理论，也称为“爱达公式”，包含引起注意（Attention）、激发兴趣（Interest）、唤起欲望（Desire）、促成行动（Action）四个环节。AIDA理论是广告学中经典的理论之一，很多学者都在AIDA模型的基础上不断地研究创新完善。传统媒体时期，AIDA理论研究的主要发展历程如表8-1所示。

表 8-1　基于 AIDA 理论的发展模式

学者名称	年份	模式内容
阿瑟·谢尔登（Arthur F.Sheldon）	1911	引起注意（Attention）→激发兴趣（Interest）→唤起欲望（Desire）→促成行动（Action）→达到满意（Satisfaction）
山姆·罗兰·霍尔（Samuel Roland Hall）	1915	引起注意（Attention）→激发兴趣（Interest）→建立信任（Confidence）→使人信服（Conviction）→促成行动（Action）
哈利·科特森（Harry D.Kitson）	1921	引起注意（Attention）→激发兴趣（Interest）→唤起欲望（Desire）→使人信服（Conviction）→促成行动（Action）
罗伯特·拉姆齐（Robert E.Ramsay）	1921	引起注意（Attention）→激发兴趣（Interest）→唤起欲望（Desire）→保持谨慎（Caution）→促成行动（Action）
亚历山大·奥斯本（Alexander Osborn）	1922	引起注意（Attention）→激发兴趣（Interest）→做出判断（Judgement）→促成行动（Action）
爱德华·斯特朗（Edward K.Strong）	1925	引起注意（Attention）→激发兴趣（Interest）→唤起欲望（Desire）→留下记忆（Memory）→促成行动（Action）

随着传媒形式的变化，传统媒体已经不再是广告的唯一途径，互联网的发展改变了消费者接受信息的行为，AIDMA 模型随之发生了进一步的改变，如表 8-2 所示。

表 8-2　理论模式变迁对比

时代	模型	具体阐释				
传统媒体时代	AIDA	Attention 引起注意	Interest 激发兴趣	Desire 唤起欲望	Action 促成行动	
	AIDMA	Attention 引起注意	Interest 激发兴趣	Desire 唤起欲望	Memory 留下记忆	Action 促成行动
互联网时代	AISAS	Attention 引起注意	Interest 激发兴趣	Search 搜索	Action 促成行动	Share 分享
大数据时代	SIPS	Sympathize 共鸣	Identify 确认	Participate 参与	Share & Spread 分享与扩散	
	SICAS	Sense 互相感知	Interest & Interactive 激发兴趣	Connect & Communicate 连接沟通	Action 促成行动	Share 分享
	ISMAS	Interest 激发兴趣	Search 搜索	Mouth 参考口碑	Action 促成行动	Share 分享
	ADMAS	Attention 引起注意	Desire 唤起欲望	Message & Mouth 参考信息或口碑	Alternative 选择	Share 分享

不可否认的是，AIDMA 模型仍然是今天在进行营销传播时的一个重要模型，AIDMA 法则经常在营销行业和广告行业被用来解释消费心理过程，准确了解消费者的心理和行为，制订有效的营销策略，提高成交率。在使用 AIDMA 的过程中可以参照如表 8-3 所示的评估模型对其效果进行评估。

表 8-3　AIDMA- 营销效果评估模型

评估指标	消费者行为过程	评估内容	
展现量	电视 / 电影 / 纸媒 / 网媒展现	营销策略及目的评估	营销效果评估
到达率	广告接触	传播效果评估	
注意率	吸引注意		
好感率	激发兴趣	心理效果评估	
	唤起欲望		
记忆率	留下记忆		
行动率	促成行动	销售效果评估	

第四节　研究述评

整合营销的演进是围绕着“什么是整合营销”“如何进行整合营销”“为什么进行整合营销”这几个基本问题发展的，不同的人物、不同的时代对于这些问题都有着不同的思考与回答，而这些思考与回答形成的理论成果就构成了整合营销学派的主要思想。

整合营销学派的发展离不开两个重要人物的推进作用，第一位是整合营销学派的开山鼻祖——唐·舒尔茨。唐·舒尔茨于 1992 年首次对整合营销传播的概念进行了界定，他主张“营销即沟通”，即企业在营销产品的同时，应该尽可能地发挥营销沟通的作用，与目标顾客建立强有力的联系；随后（1998 年）其团队又在原来概念的基础上进行了扩充。在《全球整合营销传播 IGMC》一书中，他提出数字化、信息技术、知识产权和传播系统这四个要素是促进营销传播的基石。

第二位便是整合营销集大成者——汤姆·邓肯。汤姆·邓肯打开了品牌与整合营销传播的联系，引进了“关系利益人”的概念，在《品牌至尊：利用整合营销创造终极价值》一书中，他将与整合营销传播建立关系的终极努力归因于品牌资产。此外，它的覆盖范围大大突破了公司和消费者之间的整体关系。因此，整合营销传播不仅是公司与受众之间的简单对话，也是公司与所有与其相关的系统之间的沟通。

整合营销学派的理论发展一共经历了四个阶段：IMC 思想孕育阶段，主要是 20 世纪 80 年代以前，以麦卡锡的 4P 理论及定位理论为代表的营销理论为整合营销的产生奠定了基础；IMC 理论产生阶段，主要是唐·舒尔茨在 20 世纪 90 年代提出整合营销传播的概念，并有一批学者开始关注这一领域并进行研究。IMC 理论发展阶段，主要是 20 世纪 90 年代后整合营销理论开始从 4C 到 5R 理论进行转变；IMC 理论成熟运用阶段，主要是 21 世纪后 IMC 在世界各地及在中国的推广运用。

整合营销学派是一门融合性非常强的学派，其理论基础不仅包含营销学，还包括广告学、传播学、心理学等。整合营销一方面能帮助企业进行宣传，扩大品牌的知名度，另一方面也有利于品牌在消费者心中树立形象。当今时代，顾客的知识层面普遍提高，对产品服务的需求更新加快，由于文化习俗、社会背景、兴趣偏好、购买习惯等的不同导致消费者选择商品时呈现出差异化。整合营销一直强调“兵合一处，将打一家”，力争做到“一个声音说话，一个面孔示人”的统一思想，不仅要建立以顾客为中心的整合营销机制，而且企业的一切经营活动和产品生产服务必须紧紧围绕顾客进行，对于企业的从业者和组织运营管理能力要求较高。此外，整合营销要求“力出一孔”才能“利出一孔”，这就意味着整合营销不像普通营销方案可被随时调节，整合营销方案的系统整体观更强、法律效益性更大，但灵活调节调整改动并不便捷。面向受众的整合营销沟通策略的出现，使得双向交互式营销代替了传统的单向营销模式，基于受众需求的产品营销传播在品牌与受众之间建立了稳定、长期的互动关系。

综上所述，整合营销强调的是资源的整合与合理部署，而不对某些影响因素或策略进行简单组合，其目的是实现“1+1 ＞ 2”的效果。以顾客需求为导向，整合营销所追求的是一套企业合力打造的目标与组织架构相协调、资源合理配置的营销战略。随着营销传播环境的变化以及学者们对这一概念的研究逐步深入，整合营销传播的概念内涵正在不断发生变化。

本章小结

整合营销学派在国外的代表人物主要有唐·舒尔茨和汤姆·邓肯。唐·舒尔茨是整合营销传播理论的开创者，被称为“整合营销传播学之父”，他出版的《整合营销传播》堪称经典。唐·舒尔茨在4C营销理论的基础上提出4R营销理论，是整合营销的源泉之一。汤姆·邓肯所提出的“利益相关者”“品牌接触点”“品牌关系”等概念获得广泛的认可，并以营销传播的链路为出发点提出了整合层级模型。整合营销学派在国内的代表人物主要有申光龙、张金海和卫军英。

整合营销理论的演变主要分为四个阶段。第一个是IMC思想孕育阶段，主要有4P理论和定位理论，定位理论主张从消费者角度出发，在传播对象心目中占据一席之位。第二个是IMC理论产生阶段，作为确保企业信息一致性的方式之一，IMC被营销管理者看作是确保企业与市场进行协调沟通的有效方法，而跨职能则成为这一时期的另一个重要研究课题，这意味着一个或多个营销沟通活动由具有不同职能的组织来对其进行高效的管理，以最大化公司营销沟通的价值。第三个是IMC理论发展阶段，在这一阶段中，IMC强调营销即传播，营销活动应由单一的粗放状态开始向更为系统、完整的状态迈进。第四个是IMC理论成熟运用阶段，在创新性传播工具不断涌现的大环境中，整合营销理论也在实践中不断发展，并逐步走向成熟。

整合营销的主要分析工具包括：唐·舒尔茨的IMC模型、菲利普·科特勒的IMC模型、邓肯-阿伦斯-博维模型、莫尔-梭森模型、施吉的IMC系统模型、贝尔奇的IMC促销流程模型、基于AIDA理论的发展模式AIDMA模型。然而，整合营销学派也存在局限，整合营销一直强调“兵合一处，将打一家”，力争做到“一个声音说话，一个面孔示人”，要求“力出一孔”才能“利出一孔”，这就意味着整合营销不像普通营销方案那样可被随时调节。

第九章

数字营销学派

▲

CHAPTER 9

目前，全球贸易互联互通、数字技术与实体经济深度融合，移动互联网、智能手机、高科技智能可穿戴设备在消费者当中迅速普及，“用户至上、体验为王”的互联网思维成为当下的时代议题。在这一背景之下，数字技术的浪潮以前所未有的规模席卷了各行各业，消费者在生活与消费习惯上的改变也使得传统意义上的营销传播手段逐渐丧失其主导地位。在如今的生活中我们不难发现，电视广告、报纸/杂志等平面广告、电台广播和户外媒体广告等正不断地被互联网广告、移动手机广告、社交媒体软文推广、短视频广告、影视剧娱乐植入广告等新型数字媒体广告一一替代。因此，显而易见的是，互联网技术对产品营销和传播模式进行了全新的界定，用户的需求也在不断地发生着变化，从以往的功能需求到现在的追求自我满足感与幸福感的需求，从以往的高度集中到现在的碎片化，当下，在新技术变革和消费者需求变化的共同拉动下，企业被赋予了新的责任和使命，消费者意愿快速迭代，企业如何通过利用数字媒体和数字技术来聚焦用户需求和提升用户体验、如何利用数字营销的手段重塑产品及品牌、如何在数字化浪潮中整合资源从而给产品的价值传播提供新的动力和方向，将是每一个企业都必须面临的现实问题，而只有把握数字化变革的契机，企业才能在竞争中获得长足发展，于是数字营销应运而生。

20 世纪 90 年代中期，互联网逐渐成为商业活动的主角，人们把网络论坛作为表达个性化思想的工具，用户主要作为互联网信息受众或信息源，利用互联网与其他用户发生联系，消费者在互联网上搜索疑问来找到问题解决方案从而优化自身的各方面选择，而商家则可以通过各种数字渠道如贴吧、网络论坛等获取用户口碑等重要信息。随着电子商务、搜索引擎、网络论坛及社区的发展和普及应用，数字技术给人类的生存方式带来了颠覆性的变革，作为数字营销的元年，2000 年是一个重要的时间节点，关注数字互动营销的学术研究也在 2000 年前后开始大量增加，而在营销界也开始涌现出了各种对网络营销理论的相关研究。《直效营销杂志》（Journal of Direct Marketing）在 1998 年更名为《互动营销杂志》（Journal of Interactive Marketing）并开始发行。该杂志在 1999 年提出未来所有的营销都是或很快将会是互动营销的观点，在当时具备一定的预见性。尽管在 2000 年之前，学者们已经将数字营销纳入研究考虑范围，但关于数字营销的认知依旧停留在概念层面。例如，包括道恩 · 亚科布齐（Dawn Iacobucci）在内的学者当时提出，网络分析非常重要并建议在营销中使用，同时还强调了互联网营销的个性化和快速反应的潜力优势。

随着人们对网络营销环境、内涵、过程、范围以及价值点等方面理解与认知的不断加深，学者们就“互联网营销”“在线营销”以及“数字营销”等不同视角的网络营销概念进行了更加深入的探讨，同时，如“搜索引擎营销”“病毒营销”“社群营销”等新型营销方式在不同技术方向应用的相关问题也逐渐被营销学术界的学者们广泛地讨论与研究。

第一节　代表人物及其学术思想

本节主要列举数字营销学派国内外代表人物及其学术思想，国外代表人物主要包括约翰·戴顿（John Deighton）、帕特里克·巴维斯（Patrick Barwise）、卡南（P.K.Kannan）、菲利普·科特勒，国内代表人物主要包括姚曦、秦雪冰、王赛、曹虎、王浩、阳翼。

一、国外代表人物及学术思想

（一）约翰·戴顿和帕特里克·巴维斯

2001 年，约翰·戴顿和帕特里克·巴维斯在《*Digital Marketing Communications*》一文中，首次提出了数字营销传播的概念，但他们并没有构建起数字营销理论的完整框架，仅从网络营销所处的环境、数字广告媒体与网络营销基本内容等方面进行了阐述。

（二）卡南

卡南于 2017 年发表的数字营销的综述论文是数字营销领域内目前引用量最高的一篇文章，文中对数字营销的定义和研究框架进行了梳理，文章的内容重心聚焦于数字技术对整个营销战略的影响上。该学者认为，数字营销是一个变化中的概念，早期数字营销单纯指在线营销的渠道，现在数字营销是指利用数字技术进行市场调查与研究、建立顾客关系与保持顾客价值、宣传品牌、运用营销手段以持续提升业绩的综合性概念。

（三）菲利普·科特勒

菲利普·科特勒在《营销革命 4.0：从传统到数字》一书中指出，包括电子商务、移动运营和网络运营在内的数字营销是数字化技术在营销领域发展的必然结果。菲利普·科特勒呼吁企业在发展的同时也要注重和消费者之间的互动，让顾客参与到营销活动的过程中来，企业在利用数字媒体促进公司的营销活动时，与营销相关的服务应是交互的以及全方位的，企业可以通过大数据增强自身对顾客信息的敏捷性，消费者可以通过各种数字化渠道发表自己的需求和看法，而营销人员则可以利用即时的客户信息反馈来洞察单个客户或是多个客户的心理及行为。营销 4.0 所要提供的新思维正是通过这种方式来持续改进和优化企业所提供给顾客的服务，以满足顾客的需要，使顾客的自我价值得以实现。在营销 4.0 的新时代，数字营销和传统营销将会在二者并存的同时携手共进，最终实现企业赢得顾客的终极目标。

从最初的营销以产品为重心到赢得客户心智，从激发消费者价值观共鸣再到如今的营销 4.0，随着社会经济的发展，营销的概念也在不断地发生着变化。以大数据和新一代分析技术等作为推动力，营销 4.0 是一种以创新为导向，同时结合线上线下用户和企业交互的新型营销模式，其本质在于认知到传统营销和互联网营销在建立顾客参与度和推动销售结果方面应该各司其职。在数字经济中，仅仅依靠单一的数字交互竞争力不强，而线下线上交互则可以实现“1+1 ＞ 2”的效果。新的数字时代，基于大数据和社群，营销价值观重心由制造何种商品转向积极交互、用户至上、体验为王，消费者也因此能够更加积极地参与到营销价值的创造活动之中。连接使得消费者掌握了巨大的力量，通过这种连接，消费者可以尽情地表达自己的想法和意愿，体验、感知、共创是数字化时代品牌营销的关键词，消费者可以和企业共创内容、共创产品，甚至可以共同创造一种新产品开发的全新战略。

二、国内代表人物及学术思想

（一）姚曦、秦雪冰

国内最早是由姚曦、秦雪冰（2013）开始从底层技术层面讨论数字营销的概念与内涵。姚曦、秦雪冰在《技术与生存：数字营销的本质》一文中指出，在漫长的人类历史中，人类的生存方式有两大类，即自然生存与技术生存，在很长一段时间里，人类都是以自然生存为最基本的生存方式，然而，随着人类社会的不断发展和科技的不断进步，技术生存已经成为人类赖以生存的主要方式，虚拟生存也成为人类最主要的技术生存形态。当下，数字技术的发展使得人类在现实生存中所面临的问题都可以通过虚拟的方式得到解决，由此，人类在现实生存中活动的同时，也可以进入虚拟生存的状态，虚拟生存也将逐渐成为人类常态化的一种生存方式，随之而来的是，经济模式和市场营销模式都会发生根本性的变化。

在数字技术的飞速发展下，虚拟经济得到了迅猛的发展，与此同时，数字营销已经成为一种重要的营销方式。数字技术所催生的虚拟生存方式是数字营销出现的一个重要前提，在虚拟生存空间中，我们可以看到的是数字营销的一些表象特征，例如，在存在方式上，其具有多媒体性以及个性化的特征，而在运行方式上，其又具有互动性、精准性、开放性、去中心性和全球化的特征，同时，在内容方面还具有海量性、多元性的特征等，但仅仅停留在表象是不够的，我们需要透过现象来探究数字营销的本质。根据姚曦、秦雪冰的观点，数字营销是一种以虚拟生存空间为基础的营销，如果没有虚拟的生存空间，数字营销将没有任何意义。其基本特征是：以数字技术、虚拟实践为基础，作用于消费者的虚拟体验，将原本分离的创意与传播、传播与营销进行整合优化。所以，数字营销是一种使用数字传播渠道来推广产品和服务的实践活动，可以预见的是，数字营销将迎来爆炸式的增长，成为虚拟生存时代营销的主要形态且与传统营销方式不断整合、互动并存。

（二）王赛、曹虎

科特勒资讯中国地区合伙人王赛 2016 年在《清华管理评论》上发布的《数字时代营销战略的转型方法论》及其 2017 年发布在同一刊物的对菲利普·科特勒的专访文章，明确提出数字营销绝对不是多种营销工具的简单组合，而是结合营销组合理论从战略到战术的规划。王赛与曹虎等合著的《数字时代的营销战略》一书中提出数字营销是战略性的，他们强调数字营销不是任何一种渠道或技术，不是微信、微博以及其他社交媒体平台等营销工具的组合和堆砌，而是基于对其本质的了解进行综合、深入的运用，它首先需要营销战略思维的升级，同时拥抱技术，尤其是大数据技术，并在实施的过程中建立内容数字平台，并且不断地整合这些新的工具。

在此基础上，他们还对数字营销战略实施框架进行了分析与总结，并将其归纳为数字营销 4R 体系。

第一步，数字画像与识别（Recognize）。在前数字化时代，企业注重的是对通过样本推测与定性研究锁定的目标消费者的整体分析，而在如今的数字化时代，企业可以利用各种先进技术和大数据追踪用户的网络行为路径，明确消费者的购物偏好，进而形成大数据的用户画像。

第二步，数字化覆盖与到达（Reach）。如何合理与高效地利用用户画像来实施对消费者的精准触达与连接，是这一步中企业所要考虑和研究的问题。

第三步，建立持续关系的基础（Relationship）。只完成前两个步骤并不能确保数字营销的效果，因为以上步骤只解决了企业对目标客户瞄准与触达的问题，但是后续如何操作以实现客户资产的获取问题并未得到解决，因此，企业是否通过数字营销的方式建立能与消费者之间维持稳定关系的基础设施与平台成为这其中最关键的一步，如社群的建立，可以保证企业与客户发生直接的、双向的、有深度的联系与互动，使消费者能够在最大程度上参与到企业的营销活动中来。

第四步，实现交易与回报（Return）。在这一步中，王赛与曹虎等人提出企业可以运用社群资格商品化、社群价值产品化、社群关注媒体化、社群成员渠道化、社群信任市场化等运作架构及方法来实现顾客资产的变现。同时，4R 系统内部也形成了一个运行闭环，便于企业理解、应用、实施和反馈。

（三）王浩

王浩于 2018 年出版的《数字营销实战》一书里结合营销中最基础的理论对数字营销做出了诠释，他将数字营销放入企业战略与发展的整体大局里思考，认为仅将数字营销作为一个独立的知识体系来看待是不够的，数字营销应该是营销的一部分，就像互联网最初出现的时候仅被认为是一种新的渠道或技术，而如今已经成为改变世界的最大驱动力，数字营销作为营销的一部分和营销的一个渠道，它们之间绝不仅仅是简单的从属关系。他将数字营销定义为使用数字传播渠道来推广产品和服务的实践活动，数字营销构成了营销的创新性传播渠道，为营销提供了新的技术能力，并进一步从各个层面上塑造了营销。他认为，以网络、移动等为代表的数字渠道的发明，必将重新塑造整个营销行业，并将营销带到一个全新的高度。这部著作对主要的营销渠道如社会化平台、移动、网站、电子邮件等，以及数字营销与客户关系管理等方面进行了详细说明，并介绍了多个数字渠道协同整合营销的方法。此外，王浩在该书中对影响数字营销有效性的用户体验设计进行了分析与探讨，同时还对一些新趋势、新概念和新方法如实时营销、内容营销、粉丝营销等结合实例进行了详细的阐述和说明。

（四）阳翼

阳翼在 2019 年出版的《数字营销（第 2 版）》一书中对现阶段人工智能、VR、AR、大数据等新技术的广泛应用为数字营销行业带来的革命性的变化，以及大数据技术如何推动数字化营销持续创新与升级，为消费者带来全新的价值与体验进行了阐述。书中从服务个性化、产品定制化、制造智能化等几个方面，探讨了运用大数据营销的创新性途径以及包括产品定价、渠道、广告等在内的人工智能驱动的全方位营销创新模式。

第二节　数字营销的发展阶段

根据技术发展的路径，基于 Mob 研究院发布的“2019 年

MarTech 白皮书”整理，可以将数字营销理论的发展大致划分为 5 个阶段：传统数字化营销阶段、互联网营销阶段、技术营销阶段、AI 营销阶段以及智慧营销阶段。

一、传统数字化营销阶段（1995 年前后）

在互联网技术尚未流行与普及之前，像电视、广播和最初的因特网门户广告这样的传统营销传播方式得到了广泛的运用。在这一阶段，数字化营销只能以传统的媒体作为基础来展开广告的发布与品牌信息的传播，具有专属时空属性、特定渠道的显著特点，且完全受制于媒介的时间、空间特性影响，即必须在特定的时间、特定的渠道才能将广告发布出来和传播出去，因此，商家所能接触到的人数及流量也十分有限。在此基础上，传统广告营销模式要求受众注意力非常集中，只有这样才能发挥广告的效果。

在传统数字化营销阶段，受众面临着有限的商品和相关信息的选择，在营销者试图用传统营销技术吸引受众注意力的过程中，受众是多数，而产品信息的传播是少数，消费者有着相对较少的机会去接触企业以及产品，因此，有关产品的信息处于供不应求的状态。在这种背景下，受众对于信息和沟通的方式没有更多的和较高的要求，对产品信息处于被动接受的地位，消费者没有主动选择的权利，此时，只要企业的产品广告能够通过广播、电视广告以及互联网门户广告等方式触达消费者，企业就能在一定程度上获取增量用户。但是其弊端也显而易见，在这个没有互动的、单向沟通的关系中，企业不能快速地根据消费者的喜好和反馈来制定有效的营销策略，也无法做到在传播的过程中为每一个独立的客户提供不同的服务，更不必说洞察消费者的个性化需求了。

二、互联网营销阶段（1995—2004 年）

2000 年互联网门户兴起，Google 发明了以关键词为卖点的竞价排名广告体系，开启了以“交互”为关键词的互联网广告时代。随着互联网的发展，越来越多的个人、企业、政府机构等都加入了这个虚拟的网络世界之中，在全球范围内，企业与消费者之间也逐渐建立起一个相互联系的、成熟的互动网络。在这个网络上所进行的信息传递方式具有以下特点：快速、广泛、低成本和互动性强，也就是说，在很短的时间里，企业可以通过互联网把公司和产品的信息快速地传达给广大的目标客户，完全不同于传统的信息传递的途径，通过互联网的信息传递行为的成本极低，同时，在这个信息传递的过程中，卖家和买家以及买家之间的互动都得以实现。由此可见，互联网已经彻底地突破了传统媒体需要分层、分阶段的信息传递模式，形成了独特的一体化信息传递方式，同时，互联网的发展也将企业的营销模式推向了一个新的阶段。

网络经济时代的到来，既改变了消费者以往的信息沟通方式，也改变了企业的经营和运作模式，消费者可以在网络上任意搜索自己所需要的产品，查阅不同的品牌，了解详细的产品信息，实现消费者与消费者之间、消费者与企业之间各类信息的迅速传递与实时沟通，而企业也可以以多种形式接触消费者，甚至为自己的网页购买关键词排名，通过设置不同的关键字来获取不同的目标访问者，进而控制在特定关键字上的排名。随着网络技术的不断发展，企业也将传统的商务逐步转移到互联网上，这也为经济的发展带来了更多的商机。互联网的兴起，缩短了传统市场营销中生产者和消费者之间的距离，减少了商品流通过程中的许多环节，这也使得消费者能够通过各种终端设备更加便捷地进行网上购物，可以说，互联网技术和经济的紧密结合使数字营销进入了一个全新的发展时期，实现了“人与物、人与信息、人与人”之间的连接，即互联网营销阶段。

互联网已成为一种更广泛、更具交互性的新媒介，它具备了广播、电视等传统媒体所无法比拟的优势。互联网超越了时间和空间的限制，企业能够利用互联网进行市场开拓、产品创新、宣传推广，随时随地为消费者提供全球性的营销服务。互联网使得传统营销的面貌发生了改变，造成了对标准化产品的冲击，与此同时，互联网还对传统营销渠道中的中间商的作用产生了影响。在传统的数字营销阶段，消费者对产品的选择是十分有限的，而在互联网营销阶段，消费者则处于主导地位，消费者可以在非常广阔的空间内选择商品，更为重要的是能够根据自身的喜好来搜索商品，而不是盲目的寻找，在选择范围扩大的同时还减少了搜索的时间。互联网的发展使得消费者与企业之间从单向沟通转为双向互动，品牌不再是单向地向受众传播信息，受众可以主动与品牌通过数字渠道进行沟通并期待品牌的回应，因此，市场的话语权与控制权正在向用户倾斜，与以往相比，处于互联网营销阶段中的消费者更渴望被企业关注，并成为最独特的那一个。

尽管在当时互联网已经成为世界上最大的信息交流媒介，但是广告是否真的能够触达消费者并提升销售业绩也是企业营销活动中一直存在的问题，比如，后台统计结果表明用户的点击率极高，但实际营销情况并不理想；再者，这些数据也会被伪造，使企业在广告方面的资金投入成为沉默成本。不过，随着技术的更新迭代，这些问题也就迎刃而解了。

三、技术营销阶段（2004—2012年）

2008年左右，移动互联网普及，社交媒体诞生，原生广告和信息流广告开始引起消费者和企业的注意。在此背景下，用户的注意力成为企业竞争中更为稀缺和宝贵的资源，数据化管理平台（Data Management Platform，DMP）、供应方平台（Sell Side Platform，SSP）、需求方平台（Demand Side Platform，DSP）等数字化广告营销平台和工具体系逐渐兴起，精细化数字营销技术被众多企业在营销实践中加以应用。

营销的精准性是这一阶段所重点强调的，各种数字化技术和工具体系依托强大的数字资源、深度的用户洞察，对用户进行了准确的剖析与定位，在合适的时间，以合适的价格推送在消费者面前，精准地满足用户的需求，比如淘宝的个性化推荐，消费者作为买家在淘宝上进行购物时，所有浏览过的商品、店铺都会被悄无声息地打上标签，长久以来，这一系列的标签就成为一个消费者固定的长期标签，而当消费者再次打开淘宝时，就会发现所有的推荐都是投其所好。在技术营销阶段，用户的一切行为在企业面前变得越来越“可视化”，除此以外，数据还可以轻松跟踪到客户给予的反馈，例如，当企业使用链接向客户发送大量电子邮件时，企业后台就可以跟踪了解到有多少客户点击了该链接，以及他们花了多少时间阅读该电子邮件。如果点击率很低，分析数据可以帮助我们找到原因，如链接的放置位置不对、链接错误或者电子邮件篇幅太长等，随即就可以对所实施的策略进行改进，以获得消费者最大程度上的关注。

这一时代的到来，也为企业的经营和发展带来了新的挑战和方法，企业不断改进之前的营销方式，更加专注于如何利用数据管理平台实现产品的精准营销，构建企业的基础用户画像。用户画像就是对用户进行信息标签化的处理，企业收集用户的基本属性、社会属性、生活习惯、消费行为等数据，通过算法挖掘和分析用户数据，从而形成一个抽象的用户全貌属性，作为实现商业场景和应用的数据资产。用户画像能够为企业提供基础画像表，帮助营销人员快速找到精准用户人群，并深度挖掘用户需求。未来数字营销将更加注重客户体验，与过去公司只是把钱投入广告，然后人们购买产品的模式不同的是，当我们进入一个更加数字化的世界时，人们将会有越来越多的商品和服务可供选择。因此，在数字平台上进行营销活动时，改善每个销售阶段的客户体验并向客户传达清晰的品牌信息至关重要。

此外，移动广告逐渐从发展早期向成熟期过渡，移动 DSP 与 DMP 并举，企业也在不断加大两个平台间的调配与合作，逐渐建立起一套完整的移动数据营销和移动广告投放的合理逻辑及科学运作模式，通过两大平台的无缝对接，搭建移动广告投放的生态架构，完善服务模式和可持续的盈利模式，加强大数据挖掘。也就是说，DSP 一边连接着广告交换平台，一边服务着广告主，DSP 平台就相当于一群散户的经理人，帮助这些散户管理资金，然后根据自身的技术能力挑选出认为合适的股票，并让他们获得的利润达到最大；而 DMP 掌握着用户的各种数据，可以结合 DSP 进行分析，从而提升 DMP 的价值。完善的平台技术能力，强大的技术团队建设，稳定的大数据储存和运营体系的构建，在最大程度上提升了大数据的清洗、挖掘和应用能力，也有效地提高了大数据的价值和变现能力。与此同时，出现在社交媒体用户好友动态中的信息流广告也以一种十分自然的方式融入用户所接受的信息当中，用户触达率十分高。信息流广告不会改变展示内容形式，而是以很自然的状态植入，根据用户地域、年龄、性别、兴趣等主动地进行广告推送，其精而准的特性也受到企业的青睐，使用这种方式，企业能够通过用户分析、数据追踪，将合适的广告投放给合适的人，在吸引更多消费者驻足的同时还会促使消费者点赞、评论、转发等形成互动，促使消费者主动消费，进而形成良性循环。由此可见，数字化广告营销平台和工具体系的不断兴起也为数字营销的发展注入了新的动力。

四、AI营销阶段（2012—2018年）

大数据与人工智能技术的不断发展，为数字营销提供了更多的选择和工具，在此背景下，营销工具与技术的应用越来越深入，营销机器人、智能创意、营销云平台等新的营销工具层出不穷。AI技术的发展使人们能够基于大数据建立AI系统，与创意结合，不仅内容更加多元化，效果也更加精准和高效。AI营销的崛起也源自智能设备的发展及机器学习的进步。AI从机械地学习人类知识到能够感知和认识整个世界，从而解决营销中不断涌现的新的问题，这也使其成为大数据营销时代变革的推手。《2022 AI营销白皮书》对于AI营销做出了准确的定义：AI营销即应用AI技术对数字营销的全链路进行智能化升级，提升营销的效率和效果，创造新的消费者交互场景体验，发现和创造消费需求，不断满足消费者的个性化需求的营销模式。时至今日，未来科技的快速迭代，虚拟偶像、数字资产等概念的出圈，使得越来越多的品牌开始重新评估AI营销的价值。

在这一阶段，越来越多的品牌开始变革品牌营销模式，以用户为中心，通过AI系统精准洞察用户的生命周期，实现品牌与用户之间更高效的沟通。注意力碎片化已经是老生常谈的话题，AI大数据的出现，能够帮助品牌更好地找到和触达用户，尤其是面对诸如即时物流类的复杂竞争环境，大数据显得尤为重要，在投放广告前，企业可以利用大数据平台，通过对竞品人群、目标对象的性别、地区、消费水平等细分类目进行分析，制定投放策略，加大品牌投放力度，挖掘潜在客户。

与此同时，AI 营销也逐渐成为数智时代品牌的营销必选项，这也推动了 AI 营销的持续迭代创新。其实在该阶段以前，营销领域就已感知到了 AI 技术所带来的浪潮和影响，开始高度重视 AI 技术对于广告创意和营销的意义，但因为当时技术和产品的不完善，以及落地业务场景的缺失，早期的 AI 营销更多的有炫技的意味，难以真正为品牌所用。而在数智化营销新时代，AI 正在代替人成为营销决策中心——AI 技术在品牌营销场景中不再是唯技术论，也不再仅仅是为了炫耀高科技，而是从用户洞察到内容创意再到投放决策，乃至反馈评估，全方位地解决品牌营销中遇到的实际问题，AI 营销实现了凭借技术手段像一个人类销售员那样，以智能体的形象出现在客户面前，并且在所有的设备和媒体上持续地与客户交流沟通。许多互联网平台在这一阶段也都加速了 AI 营销发展，升级数智化营销模型，为品牌提效增速。整体来看，AI 技术从受众洞察到内容产出、投放执行，一步步打通了品牌商与目标消费者的有效沟通链路，从用户角度看，AI 技术赋能营销，可以提升消费体验，体验 AI 时代下更快捷、更智能的生活方式；从品牌角度看，AI 赋能带来的价值不只是短期的品牌曝光和产品转化，还有更好地优化产品从认知到交付的全营销链路，以小成本撬动大收益，实现了品牌各方面增长。

在 AI 营销阶段，技术所带来的“精准度高、效果易衡量、按点击付费、门槛低”等更优化的投放体验和更高的投放效率，让品牌创意能够更精准地触达目标用户。营销专家将 AI 营销概括为“场景力”“技术力”和“增长力”三点，AI 营销的场景力包括拓展更丰富的场景触点以满足用户的深度需求，将交互升级成基于音视频、自然语言的界面，将这两点结合，内容交互就能变得更智能与人格化了，用户的需求也就能通过服务来满足了；技术力强调 AI 技术自身的不断学习与升级；增长力则是说成熟的商业化体系要让用户便捷地实现转化，并给出相应度量，简单来说，就是要形成交易闭环，并给出科学的数据度量。

数据和技术成为产业各方共同的发力方向，整个 AI 营销产业图谱向着分工更明确、布局更合理、竞争更理性的方向发展。随着人工智能在越来越多的决策场景中落地，AI 营销已经不再停留在概念上，在技术不断更新换代的大背景下，AI 营销逐渐成为企业的“成长力引擎”，在不经意间，AI 技术已深入用户洞察、内容创意、交互形式、传播增效、效果评估等各个环节，同时，也为智能营销阶段营销生态体系的构建奠定了坚实的技术基础与支撑。

五、智慧营销阶段（2019 年至今）

依托更为庞大的数字化、智能化生态系统，企业将自身资源深度融合，通过 AI 和智能物联网与用户进行了更为紧密的联系与互动，实现纵深化发展，从而变得更为精准和智慧。新兴数字技术给企业带来的重要优势之一是数字营销能更快更好地感知到客户需求并为其创造更多价值。数字营销时代相较于传统互联网时代，最重要的是，企业可以更加快捷与精准地对用户的行为进行记录和追踪。智慧营销以用户为中心，以商业增长为使命，依托技术，并通过不同的广告形态实现消费者个性化的营销体验。可以说，智慧营销的核心就是交叉的数据与技术，在智慧营销阶段，无论是企业营销能力的提高，还是用户消费体验的优化，都离不开互联网元素的支持。

用户需求的挖掘和产品卖点的设定不必通过问卷调查来完成，因为大量的数据会让企业获得想要的信息，在用户需求方面，企业借助搜索指数、媒体指数等数据了解产品被关注的趋势，然后综合产品的实际情况就可以判断出用户对产品的购买意愿。

因此，消费者需求端实现了全场景的数字化，这也驱动营销从过去仅仅是基于流量的数字化追求，转向了基于全维度的数据的智能化、全场景的触点数字化，驱动全效的数字化成为数字营销的新供给；而在卖点方面，企业只需对例如用户购买、竞品相关信息等方面的数据进行分析，然后根据这些数据就可以提炼出最终的卖点。随着技术的发展和数字营销基础架构的不断完善，企业可以在多个方面获取海量数据的同时，运用数据挖掘的方法，发掘数据中新的商业机会，这样，企业就可以将更多的资源有效地投入更细分的小型客户群中，同时，AR、VR 等新的应用程序的开发也给媒体交互提供了一种新的方式，缩短了企业与用户之间的距离，可以说，智慧营销实现了从流量数字化运营到全效数字化的升级。

当下，人们的需求也变得更加个性化和碎片化，这也导致企业的营销方式发生了重要转变。朱逸等人在《数字营销的多重关键性面向》一文中指出，在当前的社会经济环境下，数字营销正在呈现出三个趋势：第一是多元学科的介入，例如计算机、心理学等越来越多不同的社会科学与自然学科被加入数字营销研究中，数字营销也逐渐成为诸多学科的共同研究指向；第二，随着市场营销实践的不断深化，现有的营销研究也越来越具有实践性，数字营销也逐渐有了自己的框架，在实践中形成了一个完整的行业链条，包括智能硬件、应用工具等都已具备一定的规模，且已形成一个较为完善的生态系统；第三，功能性不断延展，作为以技术为驱动的营销方式，数字营销在内容、触点、数据三个实践域中构建了自身的基础性设施和功能，同时也为其他类似的内容营销、精准营销、社会化营销提供了系统化支撑，营销正向智能数据化导向不断转变，企业必须随时了解用户的下一步需求，甚至是准确地预测需求，基于移动互联网、大数据、云计算，一种全新的市场模式呈现在人们的眼前。小程序商城、App 软件开发、引流推广、智能管理、品牌推广、品牌设计等一站式智慧营销服务也逐渐崭露头角。相比传统营销和传统媒体，数字营销给营销市场、媒体市场带来的变革可以用“颠覆性”三个字来形容，在传统媒体时代，报刊、广播电视完全依靠采编与经营双轮驱动，缺一不可，采编负责内容生产，经营负责广告创收，基本没有交集。在数字营销时代，媒介的时空属性已然消失，广告的发布和传播不再需要在特定的时间、特定的渠道，而是随时随地都能实现。

5G 在各个行业应用全面开花，改变着人们的智慧生活，也在改变着消费和生产的方式。在消费方面，5G 的出现不但推动了用户消费的提升，还推动了零售产业数字化的转型，激发了新的活力，同时，5G 还打破了时间与空间方面的限制，推动了 AR 和 VR 的快速发展，使人、货、场被重构，算法技术的普及、大数据的应用，也让各种新奇的营销方式不断涌现。智慧营销阶段，阿里巴巴所提出的全域营销也就拥有了最广阔的前景，它是以用户为核心的智能化营销模式，致力于在大数据的辅助下实现全链路、全媒体、全数据、全渠道营销。营销技术概念的提出者斯科特・布林克（Scott Brinker）认为“现在的市场营销已经不是让顾客去想象商品，而是让他们去体验和感受商品和服务，市场营销技术非常注重顾客的体验，因为这是顾客的顾客，所以商家必须注重这一点”。同时，5G 的应用也推动了媒体产业发展的脚步，从互联网发展到移动互联网媒体再到自媒体，从图文资讯发展到短视频、直播带货，企业借助先进技术对有限的受众资源进行了分配，使得受众的时间被碎片化、接受影响的渠道多样化，广告主从“小打小闹”的广告营销逐渐走向了既营销品牌又营销产品的“自营销”。广告代理公司（绝大多数转型为数字营销公司）为迎接数字时代的到来，正在经历着从经营理念、组织架构到运作流程、业务模式的蜕变，以便更好地实现为广告主服务的“他营销”（品牌营销、产品营销），同时，广告主也期待智慧营销能够贯穿“曝光—洞察—转换—运营”的营销全链路，而这些变化与期望也必然导致媒体和企业的关系更加密切，共荣共生、共同转型，一个新的营销生态圈应运而生。数字媒体从内容运营、用户运营和活动运营三个方面开启了数字时代媒体运营的新篇章。

第三节　数字营销分析工具

一、SIVA 范式

SIVA 范式是美国学者唐·舒尔茨提出的全新市场营销传播理论，这是一种区别于传统的、基于搜索平台而建立的新的营销理论。SIVA 范式包括 Solution（解决方案）、Information（信息）、Value（价值）以及 Access（途径）。Solution 指消费者根据自己的能力寻找综合解决问题方案的过程（我应该采取怎样的方法解决自己遇到的问题）；Information 指消费者通过各种各样的方式获取解决方案的有关信息（包括产品的品牌、价格、口碑等）从而不断修正解决方案的过程（我可以通过什么方式来了解更多信息）；Value 指消费者评估和权衡解决方案具有的价值，这种价值包括购买成本和共享价值（我需要牺牲什么来解决这个问题）；Access 则是指消费者寻找最佳渠道购买解决方案的过程（在什么地方可以得到解决方案）。

简单来说，这一理论也可以概括为一句话：告诉我你的问题，我们一起来解决。消费者在表达他们的需要，不断地寻找、修正和最终决定他们自己的解决方案的过程，实际上就是在 SIVA 构成的路径中不断地调整方向、选择新路径并最终找到入口的过程，消费者在这个过程中的每一次驻足和跳转，都是营销者在消费者心智中建立品牌和进行沟通的机会，营销人员要充分利用并抓住每个与消费者与品牌进行个性化交谈的机会，为顾客提供即时的帮助和服务，以优化消费者选择路径。

首先，SIVA 范式是基于客户所面对的实际问题、从顾客的视角出发，协助企业聚焦顾客的需求和欲望，企业应理解顾客问题并提供顾客问题的解决方案，而不仅仅是自顾自地开发自以为顾客需要的产品。其次，SIVA 理念致力于提供顾客渴望解决问题的信息，从而来创造顾客，而不是试图将不适合的产品销售给任意的顾客。再次，SIVA 理念专注于方案价值对顾客头脑中价格的掩盖，从而强调价值的非价格因素以实现引导顾客发生购买行为。最后，SIVA 理念侧重于解决顾客方案的途径，互联网技术使时间匮乏的顾客能够快捷、及时、有效地获得解决方案，如此一来，企业与消费者之间便可产生良性的循环接触，企业得以获得和保留重复购买的顾客，实现可持续发展。

SIVA 范式的基本框架是以顾客的需求为起点，然后利用多种技术手段来确定和判断企业的生产、销售、营销等各个方面的要素，进而进行合理有效的整合与调整，消费者会通过搜索引擎留下有关偏好、需求、渴望信息等各方面的数据，然后企业可以通过这些数据来明确消费者的个性化特征，进而把每一个消费者视觉化，把握个体独特的潜在消费需求，随后通过提供知识和物品的方式，将其传递到有这些独特需求的个人那里，创造企业的价值。这种营销方式不仅仅是传统企业的“卖产品”，更是为客户提供经验和个性化的问题解决方案。

这已完全颠覆过往的营销模式，在唐·舒尔茨看来是大势所趋，他认为过去的供应链商业模式已经过时了，“消费者再也不会那么轻易被蒙骗，遵循 SIVA 理论，实现共享，才能使市场变得和谐并实现可持续发展”；SIVA 范式的重点在于不同于以往的产品观念，而是以消费者为核心、以搜索引擎的广泛使用为驱动力，品牌扮演着为消费者找到他们想要的答案的重要角色，每时每刻，信息都在不断地更新，并以消费者希望的方式和样子出现，同时消费者还可以参与到企业价值创造的过程当中，去评估、去修改；SIVA 范式的核心逻辑在于，相比于产品，消费者更需要的是解决方案，消费者要的是价值而不只是花钱，消费者在搜索信息时是非常主动和主观的，他们会通过各种可能获得企业所提供的价值，包括有形的和无形的。因此，SIVA 的目标不仅仅是高效地推销商品和服务，更是要激发消费者的积极性，以顾客为中心从而推进市场，最终实现“顾客控制”。

二、5A 模型

消费者行为链路一直以来都是营销领域探索的核心，经过众多学者多次改革与修整后，菲利普·科特勒结合互联互通的时代背景，将AIDA模型修改为5A模型，即认知（Aware）、吸引（Appeal）、问询（Ask）、行动（Act）和拥护（Advocate）。5A模型遵从MECE（Mutually Exclusive Collectively Exhaustive，意为“相互独立，完全穷尽”）原则，实现所有层级与连接用户全局覆盖，且层级之间相互独立，5A模型能够真实地反映移动互联时代客户的购买行为，能够描述和理解顾客的购物到底是怎么发生的，以便找到消费者的行为链路以及企业与之相匹配的营销链路和媒介链路。5A模型将复杂的用户行为简化为通用的模型，换句话说就是，企业可以利用这一模型，通过了解客户的购物决策过程找到真正的产品差异或者隐藏的用户体验问题。

相比于以往的AIDA模型，5A模型呈现出了几个重要的转变，如消费者的行为不再是偏个人的行为，他们的购买会受到其周遭各种社群的影响，同时，消费者的忠诚不仅局限于重复购买，而是通过拥护和支持来体现，除此以外，一种新的关系，即“提问—拥护”成为品牌营销过程中非常重要的手段。利用全新的5A模型，希望让更多的企业可以理解品牌与消费者之间的关系，特别是有针对性地去了解消费者特定、独一无二的行为。该模型也可以帮助企业对顾客的全方面洞察和全生命周期进行有效管理，对企业提升顾客终身价值极具意义。5A路径生动形象地刻画了“认知（我知道）—吸引（我喜欢）—问询（我相信）—行动（我要买）—拥护（我推荐）”的用户购买逻辑，展示了一个品牌从用户知晓到消费者成为忠实客户所经历的5个阶段。

1. 认知（Aware）阶段

这是与消费者接触的第一步。消费者通过各种随机性的渠道被动地接受各种产品信息，例如过去的经验、营销的传播、互动以及其他人的体验等。

这是进入整个顾客体验路径的大门，也是品牌知名度主要的来源，在这一阶段中，消费者客观地接触到了产品但是并没有从主观上去认识。

2. 吸引（Appeal）阶段

吸引的驱动力来自需求，当营销信息触动了消费者的需求点时，也就容易吸引消费者的关注了。顾客在认知了几个品牌之后，会对这些品牌信息进行加工处理，从而形成短期记忆或扩大成长期记忆，最终的结果是，只对少数几个他认为独特的品牌印象深刻。

3. 问询（Ask）阶段

受到好奇心的驱使，客户会主动地从亲朋好友、网络媒体等渠道搜寻信息，或是直接从品牌服务中获取更多的相关品牌及产品信息，在这一阶段中，顾客的体验路径从个人转向了社群，因此，只有品牌诉求获得了他人的认可，才能继续出现在顾客体验的路径之中。同时，客户在问询阶段收到的信息是否满足了其动机需求，决定着其是否进入购买阶段。在网络时代，线上和现实的结合使消费者获得了更多接收正面或负面信息的机会，因此企业必须实现长期、大量的连续多渠道的内容输出。

4. 行动（Act）阶段

客户在了解到足够多的信息之后，就会将强烈的购买意愿转化为实际的购买行为。在行动阶段，客户会通过消费、使用以及售后服务等各种方式与品牌产生更为深入的互动，这个过程中品牌需要让客户有参与感，从而确保他们有良好的客户体验，当顾客有问题而发生抱怨时，品牌必须进行密切的关注，并确保问题迅速得到解决。

5. 拥护（Advocate）阶段

客户在经历购买阶段之后，会产生一定的品牌认知和品牌忠诚，并通过留存率、复购率以及无偿向他人宣传品牌的好处等方面反映出来，积极的倡导者会在没有人询问的情况下就进行主动的品牌推荐，成为品牌的“传教士”，但最忠诚的拥护者则是在有人询问或出现负面宣传时才进行发声，因为他们会觉得自身有义务推荐或者是捍卫自己喜欢的品牌。企业最希望消费者购买后成为活跃的品牌拥护者，即主动推荐品牌，当品牌被问询、被质疑时，消费者会主动守护品牌，同时，这种拥护效应也将会通过社群、社交媒体等渠道相互影响并不断地被扩散和放大。

在数字化时代，拥有互联网背景的新势力企业不断涌入市场，有能力的企业也在不断地引入人才投入资金，以增强企业的技术实力，从人工智能到仿真机器人，再到增强了真实感的虚拟现实直播物联网和区块链，企业在数字化的今天得以用全景式的“上帝视角”去理解顾客是如何和企业发生关系的，与此同时，客户对自己信息量的获取质量、是否在最大程度上享受到相关服务，以及商家的反馈速度和配送时间也有了越来越高的期望。

与其他营销模型相比，基于数字化营销环境下的全新5A模型，强调了用户决策过程中社群的影响作用，关于用户忠诚度的体现也从以往的重复购买转变为如今对品牌的倡导和拥护，这一模型构建了用户与用户、用户与社群、用户与品牌之间的沟通及相互影响的关系，所以，在数字化的今天，如何结合5A模型提升顾客体验，如何触达、影响和沟通用户并促进转化和用户推荐，如何基于技术为消费者提供购物环节中的个性化、社交化、场景化成为企业赢得顾客忠诚度的关键。

三、数字化营销模型

2016年，埃里克·格林伯格（Eric Greenberg）、亚历山大·凯茨（Alexander Kates）在《数字营销战略》一书中提出，数字化营销是指企业为促使产品销售而使用通信技术、计算机技术与人工智能技术等，从而对营销对象以及行为进行的各种调查、宣传、计划、经营理念传播与引导消费趋势等一系列活动。这一营销理念表达了数字营销是在吸收行为科学中有关个人和组织行为的思想和观念的基础之上运用新技术，如通信和计算机技术，以解决实际的市场问题，把现代营销思想、营销方法、技术全部数字化，使营销的整体效率和效益都得到充分的提升，也就是说，公司把大量复杂的、处于变化中的信息转化成可视的、可测量的数字和数据，然后利用这些数据，构建出合适的数字模型并在网络上进行统一的处理，从而传播理念、引导消费。

现代客户在不断地寻找新的价值和独特的购物体验，因此企业不能停留在仅依靠技术为消费者提供完美产品或服务的层面，而应依托技术向消费者传递价值主张，这也是将企业与竞争对手区分开来的要素之一。同时，在这一过程中，要把营销信息资源的管理同企业的数字化战略有机地结合起来，把营销信息资源作为企业战略资产的重要组成部分，并对其加以严格细化的管理，从而在企业的各个层面上结合信息资源对营销机会进行快速、准确的识别，构建起企业全新的、可持续的竞争优势。

在《数字营销战略》一书中，针对目前品牌和产品信息在传递给消费者的过程中存在极大的信息弥散的大背景，在传统的营销模式上添加了一个“数字化透镜”，并总结为数字营销模型，以便企业更好地聚焦于消费者的信息互动，如图 9-1 所示。

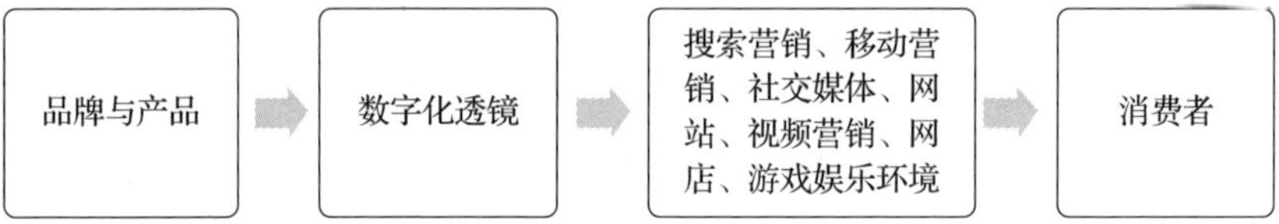

图 9-1　数字化营销模型

四、4A 模型

来自凯洛格商学院的德里克·罗克尔（Derek Rucker）提出了替代 AIDA 模型的“4A 架构”，把消费者购买产品的过程划分为 4 个板块，分别是 Aware（认知）、Attitude（态度）、Act（行动）以及 Act Again（再购买）。在这个框架中，德里克·罗克尔将 AIDA 模型中的 Interest 和 Desire 合并简化成 Attitude，同时增加了一个 Act Again 阶段，旨在追踪消费者购买后的行为和忠诚度。大数据时代的到来，使得市场营销管理的手段和方法变得更加科学和精确，也使得营销传播的内容更加客观、多维与丰富，企业可以依靠消费者所留下的痕迹，对 4A 架构各个过程中消费者的行为及心理进行洞察、记录进而分析。同时，移动互联网、移动终端、物联网、云计算的快速发展，使得与消费者进行信息沟通的传播媒体也更加多样化，内容上更加融合，方式上也更加创新，企业不仅可以做到传播的分众化，更能做到传播的个性化和精准化，这也使得消费者的需求更容易进行识别，企业也就得以实现对顾客需求最大程度的满足，为客户创造价值。

4A 模型与 AIDA 模型一样，也呈现出一个漏斗形状的概念，从最上端开始，然后一层层漏下去，在这个过程中消费者的数量会越来越少，这也反映了消费者的购买路径，即知道与否、喜欢与否、行动与否以及是否会再次行动。而过去的营销无非就是要影响这些路径，主要由传统广告、活动、促销等营销手段所驱动，譬如电视广告之于认知、促销员之于行动、客服中心之于再行动等。当下正处于数字化时代中，营销强调企业需将消费者活动作为主要研究对象，重视数字化与网络化、智能化与可视化信息集成和应用，实时洞察消费者需求，利用消费者群体画像构建消费者大数据体系，助力企业产品生命周期的研究与管理，同时，随着技术的不断迭代更新，有关部门、地区乃至业务合作伙伴信息的数字化也得以实现，多种信息源有利于企业有效盘查经营活动信息，即时调整企业战略，与其他企业开放合作与共享，进而将营销活动效益提升，推进企业可持续发展。

第四节　研究述评

目前，数字营销这一概念被许多企业炒得沸沸扬扬，但数字营销的发展与应用依旧处于一个不断完善的过程之中，数字营销仍然是一个较新的概念，有关数字营销的理论研究与实践应用也都较为浅显，各界人士对于数字营销的理解与诠释也各有不同，关于数字营销的研究依然处于摸索阶段。

首先，在理论层面，近年来国内外出版的数字营销相关著作中，都对数字营销的内涵与定义进行了回顾与讨论，但学者们一直未能形成一个共识，对于数字营销的本质至今都较为模糊。在现有研究中，学者们更多地聚焦于探索数字营销方法及组合策略，也有学者局限于探讨网络营销、社群营销、内容营销、大数据营销等各种新型营销方法在某一特定方向/领域的理论层面上的运用，如数字营销在汽车行业、图书馆管理、饲料企业等的策略应用与探讨，或者是着眼于具体的操作案例的介绍，或者是仅仅停留在对数字营销领域的年度总结方面，这些研究关注点皆为对数字营销表象的描述与记录，没有涉及数字营销的精髓，缺乏对其本质的深入探讨与理论分析。尽管朱逸等人在《数字营销的多重关键性面向》一文中从数字营销的内涵定义、实践域图景、未来的研究议题等角度尝试对数字营销的全景进行描述与探讨，在一定程度上深化了对数字营销概念的理解，但仍未对数字营销的定义进行明确，仅指出数字营销是借助对各类信息、数据技术的综合运用来实现营销的一种方式，这也表明了目前业界内对于数字营销的共识，即数字营销是一类偏向于由技术驱动的营销。

其次，在应用层面，曹虎、王赛等在2019年出版的《数字时代的营销战略》一书中提出了数字营销4R模型，以实现企业的数字画像与识别、数字化覆盖与到达、建立持续关系的基础以及实现交易与回报，而这一模型的讨论对象是前期数字化技术水平积累深厚的大企业，目前仅有阿里巴巴、京东、苏宁等大型科技互联网企业与大型商超、零售连锁尝试数字技术驱动进行营销变革，而数字技术与底蕴不深厚的中小型企业想在数字时代分得一块蛋糕相对困难，因此，数字营销这种模式的可复制性和效果还有待时间的检验。数字营销，特别是程序化营销，对于大多初涉数字营销的企业而言，除了知道DSP、DMP、营销云等这些名词外，广告与创意会被谁看到，起到了哪些效果，又有多少转化率，品牌方依旧一无所知。2018年百度携手知萌咨询联合发布国内首本《AI赋能营销白皮书》，针对国内300位数字营销决策者调查显示，近七成广告主已经在不同的程度上采用了数字营销方式，在数字营销上的投入也在逐年增加，需求也在多样化，这说明广告主已经充分意识到了数字营销的重要性并试图更好地使用数字营销的解决方案，但现实是，推广的转化率极低、成本高昂、没有更智能的解决方案等问题，导致了广告主无法获取用户沉淀数据，更无法预测用户的下一步行为，因此这一效果也就十分模糊，无法确切量化，线上线下无法打通等诸多问题更是无从解决，数字营销的效果也不尽如人意。

从数字营销的概念提出到如今才30多年，有关数字营销的研究仍处于理论和实践结合的探索阶段，大多数学者提出的观点是在传统营销的基础上演变出来的，而涉及数字营销本质等其他方面的理论层次研究较少，其理论框架的建设还没有完全成熟，但学者们都肯定了数字营销是未来的发展趋势，会极大地改变人们的生活。数字工具不断更新换代，将推动理论创新和观念创新，同时，学者们也认为有关数字营销的研究是一个拥有较多视角的领域，因此，有关数字营销的研究议题有进一步深化的可能与前景。

本章小结

数字营销学派在国外的主要代表人物有约翰·戴顿、帕特里克·巴维斯、卡南、菲利普·科特勒。2001年，约翰·戴顿和帕特里克·巴维斯在《*Digital Marketing Communications*》一文中首次提出数字营销传播的概念。卡南于2017年发表的数字营销的综述论文对数字营销的定义和研究框架做了一个梳理，文章的内容聚焦于数字技术对整个营销战略的影响上。"现代营销学之父"菲利普·科特勒曾在《营销革命4.0：从传统到数字》一书中指出数字营销是数字化技术发展的必然结果，包括移动运营、网络运营和电子商务，还引入了营销4.0的概念，他认为营销4.0是一种以创新为导向，同时结合线上线下用户和企业交互的新型营销模式。

国内代表学者主要有姚曦、秦雪冰、王赛、曹虎、王浩、阳翼。国内最早是由姚曦、秦雪冰开始从底层技术层面讨论数字营销。王赛与曹虎等合著的《数字时代的营销战略》一书中写到，数字营销是结合营销组合理论从战略到战术的规划，其核心是数字化的实现。王浩出版的《数字营销实战》将数字营销定义为使用数字传播渠道来推广产品和服务的实践活动，在书中作者对主要营销渠道如社会化平台、移动通信、网站、电子邮件等以及数字营销与客户关系管理之间的关系进行了详细说明。阳翼在2019年出版的《数字营销（第2版）》一书中，对现阶段人工智能、VR、AR、大数据等新技术的广泛应用给数字营销行业带来的革命性变化以及数字营销模式带给消费者的全新体验和感受进行了阐述。

数字营销理论的发展大致划分为5个阶段：传统数字化营销阶段、互联网营销阶段、技术营销阶段、AI营销阶段以及如今的智慧营销阶段。数字营销的主要分析工具有SIVA范式、5A模型、数字化营销模型和4A模型。

然而，数字营销的研究也存在一定的局限性。在近年来国内外出版的数字营销著作中，学者们更多地聚焦于探索数字营销方法及组合策略，也有学者局限于探讨网络营销、社群营销等各种新型营销方法在某一特定方向/领域的理论层面上的运用，有关数字营销的内涵与定义虽然有着广泛探讨与界定，但一直未能形成共识。并且，由于数字化升级需要企业就专业技术团队打造、基础设施完善等方面投入大量的资金，而短期数字化投入产出又比较低，所以许多企业可能面临投入无产出的风险。

第十章

前沿命题与未来发展

▲

CHAPTER 10

第一节　营销理论创新的动力机制

在全球经济不断发展的背景下，市场需求、营销理念、营销模式等都在不断迭代升级，营销理论也在不断创新。理解营销理论创新的内涵，挖掘营销理论创新的动力机制，对于把握营销理论的未来发展趋势具有重要意义。

一、营销理论创新的内涵

继美国营销学家尼尔·博顿在1950年提出营销组合概念后，麦卡锡又在其基础上将市场控制因素归纳为基于价格、产品、渠道和促销的4P理论。该理论对营销理论和实践的发展具有重要意义，被推崇为营销理论的经典。“以产品为中心”的营销理念是4P理论的核心观点，但这种观点有引导企业过度关注自身的弊端，在实践过程中，存在着过分强调或夸大产品，忽略客户的真实需求，盲目相信自己的产品会得到消费者认可、赢得市场等问题。

在激烈的市场竞争中，仅凭4P理论已无法满足企业想要战胜竞争对手赢得更大市场份额并赢得更多顾客的想法，在此背景下，营销导向和视角发生了改变，美国学者罗伯特·劳特朋提出了以顾客为中心的市场营销理念即4C理论，该理论将关注重点从产品转变到客户，主要是从顾客视角出发，以他们的需求为出发点和落脚点。在4C理论出现后，业界开始纷纷调整自己的营销战略和策略，努力与顾客建立良好的关系，但4C理论依旧存在缺陷，它未能深入探析长期赢得客户的策略方法，忽视了对企业外部竞争对手的分析，这些不足促使营销理念不断地发展与创新。

以用户为中心时代的到来要求企业从更主动地取得客户信任并与客户建立新型关系，赢得核心竞争优势。在此基础上，美国学者唐·舒尔茨提出4R理论，为企业紧密联系顾客，提高对市场的反应速度，建立与顾客的互动关系并最终赢得回报，提供了切实可行的路径。

21世纪，互联网不断普及渗透，高科技加速升级应用，消费者需求与态度千变万化，为适应复杂动态的环境，我国学者吴金明等提出了4V营销哲学观，该观点旨在指导企业提高其核心竞争力，分别从差异化（Variation）、功能化（Versatility）、附加价值（Value）和共鸣（Vibration）四个方面进行阐述，提出企业应以个性化的方式，满足顾客对产品功能、情感、社会三个层面的需求。

二、营销理论创新的动力机制分析

营销理论创新的动力机制可理解为促使营销创新理论出现并推动营销理论创新发展的各种要素之间相互联系、相互作用、互动关系的总和。技术推动和市场拉动是动力机制最重要的两个因素。从营销理念的演进及营销战略创新趋势来看，当营销理论从企业视角出发时，主要推动力侧重体现技术创新；当营销理论从顾客视角出发时，主要推动力侧重体现顾客的需求。

（一）技术推动

在营销发展初期，生产力和科学技术较为落后，生产力发展缓慢，商品供给不足等现实因素促成了“以生产为中心”的营销思想的形成，该阶段市场特征为典型的卖方市场。此时生产职能处于企业的核心位置，而营销只能处于企业的非核心位置；企业重视提高产能，压缩生产成本，形成以生产为中心的观念，企业的创新动力也同样来自生产活动。

随后营销进入“以产品为中心”的发展阶段，该阶段企业生产力和科学技术应用较之以前有了一定进步，市场产品供应充足甚至过剩，但是产品品种与样式不多，市场中的产品销量及客户喜爱度与该产品的品类新颖程度出现明显的正向关联，针对该现象，企业之间的竞争重点从增加产量转为新产品研发，企业内经营活动也以产品创新为中心。

随着生产力进一步发展，以推销为中心的营销思想开始成为焦点。一方面市场上产品数量和可选择品类较之前均有进一步增加，它们的规格和包装各式各样，并且在产能急剧上升的情况下，就会导致供大于求的市场景象；另一方面随着消费者收入和支出水平的提高，他们对产品的需求也变得越来越挑剔。内卷的压力迫使企业开始重视运营生产价值链的末端——销售环节，通过价格、渠道、促销等营销要素的组合，提高顾客的品牌认知，激发品牌好奇，转而进行产品购买。但该时期企业营销创新动力机制本质上仍未跳出以技术推动为主导的营销思想范畴。

以生产、产品和推销为中心的营销阶段，顾客市场需求的价值未被充分挖掘，技术创新成为企业发展和理论发展过程中的最大推手。

（二）需求拉动

科技的发展大大缩短了产品的生命周期，加剧了消费者需求的迭代和频率。再加上供大于求的现状，市场的重心开始由卖方转向买方，之前以企业自身为导向的营销观局限越来越明显，很多企业开始陷入困境。在实践中不断积累经验之后，不少企业逐步认识到重视消费者需求的重要意义，实现公司目标的关键在于探究目标市场的需要和欲望，增强企业在市场上的竞争力以使公司能比其竞争者更有效地满足消费者，营销思想开始进入以顾客需求为中心的发展阶段。

随后营销进入以共同关注顾客整体利益和需求为中心的时期，企业发展和竞争的空间开始从个体消费者的具体需求转向更大的消费群体的整体利益。既要关注顾客当前的利益，又要重视他们的长远利益，尤其是将消费群体、企业和整个社会的利益统一了起来。此时企业的创新动力来自市场需求。

企业的目的就是创造顾客，真正影响企业持续成功的是顾客价值，顾客价值决定了经营价值，因而营销学者们认为市场竞争的实质是更好地满足消费者的需求，提倡并努力做到全员营销，让每一位员工都能做到出于本能思维的换位思考，运用顾客的思维方式，与顾客全方位交互，一起创造更大、更持久的价值。在当今的营销战略的趋势下，市场需求成为营销理论创新的重要动力，营销学者们将不断根据市场环境与企业实践活动逐步创新和完善已有的营销理论。

第二节　信息时代的营销理论发展趋向

一、信息时代的营销特征变化

（一）大规模生产转向个性化定制

在传统的工业社会中，企业基本上都是大规模生产的做法。但在信息时代，为了满足消费者个性化和差异化的要求，需要企业采取灵活的定制方式。为此，当今的企业必须想办法实现大规模个性化定制，其中信息科技背后的数学基础和逻辑在实现这一目标的过程中提供了技术基础。

（二）信息过载与立体营销形式

在信息时代，网络世界每分每秒都在生产信息内容，它们可视为大数据挖掘的资源，但凡事都有个“度”，如果太多也会造成信息的过载。消费者沉浸在信息的海洋中，对此有人提出碎片化时间概念。像微信视频号、西瓜等平台的蓬勃发展，使得营销沟通的形式开始发生变化，这种变化主要体现在感官方面的声色光电。传统的营销方式不再是企业家关注的焦点，户外广告和传统媒体也逐渐衰落。在各国政府重视通信基础设施建设的背景下，元宇宙、数字化等技术的发展，将进一步推动虚实结合的营销理论发展。

（三）强调消费者的社交互动体验

互联网的发展为每一个愿意与消费者进行沟通的企业提供了互动的窗口，网络视频直播在中国发展迅速，受众在直播短视频互动的社群中，体验到社会临场感、沉浸感的可能性，积极体验得以维持。短视频直播成为一种新的互联网文化业态，不少网络红人应运而生。企业利用视频直播和短视频平台的视觉冲击力强、感染力强、互动性强等优势，通过网络红人的强大号召力，传递传播产品价值，在社群互动的基础上维系客户情感。

二、信息时代营销理论发展趋向

随着科技的进步以及可持续发展理论等社会思潮的到来，未来营销理论将向以下几个方向发展。

（一）营销模式和观念创新

21 世纪的社会生产力高速发展，飞机、高铁等快速交通工具的发展，改变了人们对距离的认知，产品的丰富程度改变了人们对消费的认知，城市的发展改变了人们的生活习惯，营销环境、营销对象、营销工具的改变，促进了新的营销观念的生成。全球市场的融合与冲突，呼吁企业在打造人类命运共同体的目标下，重新思考市场分析、产品研发、营销传播等策略的制定，形成全球营销观念。另外，随着科技的进步，人类沟通、协调的时空范围更加宽阔，渠道更加便利，让人们在不同的区域内可以实现即时的交易，网络营销模式势不可挡。随着服务行业的快速发展，企业的营销策略由单纯关注产品层面逐步向产品的附加价值层面延伸，服务营销成为带来优质客户体验的主要理论。21 世纪的营销在围绕关注用户价值及需求发展的基础上，要充分发挥技术优势，注重理念创新，以达到销量和客户忠诚度倍增的效果。

（二）营销的发展回归到产品至上的起点

信息时代大数据技术依据消费行为习惯推荐个性化的产品和价格，精准分析目标消费人群画像，实现“千人千面”。随着科技的发展，以大数据为资料的算法已经开始广泛应用至各类平台，它们可以借此轻松地为每一位消费者推荐个性化的信息和产品，同时，也可以为商家提供多种多样的数据分析服务。时空背景的转换催生了营销理论的演变、发展和重构。当下的营销实践，可以实现“千人千面”的营销策略组合，即针对每个消费者采用不同的产品、价格、渠道、促销方式实现销售，甚至可以借助技术违背伦理道德和隐私权益进行推荐和销售。如果将数字化技术应用至实体门店，很容易分析出哪些渠道和场景更容易销售产品，而其他三个策略（价格、渠道和促销）的地位已经被削弱。从当前虚实结合的背景来看 4P 策略，除产品之外，其他三个策略或因素都可以在虚拟世界里面实现，它们可以在网络世界里面无限传播。但有形的实体产品还不能进入虚拟世界，只能通过物流，即物体的空间转移，送达消费者的手中，如图 10-1 所示。

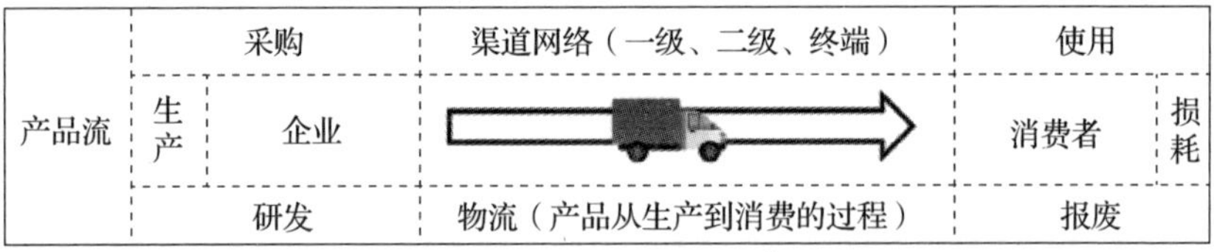

图 10-1　产品流在生产商和消费者之间的单向流动

图 10-2 强调了“双向”，即企业和消费者间的互动。通过互联网科技实现全渠道营销，让双方的互动变得更加快捷、顺畅和便利，能够提高销售、服务以及反馈的效率和效果。在 5G 时代，线下实体店和线上电商平台将被整合，此时就很难区分虚拟世界和现实世界的边界所在。尽管市场及其影响变得越来越复杂，但其根本还是产品和服务，只有产品是“实”的，其他都是“虚”的，都是依附在产品之上的。因此，失去产品去谈其他，则是本末倒置，如果不能正视这个问题，最终将竹篮打水一场空。

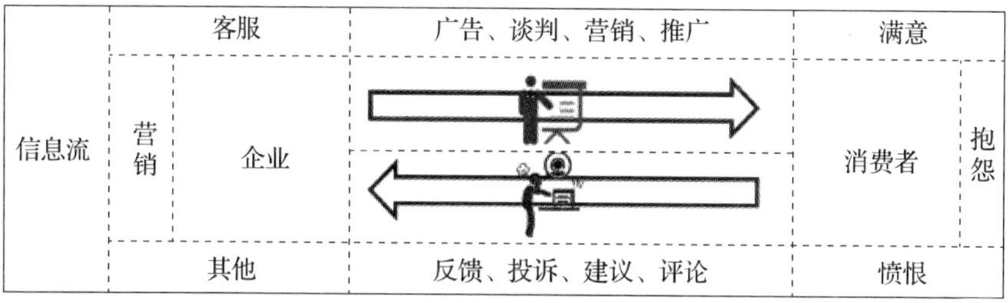

图 10-2 信息流在生产商和消费者之间的双向互动

从图 10-2 来看，营销的同质化开始逐步取代传统的产品同质化。因为在虚拟世界中，各类技术手段下的营销行为都将会因为大数据的存在而变得非常相似，大数据的追踪和分析会让每个消费者的需求和商家的销售行为可视化，当然前提是我们抛开个人信息的隐私问题。如此看来，未来谁拥有了“数据”，谁就能取得市场的优势。除此之外，高度重视产品本身，才能让企业获得更好的发展。凡客诚品的衰落和优衣库的进一步繁荣就是对于该趋势的最好印证。

在前文论述的基础上，营销理论可简化为 1P，这样买卖双方间的关系就变得简单很多。具体为：企业向消费者提供产品，消费者向企业反馈信息，然后借助全渠道平台或途径进行交易或支付。整个流程仅体现三个关键的要素：产品、货币、信息。信息时代的 1P 营销理论，如图 10-3 所示。

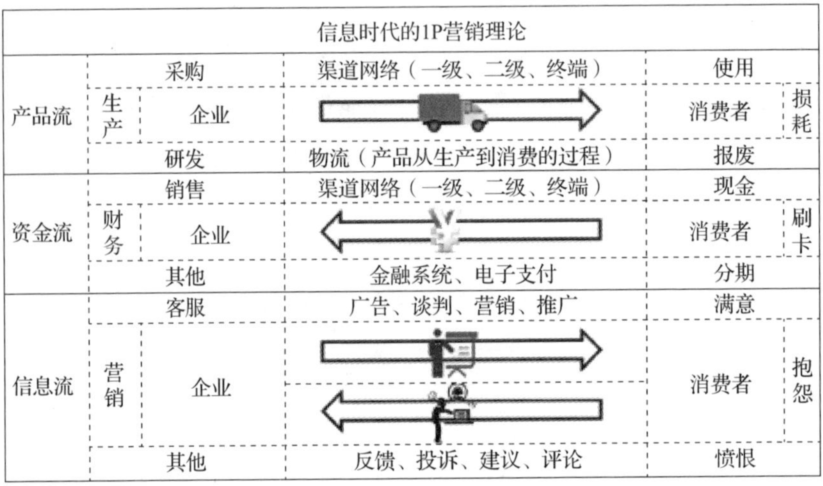

图 10-3　信息时代的 1P 营销理论

在信息时代，现金流、资金周转率、利润都将可以自产品生产的那一刻开始预测。在每年的天猫“双 11”，平台都可以提前精准预测数据。在阿里巴巴、京东、苏宁等平台，厂商只需提供平台要求或差异化产品即可。信息社会的技术发展正在淘汰传统的营销行为，因为那些做法已经不适应外部环境的发展，它们（价格、渠道和促销）不得不退居至次要的位置。

互联网科技的发展让我们进入信息社会，作为组成部分的商业也不例外，数据的挖掘和虚拟技术的发展，对营销方式的影响极其深刻。因此，在信息社会，除了产品，其他三种策略都变成了虚拟世界中的“数据”，而此时更加凸显出产品的地位日益重要。因为其他三种策略在虚拟世界中，其边际成本可以无限降低，这恰恰是 1P

理论存在的时代价值。

（三）营销理论朝着可持续发展的方向进行

营销理论的发展阶段特性是社会发展不同阶段的体现，在可持续成为当今发展的主题时，人们越来越关注绿色、健康、无污染的产品和服务，环境保护成为人们关心的重点，绿色营销观念将深入人心，推动着营销理论向着可持续发展观方向发展。可持续发展视角下的营销目标是实现可持续稳定的利润获得，所以可持续营销必须考虑以下几点因素：首先是实现产品可持续性，产品需要与时俱进满足客户需求，而且符合社会发展规律，这就要求企业在前期环境分析、市场需求分析、购买者分析、竞争者行为分析方面要系统全面；其次是在后续营销战略制定层面，企业要做好市场细分，制定合理的目标市场定位以及营销组合，制定有针对性的策略；最后是在营销管理方面要加强计划执行与监控，实现稳定的客户关系。

在新时代的中国，工业化进程不断加速，专业化程度越来越明显，创新成为社会发展的主要推动力，个人收入稳步提高，市场规模日益扩大，这些因素为营销的发展提供了沃土。营销理论将朝着系统性、可持续发展方向快速发展。企业不仅需要发现顾客需求，保持产品的不断创新，形成目标客户对应的产品品牌塑造，还要协调 4P、4C、4R、4V 各要素的能力，平衡企业利润与可持续发展的冲突，创新营销模式和优化营销观念，充分发挥营销价值。

第三节　中国市场营销理论发展的趋势

随着中国经济持续高速发展，国内市场已趋于国际化，每一个身处竞争市场中的企业都要将如何在激烈的竞争中确保生存作为必须思考的问题。把握中国市场营销理论发展趋势的主题、中国市场营销理论发展趋势的具体表现，对企业调整自己的经营战略有着重要的意义。

一、中国市场营销理论发展趋势的主题

改革开放以来，我国经济在复杂多变的全球市场格局中保持高速稳步增长实属不易，在这种情况下，营销理论也出现了如下的时代发展主题。

（一）信息化

众所周知，互联网及其相关科技的发展已经渗透到我们的生活、工作和学习之中。人类已进入信息社会，信息化将在经济发展中起到重要的推动作用，同时，信息化也将对营销理论提出新的挑战和机遇。通过互联网信息的收集和分析，一些企业能够准确把握什么颜色的产品在何种渠道上卖得最好，男性或女性或不同年龄阶段的消费者喜欢多大剂量或重量的产品。与传统营销中有人不知道广告费花到哪里相比，当下的营销活动可以做到“精准”的程度。例如，

拥有诸多产品的联合利华，它的产品管理非常复杂，大量的品类、不计其数的分销商、各式各样的渠道，依靠传统的手段管理起来极为困难，即便是从中得到一些数据，也难以有效精准地指导营销活动，但在今天，这个问题就比较容易解决。

（二）创新

同质化与创新相辅相成，交替前进，当企业的产品、服务、营销策略等越来越倾向于同质化时，大家首先想到的就是创新。互联网经济也不例外，在经历了简单粗暴的盈利阶段之后，也开始走向创新的行程。例如，新经济下的盛大公司，就通过创新盈利模式，成功运营了《传奇》这款网络游戏。其创新主要体现在：向游戏玩家收费，减少渠道层级，但提高了终端网点的覆盖率，增强了对渠道的管理把控能力，同时还向玩家提供高质量的售后服务，反复强化与玩家的关系连接。最终，盛大实现了年销售收入 4 亿元的成绩。与此同时，创新也出现在传统的产业当中，比如保健品行业中的隆力奇，该公司通过创新的做法，调整了自身的业务结构，在品牌的定位上采用化妆品，抛弃了传统的保健品概念，并提出“农村包围城市”的市场运作思路。在短时间内，该公司的销售收入就达到了接近 14 亿元。此外，华为、小米、腾讯、阿里巴巴等知名企业在创新方面也都投入了大量的时间、金钱和精力，大量的实践证明了创新的效果。

（三）品牌

对企业而言，品牌的作用毋庸置疑。与工厂相比，市场更重要，而占领市场重要且唯一的途径就是建立强势品牌的地位。有人比喻品牌和资本之间的关系，就是“帆”与“船”的关系，在经历了

2008 年金融危机之后，中国企业意识到创建自主品牌的重要性，至今也看到了他们在品牌建设方面所做的修正和努力。以联想国际化为例，在它将要进军国际市场时，才发现自己使用的“Legend”这个词汇早已经在全球通用，由此造成它无法获得其他国家的商标使用权，为此，联想不得不放弃使用了 15 年的品牌标识。经过多方征集、反复沟通，最终选择“Lenovo”标识走向国际市场，这个标识是英文“Legend”和“Innovation”结合的新的产物，包含联想创新产品的意思。很明显，联想希望借此改变自身品牌形象，获得全球市场的通行证。此外，像小米、华为等企业也都对品牌形象的建设与管理投入了大量的资金，比如，小米为了提高品牌标识的辨识度，花重金修正了它的品牌 Logo。这些都体现了中国品牌迈向全球市场的决心和信心，努力改变“代加工”的低附加值形象。然而，要想在全球市场建立强势品牌，中国企业家还需要深刻理解如何做“无”，这依然是一条漫长而艰辛的道路。

二、中国市场营销理论发展趋势的具体表现

未来的发展方向往往潜藏在原有的观念与环境之中。工业社会向信息社会的转变，无疑会引发营销环境的变化，进而促进业界和学界在行为和理论方面的转变。结合营销实践发展的事实，在 IT 科技的基础上，本书总结以下几点趋势，供读者参考。

（一）网络市场营销

网络市场不像传统线下市场，它突破了时空的界限，可以说是无限的。在这样一个市场上面做营销，可以想象与传统线下肯定是不同的。因此，网络营销是以 IT 科技为基础，围绕营销 4P、4C 或

4R 等理论框架展开的一系列活动或行为。像消费者身份的隐蔽、虚拟化、主动创造与传播等，企业的数字化行为、个性化推荐、数据服务等，都是网络市场营销的特征体现。从目的或目标的角度来看，线下和线上营销并无本质区别，但线上的网络营销市场空间更大，如果营销策略得当，它们能够将更大更多的潜在需求转化为现实需求，实现产品或服务的销售。传统 4P 组合策略更加侧重关注的是企业利润，它并没有将顾客的需求和企业利润同等看待。而网络营销则从消费者需求出发，基于 4C 和 4R 营销策略，实现企业利润。网络平台能够让买卖双方的关系互动变得更加便利和紧密，使得企业能够向更大范围的顾客群体提供产品和服务，但同时，顾客也不像以前那样总是被动地接受，他们开始积极主动地进行产品选择和口碑传播等，他们可以自己决定一些消费行为，这对企业提出了新的挑战和机遇。

（二）以顾客整体利益为营销导向

随着营销观念在实践的发展中不断地更新，营销管理的重心也在不断地发生变化，由短期转向长期，由枝节转到根本，开始不断注重产品和服务质量的提升，同时关注顾客的整体利益和建立长期的关系。20 世纪的企业侧重产品和价格，在这种导向下，他们能做的就是按照弗雷德里克·泰勒的《科学管理》将生产行为科学化。随着科学技术的发展和全球经济的一体化，以信息技术为核心的 21 世纪市场竞争的焦点是企业如何在竞争中抢夺顾客。随着 IT 科技的发展，消费者的购买行为发生了极大的变化，以前在实体店购物，现在通过智能手机随时随地购物，以前被动地接受广告信息，现在他们可以自己创造并传播信息。同时，在顾客身份国际化和消费者行为个性化的影响下，企业营销的重点应从传统营销管理转向顾客信息的收集、更新和关系维护。因此，如果企业在与顾客的互动方面做的程度不够，就会大大降低自身在市场上的竞争优势和竞争力。

（三）产品多样化，生命周期短暂化

工业社会主要体现机器技术，解决人类在“力量和速度”方面的问题；信息社会主要体现计算机技术，解决人类在“脑力和精准”方面的问题。两者之间存在巨大的差异，但它们在各自的时代背景下都发挥了应有的作用。数字化技术让产品的创新变得越来越快，且成本也越来越低，比如3D技术的出现，就加快了产品研发的速度，同时降低了成本。如此，市场上渐进式创新的产品就会越来越多，尤其是数字化产品的更新迭代就会越来越快，产品的生命周期变得越来越短暂。在数字化技术的推动下，虽然产品的多样化满足了消费者的个性化需求，但也同时加剧了市场竞争的激烈程度。从市场上最开始的软盘，到光盘、U盘、硬盘，到现在的云存储就可以看出，各类科技数字化产品的生命周期越来越短暂。这与传统的工业社会下的产品生命周期（几年或几十年）形成了鲜明的对比。

（四）营销导向趋于细分化和个性化

在信息和数字化技术的推动下，平台可以通过数据分析精准地对顾客进行画像，由此判定顾客的具体需求以及相关的具体特征。这样一来，企业就能够结合数据分析的结果，对市场需求做出进一步的细分，进而为同质化的消费者群体提供差异化的产品和服务。这些差异可能体现在消费者的收入或支出比例方面，也可能体现在不同的时间空间方面，还有可能体现在对产品不同属性的要求方面等。因此，企业可以通过技术手段或数据分析，为营销实践中多样性、个性化的需求提供专属的产品或服务。当然，这样做在传统的

工业社会是非常困难的，它会极大地增加管理的难度，提高产品研发或生产成本。但是在信息科技社会，这一切都变得可以实现。而且已经有平台开始跟踪分析数据，并提供更新改进的数据报告，比如开店宝 App，它就可以定期为实体或线上卖家提供月度、季度、年度等数据分析报告，有客户画像的，有产品和服务改进的，等等。

（五）营销空间趋于国际化

早在 21 世纪初，美国财经作家托马斯·弗里德曼（Thomas L.Friedman）就著有《世界是平的》一书，书中提到本世纪全球不同的主体将在同一个平台上竞技，那就是互联网。随着互联网及相关科技的发展，全球化的趋势不可阻挡。虽然国际市场上各国间的宏观环境，诸如政治、经济、文化、法律，甚至是自然环境都存在较大的差异，不同的国家具有不同的国情，这些给各国企业主体提出了不同程度的机遇和挑战，但互联网加剧了全球化的进程，在现实世界全球融合的另一个层面，是虚拟世界的全球融合。显然，截至目前，虚拟世界的融合似乎要比现实世界的融合要来得快一些。

（六）分销渠道功能弱化分散

互联网的发展对整个分销渠道也产生了深刻的影响。比如，网络购物就对传统的分销商有极大的影响。传统分销商的实体门店承担着产品展示、销售、体验、仓储等功能，而今天的门店或许只保留了一点点体验的功能，更多是仓储的功能，绝大部分的销售也都转移到了互联网上。门店要做的就是支持配合总部的订单处理流程将产品送到顾客手中。由此可见，分销渠道的功能被互联网技术严重弱化了。另一方面，消费者开始向消费商转变，集买卖双方角色于一身。当今的各类社交媒体平台大多存在带货的普遍现象，也就是说人人都是卖家、人人都是终端，由此而造成分销渠道非常分散，而且难以治理。这些都为学界和业界提供了可研究或可创新的契机和空间。

（七）品牌趋于全球化

自2008年金融危机以来，本土市场各个领域的主体都意识到品牌的重要性，要想在国际市场产业链的分工中占有主动权或一席之地，没有自主品牌是不行的。而国际市场的全球化不可阻挡，那么，企业就需要建立全球品牌，建立中国的世界品牌。自中国加入WTO以后，我国的企业就一直在努力参与国际市场的竞争，根据各类机构排名显示，世界500强中我国的企业越来越多，排名也越来越靠前。但是，根据这些机构的排名，世界最有价值品牌排行榜中我国的品牌依然不多，这就需要业界和学界共同努力，找到建立全球品牌的路径和模式，尤其是借助互联网技术，加快全球品牌的建设，提高国家品牌形象。

（八）营销组织结构趋于精简化，反应趋于快速化

达尔文的生物进化论提到：适者生存，优胜劣汰。其中，适者生存在某种意义上可视为生物内部的结构与外部环境的匹配，那么对企业而言也是如此。尤其是近几年受国际形势以及疫情的影响，企业内部的组织结构必须要去除冗余，保持精简，否则尾大不掉，难以适应外部环境的变化，瞬间就会倒塌。以疫情防控为例，各类企业线下经营困难，继而转战线上，如果企业内部营销组织结构中缺少这个职能，就会陷入困境。如果转战线上后不能及时调整线下的结构或职能，就会成为负担。此时就需要企业的员工具有复合岗位上的工作能力，快速反应，应对市场环境及需求的变化。这就需

要企业内部的组织结构保持一定的弹性和韧性，否则员工就要下岗，企业可能会破产。

第四节　扁平化营销组织模式

扁平化的营销组织能对营销环境的变化迅速地做出反应，对提高企业的运行效率、提高企业竞争力有重大的作用。本节将重点介绍营销组织及营销组织扁平化的产生背景、内涵、特点、实施策略以及发展趋势。

一、营销组织及营销组织扁平化

综合梳理营销组织和营销思想的变化，不难发现，营销组织结构正在朝着扁平化或去中心化趋势发展。传统的垂直线性的组织结构越来越不能适应外部环境的变化，因为不够灵活、有弹性和韧性，所以根据价值传递和价值实现的逻辑主线，企业将精简营销组织结构中的各职能岗位。但无论如何变化，营销组织结构背后依然有着不同的基础和理解。

（一）基于内外环境理解的营销组织

营销是企业与客户沟通的驱动引擎，而营销组织不仅需要处理外部各市场主体间的关系，还需要处理组织内部各职能部门间的合作关系。有学者认为，营销组织的理解应综合考虑职能部门观和基于活动的观点。

职能部门观，即认为营销是企业经营管理的一个功能，营销组织指的是企业内部体现营销职能的部门或岗位。

营销活动观，即认为营销是企业开展的一系列活动，比如产品研发、定价、广告宣传、公共关系、售后服务等，一方面体现价值传递，一方面体现价值实现。

（二）基于职能构成理解的营销组织

无论是学界还是业界，大家对营销职能的构成尚未达成统一认识，主要有以下一些观点。

一部分侧重销售职能。这种观点侧重体现价值实现，也就是把产品和服务卖出去、把钱收回来，比较注重结果，认为营销近似于销售。当然，也有企业在此时把市场调研和促销等少量的工作算在销售职能当中，他们认为强化营销就是增加销售员。

一部分侧重营销职能。这种观点侧重体现价值传递，也就是注重通过宣传与目标顾客群体进行沟通，比较注重整体而非销售这个环节。其营销的起点始于消费者需求，落脚点还是消费者需求。因此，在组织结构的设置上，就会存在销售部和营销部，在业界营销部比较侧重策划、研究、分析这块的职能。

营销组织包括营销部和销售部，罗伯特·威特（Robert E.Witt）等（1983）提出“营销组织是指企业内部涉及营销活动的各个职位及其结构”，菲利普·科特勒（1991）认为“市场营销组织是企业为了实现预定的营销目的而使全体营销人员通力协作的科学系统，是指企业内部涉及营销活动的各个职位及其结构。因此可以说，这种营销组织是企业内部营销组织”。上述学者的观点反映了营销组织的复杂化构成和多样化功能。在业界，则一般称为“营销总公司”“营销中心”

或“销售总公司”，由集团副总分管或单独设置营销总经理。

营销组织包括整个公司，即现代营销公司。菲利普·科特勒（1991）指出，在现代营销公司（有效营销公司），需要企业上下全体员工尤其是主管人员意识到“为顾客而工作”的工作愿景，营销不再局限为一个部门的名称，而将成为整个公司的职能。

上述营销组织内涵的演变，顺应了企业发展不同阶段的营销需求，反映了营销思想的变迁和创新。

二、扁平化营销组织模式产生的背景

现代互联网技术的发展，简化或弱化了企业内部组织结构的一些职能，甚至是淘汰了一些岗位。因此，企业运营也面临新的机遇与挑战。

一是集权的管理体制。以金字塔科层组织结构为例，由普通的销售人员到营销总经理，这是一种自下而上的体系。在营销实践中，市场机会或威胁往往稍纵即逝，一线员工如果没有决策的权限，就会失去机会，或者给企业带来威胁。因此，华为提倡要让“听得见炮声”的一线员工拥有足够的自主权。营销组织应该将外部市场引入内部，实现外部市场内部化，上级部门或领导应该全力服务于一线员工。

二是矩阵的管理体制。以矩阵组织结构为例，有时为了完成销售任务，需要从各部门抽调人员，比如产品是大型的项目或设备，就需要抽调技术人员、法律人员、财务人员等组成专门的矩阵小组。从横向来看，小组应该由项目负责人管理，但项目组每个成员又有自己的直接上级，所以往往会出现双重领导的情况。同时，各部门抽调的人员缺乏整体换位的思考，大多会出现本位主义，或者采用本位的语言进行团队的沟通。这些都有可能大大降低工作效率。此外，除营销组织分析客户的具体需求外，企业其他部门也不太关注客户的需求和价值。

除此之外，各种办公软件和App等新兴技术产品的广泛应用，也会推动企业内部营销组织结构的改变，压缩庞大的组织团队构成高效、紧凑、高效、横向且办事干练的营销组织的职能部门，使企业营销管理水平上升到新的高度，扁平化营销组织模式应运而生。

三、扁平化营销组织模式的特点

（一）优点

扁平化营销组织模式缩短了营销管理通道和路径，扩大了营销管理的范围，其主要优势如下。

第一，营销组织的内部沟通不再局限于上下级的划分，每个人都可以与组织的员工畅通无阻地沟通。

第二，面对市场变化，企业能够快速响应，改变了传统的层级过多、信息不畅和员工成长缓慢等问题。

第三，扁平化以后，能够大幅度降低信息传递过程中的失真损失等问题，减少管理执行中的失误成本。

第四，组织的工作质量和销售量有了显著提高。扁平化营销组织打破了传统营销组织严格的层级结构，取而代之的是灵活运作、独立运作、直击问题的精英团队运作模式，缩短了企业管理路径和渠道。

（二）缺点

扁平化营销组织管理体系的横向组织数量往往较多，为管理好各个扁平化组织，需要搭建多个沟通共享的平台，因此扁平化组织较传统结构组织往往更依赖于通信以及网络等现代化的信息技术。实践中一旦出现技术故障，就有可能导致工作沟通的体系瘫痪，一切工作都将被迫停滞。

与传统的金字塔结构相比，扁平化的管理体系更加灵活，管理范围也更加广泛。在这样的体系下，企业往往很难制定一个单一而稳定的具体结构控制标准，没有标准的组织往往容易出现管理失误和失控。而且，一旦内部管理不到位、管理干部素质不足，就容易产生责任不清的问题，无法界定工作过程中的人员过错，最终导致组织行为失序。扁平化营销组织结构和扁平化管理是一个持续的过程，在一定程度上取决于决策者的授权艺术。这是对决策者，尤其是高级管理人员的智慧和毅力的真正考验。

由此可见，扁平化营销组织的理论和实践意义突出，但依旧存在缺陷和弊端。扁平化的营销组织模式并非适应所有的企业，企业需结合企业资源状况及资源整合能力，考虑是否采取扁平化营销组织模式。

四、扁平化营销组织模式的实施策略

扁平化管理不能仅仅依靠部门的撤销和合并来进行。在推行扁平化营销组织模式时，首先，要对管理业务整合和职能调整的背景进行认真的调查，包括扁平化后的业务流程设计能否缩短管理流程、实现信息畅通，扁平化后的岗位设置能否精干高效、责权对应等。

其次，要按照内容相近、区域相邻、集散有度、有利管理的原则对营销组织及其职能进行整合。

再次，要提高员工素质。由于扁平化的实质是减少管理层次、扩大管理幅度，因此有必要实施竞争上岗，以确保关键岗位员工的素质。

最后，要认真编制实施方案，制定科学详细的实施方案，并且遵循以下原则。

一是适当性原则。扁平化经营管理的幅度和宽度要适当。一个人的管理能力是有限的，而且每个人之间还存在差异，因此在营销组织结构中的管理幅度和长度都要适当。比如有些大区营销经理，要管理好几个省级市场，每个省级市场下又有好多个市级市场，有时一个月都难以轮流一遍，再加上每个终端销售人员手上可能都有几十个分销商或经销商，如此一来，就有可能会超出营销经理的能力范围，将会出现不能顾及的市场或问题。因此，合理的组织结构、合理的分工等都是因地制宜、因人而异的。

二是效益性原则。传统的层级组织结构层级过多，下放的营销经费不能重点支出，大多在各层级上像撒胡椒面一样均摊。如此一来，销售绩效没有显著的提升，成本却花出去不少。在推行扁平化以后，精简销售人员，减少营销费用支出，降低管理成本，将更多的利润空间留给市场上的销售人员和分销商，这样更能激发他们做市场的动力，产生更高的营销效益。

三是安全性原则。传统的层级组织结构层级过多，在市场上对销售人员或分销商的监管不易，那么就会造成渠道上的各种机会主义行为，为企业带来法律方面的诉讼风险。在扁平化以后，人员变少，借助各种科技手段，流程信息等可追踪，使得整个市场交易的流程更加可视化、透明化，这将会大大降低营销组织经营管理的风险。

五、扁平化营销组织的发展趋势

互联网科技为企业的沟通、监督、管理等提供了很好的技术支撑，它的出现正在消减营销组织的层级结构，使得网络化交互以及跨时空的组织结构普遍存在，而且更加具有弹性和韧性。企业将通过产业链或者跨行业资源的整合，形成利益联盟共同体，这实际上就是多年前提出的虚拟组织。而当前在科技的支撑下，虚拟组织资源的整合与利用变得更加有效。

第五节　社会网络与全民营销

随着智能手机的普遍使用、各大社交平台兴起，营销方式发生了一定的变化，营销场所扩大到了各大社交平台。了解社会网络与全民营销的概念、全民营销模式、新社交平台下全民营销的特点、社会网络与全民营销发展现状及发展趋势，对提高企业的营销能力有着重要的意义。

一、社会网络与全民营销的概念

社会网络是一个社会学概念，代表各种社会关系。目前，学界为其给出的普遍定义是由个体或组织通过各种联系所形成的网络化的一种结构。它强调的不是网络化结构中个体的行为及其特征，而是关注个体之间因互动而形成的网络关系特征。

全员营销是实现快速销售的重要手段，其内涵为企业利用社交网络、在线社区、博客、百科或其他互联网合作平台和媒体来传播和发布信息，调动企业内部人员或外部人员的营销积极性，进而形成营销、销售、公共关系处理和客户关系服务维护与发展的一种方式。全员营销充分发挥人的主观能动性，号召全员开展营销，每个人的思维中都要有营销意识存在，将其融入自己对内或对外的言行之中，这样能极大地提高对内的管理效率和对外的各种连接。

二、全民营销模式

社会化营销持续进阶，进入“全民时代”。全民营销不只是一种传播手段，更是成为一种战略和思维，把社会化基因渗透进企业经营全链，企业内部所有员工都是情报探针，品牌所有用户都是品牌使者，让用户融入品牌建设，让用户主动拓展用户，人人参与，人人获益。社会化营销在助力企业拉新促活上有着明显优势，通过兴趣内容、关系链背书和圈层传播，形成裂变效应。

三、新社交平台下全民营销的特点

（一）生产社会化：让用户参与到产品共创中

让产品尽可能地满足用户需求的一条捷径就是，让用户直接参与到产品的研发和生产中，最大化吸收用户反馈，从而推动用户成为产品的打造者。同时，通过这种社会化的生产方式，使得企业的营销前置化，让产品生产也成为营销的一环，全面激发营销效能。

（二）内容社会化：全民为品牌创造内容

“一招鲜吃遍天”的内容时代已经过去，创意内容正在进入“千人千面”时代。面对庞大的内容产出需求，品牌显然无法完全依靠自身或者创意公司就能完成，利用机器产出的内容确实高效，却缺少温度，对比之下，让用户产出内容，就能兼顾质与量，并且还能打通用户所在的关系圈。

（三）传播社会化：把核心粉丝转化为品牌推广者

移动互联网时代的商业游戏规则已经发生改变，不再一味追求将产品卖给顾客，而是注重对品牌拥有高忠诚度粉丝的培育和发展。与普通用户不同，粉丝相当于传统营销概念中忠诚度高的用户，忠诚主要体现在重复购买、购买延伸产品、口碑传播以及捍卫保护品牌形象等。在社会化时代，每个人都可以成为独立的发声者，粉丝在各类社交平台上对品牌自发的传播行为，会呈现递进叠加的效应，其影响范围理论上可以是无限的。同时，粉丝自发传播对企业而言是没有成本的，并且效果要比企业自己说好得多。

四、社会网络与全民营销发展现状及发展趋势

（一）社会网络与全民营销发展现状

目标受众不够明确，客户群体相对分散。在此种情况下，如何吸引消费者、如何向消费者传达信息、如何让消费者产生信任是自媒体运营者必须解决的问题。此外，在自媒体平台圈住第一波用户后，怎么样提高他们的忠诚度，借助他们再来吸引第二波用户，如此层层递进、循环下去，以及如何保持自媒体的活跃度等，这些都

是迫切需要解决的关键问题。

关系主体间的信任需要进一步加强。随着自媒体平台的快速发展，它的重要作用越来越被广泛认识到。但是，根据网络治理结果的报告，虚假信息或谣言很多，加上流量虚高等各种问题的存在，使得用户对它们的信任大大降低。以微博为例，微博营销的主要手段包括关注、转发、抽奖以及有奖征集企业创意等，这些活动可以在短时间内获得较高的人气来增加流量。然而，也有些是营销人员为短时间积累人气而策划的一场骗局，此举削弱了人们对自媒体营销的信任度。

缺乏对客户分级的重视。准确定位客户群不足，致使自媒体营销的效果不够明显。二八法则强调，企业需要把最优的资源投入最有价值的客户群，只有这样才能获得最大的利益。用户之间存在极大的差异性、复杂性和多样性，他们每个人都可以发声，成为品牌宣传的内容创造者和传播者。他们在社交平台的认证，以及在熟人或陌生人之间的影响力，他们对品牌的忠诚度等，这些都会影响自媒体传播的效果。因此，营销者需要将目标客户群划分等级来开展个性化营销。

自媒体平台内容同质化严重。内容创作者原创能力的严重不足，是造成目前自媒体各个平台内容同质化的主要原因所在。原创能力不足，催生二次搬运，内容的多平台同步和二次内容搬运，更是加重了平台间内容的重叠度。自媒体平台要吸引平台的客户，就必须一直推出新颖的内容。

（二）社会网络与全民营销发展趋势

自媒体营销的关键点是“情”“利”“玩”。“情”指打感情牌，“利”指给用户让利，“玩”指通过游戏让用户参与。目前以“利”

为主的最为普遍，因为这种做法最为直接，也是看得见摸得着的。以“玩”为主的也越来越多，因为这样能够将“情”和“利”不动声色地融入游戏化的参与中，增加用户体验，同时利用用户的各种社会关系，吸引更多的消费者参与，形成递进迭代的效应。以“情”为主则比较符合本土文化的特征。当然“情”“利”“玩”三者并用，效果最佳。

互联网法律机制趋向完善。目前，互联网技术相关法律的制定和更新速度滞后于互联网技术的发展速度，导致互联网相关问题日益凸显，如互联网用户的隐私保护、声誉权、知识产权、账户安全等问题，它们会威胁到我们每个人、每个企业甚至是国家安全。为了解决这个问题，保护各利益主体的利益和安全，国家政府部门正在不断地完善网络安全相关法律法规，同时，也要考虑执法是否到位、如何最大可能地降低执法成本等问题。

信息的真实性逐步提升。互联网就像大海一样，全世界每个用户都可以通过它来创作发表内容，由此造成质量参差不齐、真实性低的问题。为解决这一问题，政府将更加重视网络实名制的实施，对自媒体平台发布信息开展审核，一旦发现不当的内容立即制止，同时对当事人施以一定程度的惩罚。如果对他人或社会产生比较大的负面影响，可以适当考虑进入法律程序。

自媒体平台的管理更加严格。由于自媒体平台中的内容造成的影响波及面很广，所以对自媒体平台的监管也需更加严格。每个企业都应该成立一个专门的团队进行专业化的管理，包括事前的构思、文案的写作、语言的表达、政治立场、图片是否合适等多个方面都要审查，以确保内容既能很好地传递公司的价值，又不会对品牌造成负面的影响。

同步运营多个营销平台。不同的自媒体平台有不同的平台内容发布规则和目标受众群体，没有哪个平台可以一网打尽所有的消费者。因此，企业需要整合不同的自媒体营销平台，并将自己的业务、产品类别、代言人等与平台及受众进行匹配。

相信随着科技的发展，各类社交平台无论是技术还是规则都一定会得到相应的完善。目前，面对各类社交平台的玩法，全民都保持了较高的热情和积极性，如何能做到最大限度地利用社会平台，且不会对其他用户的社会交流感知造成过多的干扰，是未来需要深度研究和最终解决的一个问题。

第六节　研究评述

市场营销理论起源于20世纪初期，至今已有100多年的发展史。市场营销理论是随着人类经济活动的发展而不断完善的，4P理论、4C理论、4R理论、4V理论等的相继出现都是市场发展的必然，但它们之间体现的并不是相互取代而是共存的状态，整体来看是一个迭代递进完善的过程。营销思想从4P理论到4C理论、4R理论，再到4V理论的演变，体现了企业从关注产品到关注人、从关注自身利益到关注顾客利益的创新与发展。市场营销理论的不断完善优化，可以更好地适应经济发展的需要，更好地指导人类的经济活动。

在市场营销理论发展初期，我国的市场营销理论还不成熟，从西方传来的营销理论并不适合我国的市场，但它们对中国营销理论的发展具有一定的借鉴意义和推动作用。在理论发展的中期阶段，业界和学界经过长时间的实践摸索，具有中国特色的市场经济开始清晰，很多企业也逐渐积累了大量的资本，初具规模。随着国际国内经济形势的变化，再加上科技的迅速发展，业界和学界该如何把握市场营销理论和实践的发展方向，找到适合中国以及国际未来环境的一条道路，这是企业高层和学界专家需要思考的关键问题。

著名的管理大师彼得·德鲁克（Peter F.Drucker）表示，组织管理中最严重的问题就是层级太多。因此，组织结构的建立或设置的基本导向就是简化层级或者说是扁平化，以及去中心化。因为层级过多就会导致组织结构僵化，很难快速应对外部环境的变化。而今，像钉钉、腾讯会议等各类办公软件的应用，都将会迫使组织结构进行简化，这对当前的管理以及管理者提出了新要求。

随着互联网技术的发展，数字经济开始登上历史舞台，企业运营过程中也越来越离不开各类数字平台，营销环节亦是如此。全民营销借助微信、抖音等新型社交平台扩大着自己的影响力，基于社交平台自身的特征属性，全民营销的开展有着得天独厚的优势，在未来，全民营销将是营销发展的主要趋势。

本章小结

随着市场环境的变化，市场营销理论已经从4P理论发展到了4V理论，营销理论创新在前期主要是技术推动，后期主要是需求推动，同时还有竞争和政策驱动。

中国市场营销理论发展的趋势是建立自主品牌导向和重视信息获取分析能力。具体表现在以下几个方面：组织结构扁平化、内部管理数字化、需求个性化、反应快速化、产品多样化、产品更新迭代快速化、品牌国际化。

通过对全球营销组织和营销思想变化的梳理，我们可以发现，互联网科技的发展对营销组织结构的影响是深刻的，比如扁平化和去中心化。尤其是信息的传递沟通，已不再是传统的自上而下或自下而上，而是形成了去中心的网络化模式。未来，企业的营销组织层级将继续下降。现代电子商务的发展打破了时间和空间上的束缚，为企业实现交互式销售渠道和扁平化营销组织结构提供了技术保障，营销组织也将会更加灵活。

社会网络是一个社会学概念，代表各种社会关系。目前，学界为其给出的普遍定义是由个体或组织通过各种联系所形成的网络化的一种结构。以整个社会为主体，网络化营销已经出现，每个消费者个体都能成为一个营销者，社会已进入全民营销的时代。以生产社会化、内容社会化、传播社会化为特点的全民营销不只是一种传播手段，更是成为一种战略和思维。

参考文献

[1] Cherington P T. The elements of marketing [M]. London: Macmillan, 1920.

[2] Copeland M T.Scope and content of a course in marketing [J]. Journal of Political Economy, 1920, 28 (5): 375-398.

[3] 丁馨伯. 市场学原理 [M]. 上海：世界书局，1934.

[4] McCarthy J.Recursive functions of symbolic expressions and their computation by machine, Part I [J]. Communications of the ACM, 1960, 3 (4): 184-195.

[5] Levitt T.Marketing myopia [J]. Harvard Business Review, 1960, 38 (4): 24-47.

[6] Bartels R.The history of marketing thought [C]. Columbus, OH: Grid, 1976.

[7] Berry, Leonard L.Relationship marketing [J]. Emerging Perspectives on Services Marketing, 1983, 66 (3): 33-47.

[8] Day G S.Strategic market planning : The pursuit of competitive advantage [M]. St.Paul, Minnesota: West Publishing Company, 1984.

[9] 李良如. 消费者购买动机初探 [J]. 外国经济与管理，1984 (11): 20-21.

[10] Jackson B.Build customer relationships that last [J]. Harvard Business Review, 19859 (12): 120-128.

[11] Day G S.Analysis for strategic market decisions [M]. St.Paul, Minnesota : West Publishing Company, 1986.

[12] 司金銮. 消费者行为学的起源、形成和发展 [J]. 安徽财贸学院学报，1988 (4): 42-45.

[13] Savitt R.Pre-Aldersonian antecedents to macro-marketing : Insights from the textual literature [J]. Journal of the Academy of Marketing Science, 1990, 18 (4): 293-301.

[14] Dixon D F.Marketing as production：The development of a concept [J]. Journal of the Academy of Marketing Science，1990 (18)：337-343.
[15] Aaker D A.Managing Brand Equity [M]. 1st ed.New York：Free Press，1991.
[16] Kotler P，Saliba S，Wrenn B.Marketing management：Analysis，planning，and control：Instructor's Manual [M]. Englewood：Prentice Hall，1991.
[17] Schutz D E，Tannenbaum S I，Lauterborn R F：Integrated marketing communications：Put it together & making it work [M]. Chicago：NTC Business Books，1993.
[18] Keller K L.Conceptualizing，measuring，and managing customer-based brand equity [J]. Journal of Marketing，1993，57 (1)：1-22.
[19] Wilkie W L.Consumer behavior [M]. 3rd ed.New York：John Wiley & Sons，1994.
[20] 符国群. 品牌延伸策略研究 [J]. 武汉大学学报（哲学社会科学版），1995 (1)：49-53.
[21] 张东刚. 近代中国消费者行为的宏观分析 [J]. 南开学报，1996 (3)：50-56.
[22] 郭国庆. 论美国早期市场营销思想的主要学术流派及其代表人物 [J]. 湖南商学院学报，1996 (1)：52-58+61.
[23] 陈江，王煜，刘英杰，等. 中国消费者行为理论、模型与实证研究 [J]. 数量经济技术经济研究，1997 (4)：3-4+26.
[24] 申光龙. 论整合营销传播 [J]. 国际经贸研究，1998，7 (3)：58-62.
[25] 庄贵军. 权力、冲突与合作：西方的渠道行为理论 [J]. 北京商学院学报，2000 (1)：8-11.
[26] 邓肯. 品牌至尊——利用整合营销创造终极价值 [M]. 廖宜怡，译. 北京：华夏出版社，2000.
[27] 杨政. 营销渠道成员行为的整合模型 [J]. 南开管理评论，2000 (4)：64-70.
[28] 张文桥，王浣尘. 互联网对信息传递模式和过程的影响 [J]. 系统管理学报，2000，9 (3)：198-201.
[29] 舒尔茨，苏宇. 整合营销传播的发展方向 [J]. 销售与市场（管理版），2001 (6)：4-12.
[30] 欧阳明. 将市场营销科学引入中国——介绍新书《市场反应模型》[J].

上海管理科学，2002（6）：63-64.
[31] 王立平．转型时期中国消费者行为研究综述［J］．经济学动态，2002（7）：53-55.
[32] 刘宇伟．营销渠道理论发展及其重心演变［J］．审计与经济研究，2002，17（5）：57-59.
[33] 张庚淼，陈宝胜，陈金贤．营销渠道整合研究［J］．西安交通大学学报（社会科学版），2002，22（4）：45-48+57.
[34] Ettenberg E.The next economy：Will you know where your customers are？［M］．New York：McGraw-Hill Education，2002.
[35] Keller K L，Lehmann D R.How do brands create value？［J］．Marketing Management，2003（12）：26-31.
[36] 卢泰宏．行销中国［M］．杭州：浙江人民出版社，2003.
[37] 温纳．营销管理［M］孟繁荣，译．北京：北京大学出版社，2003.
[38] 江明华，董伟民．价格促销频率对品牌资产的影响研究［J］．管理世界，2003（7）：144-146.
[39] 王朝辉．营销渠道理论前沿与渠道管理新发展［J］．中央财经大学学报，2003（8）：64-68.
[40] 王成慧．企业理论与市场营销的逻辑起源［J］．北京工商大学学报（社会科学版），2003（2）：7-11.
[41] 符国群，佟学英．品牌、价格和原产地如何影响消费者的购买选择［J］．管理科学学报，2003（6）：79-84.
[42] 符国群．品牌延伸研究：回顾与展望［J］．中国软科学，2003（1）：75-81.
[43] 卢泰宏．解读中国营销［M］．北京：中国社会科学出版社，2004.
[44] 程艳霞，黄雪．构筑企业营销力的战略营销研究［J］．价值工程，2004（9）：46-48.
[45] 庄贵军．营销渠道控制：理论与模型［J］．管理学报，2004，1（1）：82-88.
[46] 王雪梅．IT 企业服务营销的理论与实践研究［D］．北京：对外经济贸易大学，2004.
[47] 科特勒，洪瑞云，梁绍明，等．市场营销管理（亚洲版）［M］．3 版．北京：中国人民大学出版社，2004.
[48] 徐红．商业银行主客户营销管理模式研究［D］．上海：复旦大学，2004.

[49] 左仁淑．关系营销：服务营销的理论基础［J］．四川大学学报，2004（4）：19-23.
[50] 李晓．服务营销［M］．武汉：武汉大学出版社，2004.
[51] 夏春玉．营销渠道的冲突与管理［J］．当代经济科学，2004（6）：73-79+109.
[52] 贝特森，霍夫曼．管理服务营销［M］．4版．邓小敏，等译．中信出版社．2004.
[53] Prahalad C K，Ramaswamy V.Co-creation experiences：The next practice in value creation［J］．Journal of Interactive Marketing，2004，18（3）：5-14.
[54] Vargo S L，Lusch R F.The four service marketing myths：Remnants of a goods-based，manufacturing model［J］．Journal of service research，2004，6（4）：324-335.
[55] 卢泰宏．中国消费者行为报告［J］．北京：中国社会科学出版社，2005.
[56] 田志龙，戴鑫，戴黎，等．服务营销研究的热点与发展趋势［J］．管理学报，2005（2）：217-228.
[57] 彭忠华．从IMC到整合营销的分析及发展逻辑［J］．商业研究，2005（24）：44-47.
[58] 陈洪安，梁烨．营销近视症与远视症的诊断和矫正［J］．财贸研究，2005（4）：107-110.
[59] 罗纪宁．西方消费者行为学研究理论和方法评析［J］．江汉论坛，2005（9）：14-17.
[60] 王铁明，万涛．分销渠道冲突的成因与协调机制［J］．科技进步与对策，2005（9）：73-75.
[61] 张春法．网络营销理论的基本构造［J］．江海学刊，2005（6）：67-71.
[62] 王海忠，于春玲，赵平．品牌资产的消费者模式与产品市场产出模式的关系［J］．管理世界，2006（1）：106-119.
[63] 吴兆龙，丁晓．服务营销发展刍议［J］．科技管理研究，2006（3）：220-223.
[64] 舒尔茨．整合营销沟通［M］．张斌艺，张丽君，译．上海：上海人民出版社，2006.
[65] 曹振华，褚荣伟，陆雄文．消费者在线交易信任影响因素的实证研究——来自台湾的证据［J］．南开管理评论，2006（4）：91-95.
[66] 张洪增，高荔．市场营销理论的起源、发展与展望［J］．企业改革与管

理，2006（5）：14-15.

［67］朱晓辉，卢泰宏．基于自我解构的中国奢华品消费动机的实证研究［C］//中国市场学会．中国市场学会 2006 年年会暨第四次全国会员代表大会论文集，2006：1307-1319.

［68］刘世雄，卢泰宏．中国区域消费差异的二维研究［J］．南开管理评论，2006（2）：39-43.

［69］孙绪峰，于家傲．市场营销起源的交易成本经济学解释［J］．价值工程，2006（2）：88-90.

［70］范小军，陈洁，陆芝青．营销渠道变革与模式选择研究理论述评［J］．企业经济，2006（3）：29-30.

［71］申光龙，柳映珍，何克敏．整合营销传播战略评估指标体系研究［J］．管理科学，2006（1）：42-49.

［72］查金祥，王立生．网络购物顾客满意度影响因素的实证研究［J］．管理科学，2006（1）：50-58.

［73］焦晓波．战略营销的理论内涵及在我国的应用问题分析［J］．技术经济，2006（5）：71-73.

［74］McDonald M.Strategic marketing planning：Theory and practice［J］．The Marketing Review，2006（6）：375-418.

［75］王晓玉，晁钢令，吴纪元．产品伤害危机及其处理过程对消费者考虑集的影响——基于中国消费者的实证分析［J］．管理世界，2006（5）：86-95.

［76］王海忠．中国消费者品牌知识结构图及其营销管理内涵［J］．财经问题研究，2006（12）：59-66.

［77］焦晓波，王菁娜．整合营销沟通：理论回顾及其在我国的应用障碍分析［J］．生产力研究，2006（7）：245-246+251.

［78］李海廷．略论百年营销思想的演进与创新［J］．商业研究，2006（5）：8-12.

［79］范小军，陈宏民．关系视角的营销渠道治理机制研究［J］．软科学，2007（3）：55-58.

［80］刘宇伟．消费者行为研究的社会科学视角与中国本土化研究的主题［J］．中国流通经济，2007（10）：52-55.

［81］金立印．网络口碑信息对消费者购买决策的影响：一个实验研究［J］．经济管理，2007（22）：36-42.

［82］ 景奉杰，熊素红．冲动性消费行为内在机制研究述评——提升调节点在冲动性消费行为中所起作用［J］．心理科学进展，2008（5）：789-795.
［83］ 吕一林．营销渠道决策与管理［M］．北京：中国人民大学出版社，2008.
［84］ 威廉姆森，马斯滕．交易成本经济学［M］．李自杰，蔡铭，译．北京：中国人民大学出版社，2008.
［85］ 科特勒．营销管理［M］．梅汝和，梅清豪，周安柱，译．北京：中国人民大学出版社，2001.
［86］ 黄鹂，何西军．"整合营销传播"IMC 的定义探析［J］．广告大观（理论版），2008（6）：45-49.
［87］ 罗蓉，李勇辉．从品牌危机事件看消费者——品牌关系的再续［J］．消费经济，2008（2）：57-60+74.
［88］ Kapferer J N.Strategic brand management：Creating and sustaining brand equity long term［M］．4th ed.New York：Kogan Page，2008.
［89］ 王晓玉，晁钢令，吴纪元．产品伤害危机响应方式与消费者考虑集变动——跨产品类别的比较［J］．中国工业经济，2008（7）：36-46.
［90］ 晏国祥．消费者行为理论发展脉络［J］．经济问题探索，2008（4）：31-36.
［91］ 陈明洋，孙毅，吕本富．网络环境下主要营销渠道选择策略［J］．管理评论，2008（9）：9-13+19+63.
［92］ 贾灿．星巴克的中国市场营销策略研究［D］．武汉：华中科技大学，2008.
［93］ 段淳林，王勇，贾苏萍．论品牌资产延伸［J］．经济问题，2008（5）：70-72.
［94］ 卡斯帕尔，赫尔希丁根，加伯特．服务营销——基于战略的观念［M］．3 版．韦福祥，译．北京：人民邮电出版社，2008.
［95］ 庄贵军，徐文，周筱莲．关系营销导向对企业使用渠道权力的影响［J］．管理科学学报，2008，11（3）：114-124.
［96］ 卢泰宏．营销管理演进综述（续）［J］．外国经济与管理，2008（3）：34-42+52.
［97］ 韩庆祥．从营销战略到战略营销［J］．销售与市场（管理版），2009（10）：66-69.
［98］ 杨志勇．国内营销研究 30 年：焦点与趋势［J］．经济管理，2009，31（9）：111-118.

[99] 韦福祥，姚亚男．服务营销范式的演进与创新初探［J］．现代财经 - 天津财经大学学报，2009，29（7）：32-36.
[100] 叶顺敏．可口可乐碳酸饮料与红罐王老吉凉茶营销策略比较研究［D］．厦门：厦门大学，2009.
[101] Aaker D A.Managing brand equity［M］．New York：Simon & Schuster，Inc.，2009.
[102] Varadarajan R.Strategic marketing and marketing strategy：Domain，definition，fundamental issues and foundational premises［J］．JAMS，2010（38）：119-140.
[103] 艾丰，刘东华，王永．品牌革命［M］．长沙：湖南人民出版社，2010.
[104] 唐兵．建国以来中国消费者行为变迁研究［D］．成都：西南财经大学，2010.
[105] 郑锐洪．我国营销思想学派的界定及其划分［J］．经济论坛，2010（1）：221-224.
[106] 洛夫洛克，沃茨．服务营销［M］．谢晓燕，赵伟韬，译．北京：中国人民大学出版社，2010.
[107] 胡启萍．基于关系价值的 4R 策略理论与实证研究［D］．西安：西安理工大学，2010.
[108] 布莱默．点亮社群：互联网营销的本质［M］．北京：东方出版社，2010.
[109] 黄迎新．理论建构与理论批评的互动——美国整合营销传播理论研究二十年综述［J］．中国地质大学学报（社会科学版），2010，10（2）：76-81.
[110] 孙瑾．结构匹配模型的研究现状评述与研究展望——消费者行为学发展的新趋势［J］．华东经济管理，2010，24（4）：148-152.
[111] 朱锦鸿．服务、服务营销、感知服务质量的研究综述［J］．现代管理科学，2010（7）：112-114.
[112] Shankar V，Venkatesh A，Hofacker C，et al.Mobile marketing in the retailing environment：Current insights and future research avenues［J］．Journal of interactive marketing，2010，24（2）：111-120.
[113] 孙怀通，高荔．营销理论的起源与展望［J］．企业改革与管理，2010（5）：12-14.
[114] 楼天阳，陆雄文．虚拟社区与成员心理联结机制的实证研究：基于认同与纽带视角［J］．南开管理评论，2011，14（2）：14-25.

[115] 里斯，特劳特．定位：有史以来对美国营销影响最大的观念［M］．谢伟山，苑爱冬，译．北京：机械工业出版社，2011.

[116] 科特勒，卡塔加雅，塞蒂亚万．营销革命 3.0：从产品到顾客，再到人文精神［M］．毕崇毅，译．北京：机械工业出版社，2011.

[117] 杨育谋．LBS："签到"与精准营销［J］．上海经济，2011（6）：60-62.

[118] Shirky C.The political power of social media：Technology，the public sphere，and political change［J］．Foreign Affairs，2011（1）：28-41.

[119] Hardey M.Generation C：Content，creation，connections and choice［J］．International Journal of Market Research，2011，53（6）：749-770.

[120] Van Eck E.When neighbours are not neighbours：A social-scientific reading of the parable of the friend at midnight（Lk11：5–8）［J］．HTS Teologiese Studies/Theological Studies，2011，67（1）：1-14.

[121] Mongay，Jorge.Strategic Marketing：A literature review on definitions，concepts and boundaries［D］．Autonomous University of Barcelona，Swiss Business School.MPRA Paper No.41840，2012.

[122] 戴丽娜．从营销的终点到营销的起点［D］．上海：复旦大学，2012.

[123] 舒尔茨，凯奇．全球整合营销传播［M］．黄鹂，何西军，译．机械工业出版社，2011.

[124] 朱瑾．品牌社群特征对品牌关系质量的影响研究［D］．济南：山东大学，2012.

[125] 黄鹂，何西军．整合营销传播：原理与实务［M］．上海：复旦大学出版社，2012.

[126] 赵悦．整合营销理论研究综述［J］．新闻世界，2012（5）：198-199.

[127] 周蕾．微信广告传播力研究［J］．东南传播，2012（1）：21-23.

[128] 庄贵军．基于渠道组织形式的渠道治理策略选择：渠道治理的一个新视角［J］．南开管理评论，2012，15（6）：72-84.

[129] 孙曜．抢占战略营销资源［J］．销售与市场（管理版），2013（3）：43-47.

[130] 张浩．舒尔茨的整合营销传播理论［J］．企业改革与管理，2013（4）：63-64.

[131] 左莉．营销组织模式及绩效管理研究［D］．北京：北京交通大学，2013.

[132] 唐·舒尔茨，海蒂·舒尔茨：整合营销传播：创造企业价值的五大关键步骤［M］．何西军，黄鹂，朱彩虹，等译，北京：中国财政经济出版社，2005.

[133] 李飞．全渠道零售的含义、成因及对策——再论迎接中国多渠道零售革命风暴［J］．北京工商大学学报（社会科学版），2013，28（2）：1-11.
[134] 汪旭晖，张其林．多渠道零售商线上线下营销协同研究——以苏宁为例［J］．商业经济与管理，2013（9）：37-47.
[135] 夏春玉，丁涛．营销学的学科渊源与发展：基于思想史视角的探讨［J］．当代经济科学，2013，35（1）：103-109+128.
[136] Moderandi Inc.The strategic marketing process how to structure your marketing activities to achieve better results［M］．2nd ed.Moderandi Inc，2013.
[137] Schultz D E，Patti C H，Kitchen P J.The evolution of integrated marketing communications［M］．New York：Taylor and Francis，2013.
[138] 姚曦，秦雪冰．技术与生存：数字营销的本质［J］．新闻学，2013（6）：58-63+33.
[139] 霍雨佳．唐·舒尔茨：大数据环境，重新编写品牌建设［J］．成功营销，2014（1）：2.
[140] 舒尔茨．SIVA 范式：搜索引擎触发的营销革命［M］．李丛杉，等译．中信出版社，2014.
[141] 凯文·莱恩·凯勒．战略品牌管理［M］．第五版．中国人民大学出版社，2014.
[142] 岳品莹．互联网时代，数字营销的变与不变［J］．互联网周刊，2014（19）：48-50.
[143] Percy L.Strategic integrated marketing communications［M］．New York：Taylor and Francis，2014.
[144] 初广志．整合营销传播概论［M］．北京：高等教育出版社，2014.
[145] 李飞．全渠道营销理论——三论迎接中国多渠道零售革命风暴［J］．北京工商大学学报（社会科学版），2014，29（3）：1-12.
[146] 任星耀，李研．营销管理中的“思想植入”［J］．北大商业评论，2014（3）：68-73.
[147] 李曦．旅游目的地新媒体整合营销传播研究［D］．天津：南开大学，2014.
[148] 王茹．小米手机的自媒体营销策略分析［D］．沈阳：辽宁大学，2014.
[149] Dinner I M，Heerde Van H J，Neslin S A.Driving online and offline sales：The cross-channel effects of traditional，online display，and paid search

advertising [J] . Journal of Marketing Research, 2014, 51 (5): 527-545.

[150] Hunt S D.The theoretical foundations of strategic marketing and marketing strategy : Foundational premises, R-A theory, three fundamental strategies, and societal welfare [J]. AMS Rev, 2015 (5): 61–77.

[151] Keller K L, Kotler P.Holistic marketing : A broad, integrated perspective to marketing management [M]. New York: Routledge, 2015.

[152] Vargo S L, Wieland H, Akaka M A.Innovation through institutionalization: A service ecosystems perspective [J]. Industrial Marketing Management, 2015 (44): 63-72.

[153] 胡泳，宋宇齐. 社群经济与粉丝经济 [J]. 中国图书评论，2015 (11): 13-17.

[154] 胡劲松. 整合营销传播 [M]. 北京：清华大学出版社，2016.

[155] 焦晓波，高新龙，欧阳涛. 基于资源优势的战略营销：理论回顾与展望 [J]. 吉林工商学院学报，2016，32 (4): 51-56+70.

[156] 王浩. 数字营销实战 [M]. 北京：电子工业出版社，2016.

[157] 腾云. 移动短视频发展的传播学研究 [D]. 大连：大连理工大学，2016.

[158] 严小芳. 移动短视频的传播特性和媒体机遇 [J]. 东南传播，2016 (2): 90-92.

[159] 王赛. 数字时代营销战略的转型方法论 [J]. 清华管理评论，2016 (9): 39-45.

[160] 吴帆. 传统品牌数字化传播策略研究——以百年化妆品企业及其品牌为例 [D]. 上海：上海交通大学，2016.

[161] 何佳讯. 品牌与品牌化研究的取向、格局及趋势 [J]. 品牌研究，2016 (2): 6-27.

[162] 吕建萍. CSJ 商业运营管理有限公司服务营销策略研究 [D]. 淄博：山东理工大学，2016.

[163] 黄子杰. 整合营销传播视角下的 NL 公关公司服务营销策略研究 [D]. 南宁：广西大学，2016.

[164] 穆倩. 制造企业服务营销能力提升策略研究 [D]. 天津：天津商业大学，2016.

[165] Kartajaya H, Kotler P, Setiawan I.Marketing 4.0 : Moving from Traditional to Digital [M]. New Jersey: John Wiley & Sons, 2016.

[166] 王赛. 营销4.0：从传统到数字，营销的“变”与“不变”——“现代营销学之父”菲利普·科特勒专访[J]. 清华管理评论，2017（3）：59-64.
[167] 卢泰宏. 消费者行为学50年：演化与颠覆[J]. 外国经济与管理，2017，39（6）：23-38.
[168] 王赛. 从CMO升级到CGO：首席增长官的八般武艺[J]. 新营销，2017（5）：3.
[169] 兰伯顿，斯蒂芬，刘国华，等. 数字营销：过去、现在与将来[J]. 公关世界，2017（11）：43-47.
[170] 何佳讯. 长期品牌管理[M]. 北京：机械工业出版社，2017.
[171] 李东进，郑军，金慧贞，等. 消费者决策情境线索的虚位诱导效应研究——基于双属性空间启动策略模型[J]. 管理评论，2017，29（6）：189-201.
[172] 曹虎，王赛，乔林，等. 数字时代的营销战略[M]. 北京：机械工业出版社，2017.
[173] 李修龙，周娟. “后移动互联网时代”社会化媒体营销的挑战与策略研究[J]. 新媒体研究，2018，4（11）：71-72.
[174] 杨文，王涵. 基于SIVA范式的高等教育出版社数字营销策略[J]. 出版科学，2018，26（2）：81-84.
[175] 陈华. 数字营销的发展和变革[J]. 淮海工学院学报（人文社会科学版），2018，16（10）：91-93.
[176] 王赛，孙志勇. AI版数字营销：当营销和算法进行融合与重构[J]. 清华管理评论，2018（Z2）：93-96.
[177] 李修龙，周娟. “后移动互联网时代”社会化媒体营销的挑战与策略研究[J]. 新媒体研究，2018，4（11）：71-72.
[178] 朱杰，崔永鹏. 短视频：移动视觉场景下的新媒介形态——技术、社交、内容与反思[J]. 新闻界，2018（7）：69-75.
[179] 邓子薇. 移动互联网时代下短视频MCN模式研究[D]. 成都：西南交通大学，2018.
[180] 周健，张玉华. 传统零售商渠道选择策略微分博弈模型[J]. 浙江大学学报（工学版），2019，53（9）：1720-1727.
[181] 阿克. 管理品牌资产[M]. 北京：机械工业出版社，2019.
[182] 王永贵，王帅，胡宇. 中国市场营销研究70年：回顾与展望[J]. 经济管理，2019，41（9）：191-208.

[183] 王永贵，洪傲然. 营销战略研究：现状、问题与未来展望 [J]. 外国经济与管理，2019，41（12）：74-93.

[184] 吕怀涛. Alderson 营销思想拾遗——兼论营销理论的几个基本问题 [J]. 财经问题研究，2019（12）：21-29.

[185] 陈瑞林. 新经济时代市场营销发展趋势及其应对策略 [J]. 营销界，2019（34）：113-114.

[186] 桂世河，汤梅. 整合营销传播目标的演进与发展趋势 [J]. 管理现代化，2019，39（1）：78-81.

[187] 王广生. 管理创新的动力机制研究 [J]. 长春理工大学学报（社会科学版），2019，32（1）：120-125.

[188] Chen S C，Lin C P.Understanding the effect of social media marketing activities：The mediation of social identification，perceived value，and satisfaction [J]. Technological Forecasting and Social Change，2019（140）：22-32.

[189] Timoshenko A，Hauser J R.Identifying customer needs from user-generated content [J]. Marketing Science，2019，38（1）：1-20.

[190] 林钻辉. 营销理论的历史演进与发展趋向 [J]. 商业经济研究，2020（16）：68-71.

[191] 李健. 移动互联网视角下的企业自媒体营销问题研究 [J]. 价值工程，2020，39（13）：254-255.

[192] 卢泰宏. 品牌思想简史 [M]. 北京：机械工业出版社，2020.

[193] 李健. 移动互联网视角下的企业自媒体营销问题研究 [J]. 价值工程，2020，39（13）：254-255.

[194] 刘平胜，石永东. 直播带货营销模式对消费者购买决策的影响机制 [J]. 中国流通经济，2020，34（10）：38-47.

[195] 刘忠宇，赵向豪，龙蔚. 网红直播带货下消费者购买意愿的形成机制——基于扎根理论的分析 [J]. 中国流通经济，2020，34（8）：48-57.

[196] 喻国明，杨名宜. 虚拟偶像：一种自带关系属性的新型传播媒介 [J]. 新闻与写作，2020（10）：68-73.

[197] 崔淼，周晓雪. 在位企业的能力构建与数字化战略更新：一项质性元分析 [J]. 研究与发展管理，2021，33（1）：14.

[198] 谌飞龙. 数字化情境下品效合一的实现逻辑与研究展望 [J]. 经济管理，2021，43（11）：193-208.

[199] 王海忠. 让中国制造成为最“出圈”的中国品牌 [J]. 人民论坛，2021 (26)：36-39.
[200] 宋皓杰，郭国庆. 建党百年来市场营销学的发展逻辑与演进创新 [J]. 当代经济管理，2021，43 (6)：18-26.
[201] 朱逸，赵楠. 数字营销的多重关键性面向 [J]. 商业经济研究，2021 (15)：72-76.
[202] 谌飞龙，毛梦莹，黄旭. MCN 模式下意见领袖内容营销范式 [J]. 企业管理，2021 (12)：106-108.
[203] Tajvidi M，Wang Y，Hajli N，et al.Brand value Co-creation in social commerce：The role of interactivity，social support，and relationship quality [J]. Computers in Human Behavior，2021 (115)：105-238.
[204] 陈芳. 市场营销理论的发展、创新及其实践应用研究 [J]. 老字号品牌营销，2022 (3)：22-24.
[205] 杜建刚，赵欢，苏九如，等. 服务智能化下的顾客行为：研究述评与展望 [J]. 外国经济与管理，2022，44 (3)：19-35.
[206] 林宇航，朱丽萍. 元宇宙背景下的品牌场景营销传播策略研究 [J]. 全国流通经济，2022 (5)：40-42.

企业管理思想史系列

1.《管理思想史》
2.《组织管理思想史》
3.《知识管理思想史》
4.《人力资源管理思想史》
5.《营销管理思想史》
6.《战略管理思想史》
7.《财务管理思想史》
8.《创业管理思想史》
9.《商业模式思想史》
10.《供应链管理思想史》
11.《信息管理思想史》
12.《公司治理思想史》
13.《科技管理思想史》
14.《商业伦理思想史》
15.《企业管理思想史精读》
16.《协同管理思想史》
17.《质量管理思想史》
18.《电子商务思想史》
19.《组织行为学思想史》
20.《公共管理思想史》
21.《价值链管理思想史》
22.《企业管理前沿理论》
23.《运营管理思想史》
24.《生产管理思想史》
25.《旅游管理思想史》
26.《跨国公司经营管理思想史》
27.《项目管理思想史》
28.《投资管理思想史》
29.《创新管理思想史》
30.《公司金融思想史》
31.《物流管理思想史》
32.《风险管理思想史》
33.《成本管理思想史》
34.《内部控制思想史》
35.《企业文化思想史》
36.《管理决策思想史》
37.《系统管理思想史》
38.《国际贸易思想史》
39.《品牌管理思想史》
40.《数字管理思想史》
41.《服务管理思想史》
42.《人力资本管理思想史》

企业管理思想史系列

《管理思想史》

作者：蒋翠珍　曾国华
定价：98.00元

《组织管理思想史》

作者：李晓园　陈 武
定价：98.00元

《知识管理思想史》

作者：孙立新
定价：98.00元

《人力资源管理思想史》

作者：万 金
定价：98.00元

《营销管理思想史》

作者：谌飞龙　王新刚　甄英鹏
定价：98.00元

《战略管理思想史》

作者：朱文兴
定价：98.00元